Kilimandscharo

interconnections

Kilimandscharo

Aufs weiße Dach Afrikas

Gespensterbäume, Zuckerbüsche in Tansania, ein Halt auf Sansibar

Nils Wiesner

interconnections

Der Autor
Jahrgang 1962, geboren in Ueckermünde in Vorpommern. Nach der Erweiterten Oberschule ging er 1980 nach Merseburg, um dort an den „Spezialklassen für Chemie" das Abitur unter Hochschulbedingungen abzulegen. Damit war der akademische Weg vorgezeichnet. Nach einem 18-monatigen unfreiwilligen Aufenthalt bei der Bereitschaftspolizei in Neustrelitz folgte 1982 ein Chemiestudium in Merseburg. Da sich die Interessen verschoben, brach der Autor das Studium nach sechs Semestern ab, holte die Ausbildung zum Chemiefacharbeiter nach und ist seitdem in der chemischen Industrie in Leuna tätig.
Nils Wiesner ist verheiratet und hat zwei erwachsene Töchter.

Impressum
Kilimandscharo – Aufs weiße Dach Afrikas, Reisetops Bd 13
Gespensterbäume, Zuckerbüsche in Tansania, ein Halt auf Sansibar
Nils Wiesner

Fotos: Vom Autor

copyright interconnections Freiburg
ISBN 978-3-86040-196-5
2014, Vierte verbesserte Auflage 2025

interconnections, Schillerstr. 44, 79102 Freiburg
Tel. +49 761 700 650
info@interconnections.de
www.interconnections-verlag.de
www.reisetops.com

Inhaltsverzeichnis

KILIMANDSCHARO 8
   Vorwort - Zahlenspiele 8

HINKOMMEN 11
   Vorbereitungen 11
   Die Reise beginnt 20
   Ankunft in Tansania 27

HOCHKOMMEN 37
   Erste Etappe: Vom Marangu-Gate zur Mandara-Hütte 37
   Zweite Etappe: Von der Mandara- zur Horombohütte 56
   Akklimatisation: Zum Zebra-Rock und zurück 68
   Dritte Etappe: Von der Horombo- zur School-Hütte 77
   Vierte Etappe: Gipfelsturm 92

RUNTERKOMMEN 103
   Immer noch vierte Etappe: Zurück zur Horombo-Hütte 103
   Fünfte Etappe: Horombo-Hütte, Marangu-Gate & Arusha 111

AB AN DIE ZANZI-BAR 122
   Von Arusha nach Sansibar 122
   Karafuu Hotel Beach Resort 130
   Stone-Town 139
   Nach Hause 152

NACHWORT 157

Preiswert duch Europa

Mit dem Interrailticket unterwegs in Europa. Die schönsten Stellen, die besten Adressen und tausend Spartipps ...

interconnections-verlag.de, > Katalog

Griechenland neu entdeckt
Landschaften, Menschen, Begegnungen
Griechenland heute, neu erlebt, neu erwandert. Museen und Ruinen natürlich, aber auch die kaum erschlossene Bergwelt mit ihren den Göttern geweihten Gipfeln, Schluchten und heiligen Quellen. Ausgezeichnete Einblicke in die reiche Vogel- und Blumenwelt.
Brochierte Ausgabe, s/w-Fotos
136 S.
15,90 €

Sex, Mord und Halluzinationen
Traum und Alptraum eines Aussteigers in Venezuela
Ein Frankfurter Banker, beschreibt und verarbeitet in seinem Roman abenteuerliche und lebensgefährliche Erlebnisse während seiner Rucksackreise durch Venezuela.

152 S.
15,90 €

Geliebtes Kind - komm doch nach Amerika!
Auswandererschicksal 1887
Tod der Frau im Kindbett, eine Pleite und der gute Ruf verloren. So sah der Autor damals nur eine Wahl – die Auswanderung. Dabei blieb eine Tochter – erstmal – zurück. Aber das Fußfassen war schwierig, wie er es in berührenden Zeugnissen zusammenstellt.
Brochierte Ausgabe

300 S.
15,90 €

interconnections.de

interconnections-verlag.de, > Katalog oder im Buchhandel

Fit für Spanien
Alltagsfrust und Lebenslust
Ob Reise oder Auswanderung: Spanien eines unserer wichtigsten Reiseziele. Hier nun alles Wissenswerte, um einen guten Start zu haben und die Spanier zu verstehen.
Brochierte Ausgabe
Ca. 202 S
15,90 €

Spanien, wie wir es lieben
Kastilien und Estremadura – Städte & Landschaften
Reise durch das Herz Spaniens, ein Land in Bewegung, quirlige Städte, nette Begegnungen und immer spannend. Man merkt, wie viel Herzblut die Autorin in ihrem Werk stecken hat. Wunderschöne Farbfotos.

158 S.
16,90 €

Preiswert durch Europa
Interrailführer – Die besten Adresssen
Seit zig Jahren ist Interrail nicht nur eine Art der Fortbewegung, nein, es ist eine Philosophie. Mit dem Ticken kann man sich quer durch ganz Europa treiben lassen. Das Buch zeigt die besten Stellen und wie sich so mancher Euro sparen lässt.
Brochierte Ausgabe

300 S.
17,90 €

interconnections.de

interconnections-verlag.de, > Katalog oder im Buchhandel

KILIMANDSCHARO

Vorwort - Zahlenspiele

Über die fatale, lineare Entwicklung alternder Körpermasse * Man kann ja mal träumen ... * ... und wird plötzlich von der Wende überrascht

Mit 18 Jahren habe ich 58 Kilogramm gewogen. So jedenfalls steht es in meinen Musterungspapieren. Nach der Musterung bin ich anderthalb Jahre lang das exakte, millionenfach ausgelatschte Quadrat auf dem Exerzierplatz entlanggetrampelt, den Weg von der Kaserne zur Kantine oder eben die Fluchtwege in die finsteren Ecken, in die sich die Altgedienten verdrückten, derweil die frischen Rekruten Berge von Schmalzstullen aus der Kantine herbeischleppten.

Mit 28 Jahren habe ich dann 68 Kilogramm gewogen und es auch Jahre später noch auf die lumpigen paar tausend Schmalzstullen in der Kaserne geschoben.

Mit 38 Jahren war ich verheiratet, an eine regelmäßige, gehaltvolle Kost gewöhnt, und habe 78 Kilogramm gewogen. Die eigene Familie zu verwöhnen, bedeutet auch, sich öfter selber mal an den Herd zu stellen. Und das Ergebnis?

Mit 48 Jahren habe ich fast 88 Kilogramm gewogen und geahnt, dass diese Entwicklung linear bleiben würde, wenn nicht langsam etwas passierte ...

Im Alter von 22 Jahren bin ich mit drei Freunden in den bulgarischen Bergen unterwegs gewesen. Der Musala des Rilagebirges ist mit seinen 2925 Metern der höchste Berg zwischen Alpen und Kaukasus und war somit der real existierende Höhenrekord für bergsteigende Bürger aus der DDR. Bei seiner Bezwingung war es natürlich Ehrensache, sich dort oben den Wanderstempel der bulgarischen Tourismusbehörde in den DDR-Personalausweis drücken zu lassen – nicht auf die auswechselbare Visafahne, sondern mitten hinein in das schöne Dokument – und somit war der persönliche Höhenrekord gesichert.
Gleich unterhalb des Gipfels befand sich für lange Zeit der Platz meiner höchstmöglichen Übernachtung, auf einem flachen Absatz, zu dem am Morgen die Gemsen zu ihrem Frühstück aufstiegen, und die dort in respektvollem Abstand zu unseren Zelten herüberäugten. Möglicherweise schon dort begannen wir uns auf dieser für DDR-Bürger großartigen und unglaublichen Wandertour gegenseitig einzureden, wie großartig und unglaublich es erst sein müsse, einmal in diesem Leben auf dem Kilimandscharo zu stehen, auf dem höchsten freistehenden Berg der Erde, wohlwissend, wie unerreichbar der Berg unser ganzes Leben lang bleiben würde. Die Träumereien vom Kilimandscharo währten die gesamte

Tour, von Borowez an der Nordseite des Rilagebirges bis nach Melnik, südlich des Piringebirges und dicht an der griechischen Grenze. Dort standen Tafeln, auf denen verboten wurde, seine Schritte weiter in diese Richtung zu lenken. Die Botschaft stand zuallererst auf Deutsch auf den Hinweistafeln, und erst dann auf Bulgarisch und danach in keiner weiteren Sprache. Jedem war klar, welche Deutschen damit angesprochen waren und wer von der Grenze ferngehalten werden sollte. Wir spülten unseren Frust mit süffigem Melniker Wein herunter – die eine oder andere Flasche Weinschnaps in der Qualität von Farbverdünnung war auch darunter – träumten weiter vom Kilimandscharo und fuhren brav zurück nach Hause. Aber der Kilimandscharo hatte sich während der Überquerung der beiden Hochgebirge festgesetzt in unseren Köpfen – eine Tour, die ich bei dieser Gelegenheit natürlich wärmstens empfehlen kann. Sie ist wildromantisch, einsam, wunderschön und atemberaubend. Vergessen Sie nicht, auf der Kammwanderung ein paar Flaschen Mastika als Gipfelschnaps mit einzupacken. Die Gipfel sind reichlich, der bulgarische Ouzo hat es wirklich in sich und ist noch aromatischer als sein griechischer Bruder.

Rilagebirge – Träume vom Kilimandscharo

1989 kam dann doch alles ganz anders, und plötzlich war der Kilimandscharo ganz und gar nicht mehr unmöglich. Allerdings hatte ihn der Alltag fast gänzlich in das Reich meiner Wunschträume abgedrängt. Doch um bei den Zahlenspielereien zu bleiben: den 2925 Meter hohen Musala habe ich mit 22 Jahren bestiegen. Der Kilimandscharo ist mit 5895 Metern ziemlich genau etwas höher als zwei Musalas. Das bedeutet, das Dach von Afrika wäre in meinem 45. Lebensjahr an der Reihe gewesen. In jenem Jahr habe ich es immerhin bis nach Schottland geschafft, um dort ebenfalls eine ganz faszinierende Bergwelt zu erleben. Die Highlands steigen mancherorts direkt aus dem Meer auf und entfalten eine Optik, die an alpine Vorgebirge erinnert. Und dabei sind die rauhen, scheinbar anderthalbtausend Meter hohen Berge gerade einmal vierhundert Meter hohe Hügel.

Türmt man den Musala in der dreifachen Zeit dreimal übereinander, käme man im Rentenalter irgendwann zwischen dem K2 und dem Mount Everest heraus ...

Wohnen gegen Hilfe

Preisgünstiges Wohnen gegen Mithilfe im Haushalt, rund um Haus und Garten oder im Betrieb

www.mitwohnen.org

Hinkommen

Vorbereitungen

Torschusspanik * Der Plan steht, Taten müssen her! * Allerlei Wissenswertes über den Berg meiner Träume * Unverzichtbare Reiseplanung * Trimmdich bei minus 25°C * Impfdich in letzter Sekunde * Versorgdich viel zu reichlich * Letzte Vorbereitungen

Weiter oben im Text war von dieser verhängnisvollen, linearen Entwicklung die Rede, die das Körpergewicht mit den zunehmenden Lebensjahren erfährt. Einher geht der Verlust an Kondition, der sich irgendwann nicht mehr ignorieren lässt. So tapfer man sich auch wehrt, das zur Kenntnis zu nehmen, so sehr zwingt einen die Atemnot mitunter, sich genau dem zu stellen. Vor allem, wenn man nach einigen Stunden am Computer auf der Hatz nach dem perfekten Satz doch noch für ein paar kühle Flaschen Bier die Kellertreppe hinunter- und wieder heraufmuss.

Manche Träume sollte man nicht nur träumen, sondern auch leben. Sicherlich eine ziemlich banale Erkenntnis, doch wenn sie einem mit einer gewissen Kurzatmigkeit daherkommt, hat sie durchaus auch alarmierende Wirkung. Irgendwann in meinen Vierzigern habe ich mir tatsächlich eingestanden, dass der Kilimandscharo nicht länger ein Lebenstraum bleiben, sondern ein blasses Luftschloss werden würde, wenn es so weiterginge. Was folgte, war eine Kette von Entscheidungen.

Nr. 1: Ich will da unbedingt hinauf! Nr. 2: Ich muss etwas dafür tun! Nr. 3: Wenn ich es bis zum Gipfel schaffe, schreibe ich einen Bericht darüber!

Kurz vor Weihnachten 2010 habe ich mir den Termin gesetzt: Im Mai 2012 feiere ich einen runden Geburtstag, dann werde ich Fünfzig und bin alt. Die Reise nach Tansania könnte ich mir zum Geburtstag schenken lassen. Wenn ich mit diesem Geburtstagswunsch herausplatze, kann ich erstens schlecht noch einen Rückzieher machen und stehe zweitens in der Verantwortung, selber etwas dafür zu tun, damit ich nicht schon völlig verfettet im Basislager zusammenbreche und das schöne Geburtstagsgeld einfach zum Fenster herauswerfe.

Im Dezember habe ich dann noch einmal alles mitgenommen: Kartoffelsalat mit Rindsbockwurst, Gänsebraten an gänsefettgebadetem Grünkohl, das komplette Hotelbuffet auf einer einwöchigen Reise nach La Gomera. Als wir den anschließenden Jahreswechsel bei einem Fondue begangen haben, war ich beinahe schon hinüber. Und Fondues sind etwas wirklich Gemeines. Man kann stundenlang einen Fleischbrocken nach dem anderen im heißen Öl sieden und sich dann mit der einen oder anderen Soße genüsslich auf der Zunge zergehen lassen. Das dauert! Man futtert sich regelrecht hungrig, bis ein Punkt erreicht ist, an dem der Körper „Schluss!" sagt. Schlagartig und unwiderruflich! Den Rest des Abends habe ich im Sessel gelegen und darauf gewartet, dass es vorübergeht.

Mein Entschluss fiel also mit den legendären Neujahrsvorsätzen zusammen, die im Allgemeinen nur 48 Stunden halten. Doch ich wollte Ernst machen. Zuerst musste das Bier weichen. Der Erfolg war verblüffend: die ersten drei, vier Kilo schiebe ich alleine auf radikalen Verzicht. Und jedes Kilo zählt! Eine volle Flasche „Merseburger Kellerbräu" mit Etikett und Kronenkorken wiegt etwa 880 Gramm. Zehn Kilogramm abzunehmen bedeutet also, zirka elfeinhalb solcher Glasflaschen mit Inhalt nicht noch zusätzlich in einem Hüftsack auf fast sechstausend Meter hinaufschleppen zu müssen.

Verzicht alleine bringt natürlich gar nichts. Irgendwann hat man zugegebenermaßen die Nase voll und erfindet Ausreden, Auszeiten vom Verzichten zu nehmen und hundert andere Dinge mehr, die einen – natürlich nur kurzzeitig – vom Fasten abhalten. Der Jojo-Effekt.

Von Januar bis in den April hinein habe ich ohne jeden Kommentar die Muckibude in unserem Hauskeller besucht: ein Crosstrainer vor einem Fernseher mit DVD-Player, habe dort möglichst jeden Tag meine Langlaufkilometer absolviert und Filme gesehen. Dann erst war ich mir sicher, diszipliniert genug zu sein, mir trotz übergroßen Appetits die überflüssigen Pfunde abstrampeln zu können, und erst dann bin ich mit meinem Ansinnen herausgerückt, mir zum Fünfzigsten einen Kilimandscharo-Aufstieg schenken lassen zu wollen.

Der Rest war arbeiten, essen, laufen, ab und an auf die Waage steigen ... Allein die Kritik, mit der man sich tagtäglich hinterfragte, und das Ziel, das man vor Augen hatte, disziplinierten.
Dann allerdings ging die Grillzeit los, lange Abende im Garten bei Schwarzbierfleisch, Schaschlik und Lammkoteletts ... Die Erfolge stagnierten. Das waren natürlich nur die saisonalen Bereinigungen des Jahresergebnisses.

Meine „extremen" Höhenerfahrungen beliefen sich bis zu jenem Zeitpunkt auf irgendetwas zwischen 3350 und 3600 Metern. Einerseits bin ich zu Fuß noch ein Stückchen über die Ötzifundstelle hinausgeklettert, andererseits den spanischen Teide nicht ganz hinaufgekommen, weil mir das nötige Papier mit dem entsprechenden Stempel fehlte. Ab dreitausend Höhenmeter kann man sich schon einbilden, dass die Luft dünner wird, aber meine Erfahrungen waren nie so negativ, dass mich das „Da Oben" schon am Anfang der Vorbereitungszeit ernsthaft beschäftigt hätte.
Interessanter war das „Wie-Dahinkommen". Anfangs war das nur ein Herumstochern im Internet, Erfahrungsberichte anderer lesen, und ein paar gedruckte Reiseführer für die Details. Schnell kam mir die Erkenntnis, dass es zwar mehrere Routen den Berg hinauf gibt, dass ich aber sicherlich die unkomplizierteste nehmen würde, diejenige, die 90% der Gipfelaspiranten wählen, und die

deshalb als die Coca-Cola-Route verschrien ist. Sie hat das Negativimage nicht verdient, ich kann sie hier und später nur in den höchsten Tönen loben.

Vielleicht einige Worte zum Berg selber, zum Bergmassiv, zum Gebirge oder wie auch immer man es nennen will. Anfangs bestand der Klotz aus den einzelnen freistehenden Vulkanen Shira, Mawenzi und Kibo, die sich solange gegenseitig zugeschüttet hatten, bis sie zum Schluss dieses eine Massiv Kilimandscharo gebildet hatten. Der Berg liegt fast vollständig auf tansanischem Territorium, lediglich einige wenige nordöstliche Hänge reichen auf Grund von Grenzfestlegungen zwischen den damaligen Kolonialmächten England und Deutschland bis auf kenianisches Gebiet. Der Gipfel liegt ca. 370 km südlich des Äquators und ist einer der wenigen Orte in Äquatornähe, an denen immer Schnee und Eis vorhanden sind. Nicht der einzige in Afrika, denn dasselbe gilt auch für das Mount-Kenia-Massiv und das Ruwenzori-Gebirge, aber der Kilimandscharo ist das unbestrittene Dach von Afrika mit mächtigen Gletschern, die allerdings im Schwinden begriffen sind, und die in wenigen Jahren Geschichte sein werden.

Johannes Rebmann, ein deutscher Missionar, Sprachforscher und Geograph war wahrscheinlich der erste Europäer, der den Berg zu Gesicht bekam. Das war 1848. Heute ist einer der Gletscher des Kilimandscharo nach ihm benannt. Hans Meyer, ein Spross der Verlegerfamilie Meyer, bekannt durch Meyers Konversationslexikon, selber Geograph, Verleger und Forschungsreisender, war der erste, der nach mehreren Anläufen den Gipfel erreichte, gemeinsam mit dem Tiroler Alpinisten Ludwig Purtscheller, mit Guides, Trägern und einem Zeltwächter. Das war 1889. Meyer taufte damals den höchsten Punkt des Kraterrandes „Kaiser-Wilhelm-Spitze". Das hielt er für angemessen, denn während der deutschen Kolonialzeit von Ostafrika war der Kibo immerhin der höchste Berg des Deutschen Kaiserreiches.

Nach dem Ersten Weltkrieg war der Berg dann englisch geworden, und 1961, mit der Unabhängigkeit Tanganjikas, erhielt der Gipfel seinen heutigen Namen: Uhuru Peak – Freiheitsspitze. 1977 wurde ein seit zwanzig Jahren geplanter Nationalpark rund um den Berg eröffnet, zu der Zeit also, als der Massentourismus am Berg einsetzte. 1989, zum hundertjährigen Jubiläum der Erstbesteigung, wurde der Berg von der International Union for Conservation of Nature and Natural Resources zum Welt-Naturerbe erklärt.

Und 2012 habe ich dann als 163635. Gipfelstürmer den höchsten Punkt Afrikas erreicht. Aber davon später mehr.

Der Berg wird offiziell mit einer Höhe von 5895 Metern angegeben. 1999 hat die Universität Karlsruhe noch einmal ganz genau nachgemessen und ist auf 5892,77 Meter gekommen. Abweichung höchstens ein Meter. Bei der höchstmöglichen Spanne und dem Luftsprung, den ich auf dem Gipfel gemacht habe, komme ich also auch wieder auf die 5895 Meter und behalte diese Zahl deshalb für den Rest des Textes bei. Zumal auch sonst niemand die Karlsruher Zahlen zu mögen scheint und die 5895 Meter auch weiterhin überall wie in Granit gemeißelt stehen, inklusive auf den staatlichen Urkunden, die jeder erfolgreiche Gipfelbezwinger überreicht bekommt. Es ist ohnehin nur seine momentane Höhe. Frost und Sonne setzen dem Gipfel ebenso zu wie Regen und jede Art von Sturm. Allein der Ansturm der Tausenden von Touristen hobelt mit abertausend Schuhsohlen am Gipfel herum, und irgendwann wird man sich auf eine neue Zahl einstellen müssen. Aber auf meiner Urkunde prangt noch die Zahl 5895, um die mich spätere Gipfelbezwinger sicherlich beneiden werden. Ich wiederum beneide Hans Meyer, der voller Hochgefühl einen vermeintlichen Sechstausender bezwungen hatte.

Es gibt mehrere Möglichkeiten, den Gipfel zu erreichen. Die individuellste und abenteuerlichste ist sicherlich die, sich in ein Flugzeug zu setzen, nach Tansania zu fliegen und dann einfach drauflozustiefeln. Doch spätestens an der Nationalparkgrenze wird man heftig ausgebremst. Die Anzahl der Eintritte in den Park ist begrenzt, um das Getümmel in gewissen Grenzen zu halten, die Zahl der Guides und Träger ist endlich, und so kann es vorkommen, dass man tagelang ausharren muss, bevor es wirklich weitergeht. Günstiger ist also ein Reiseveranstalter, der sich um alles kümmert. Um den Flug, um den Transfer, den Eintritt in den Park, die Begleichung der Gebühren und um den ganzen formalen Dokumentenkram. Man hat auf der Tour sowieso genug mit sich selber zu tun, mit den Erwartungen, mit den Strapazen, mit den ganzen stillen Gedanken, die sich in der Nacht hervorwagen, wenn man in seinem Schlafsack liegt und einfach nicht einschlafen kann.

Es gibt etliche Anbieter, von vertrauenswürdigen alpinen Bergführern, die solche Reisen privat organisieren bis hin zu Großveranstaltern, die weltweit operieren. Hauser-Exkursionen, Ikarus-Tours oder Wikinger-Reisen seien stellvertretend für viele genannt. Bei dieser Vielzahl hat man die Qual der Wahl und muss sich ganz einfach durch die Informationen hindurchkämpfen wie der namenlose Faulpelz, der ins vielverheißene Schlaraffenland will. Der eine darf sich durch einen Berg von Süßigkeiten fressen, der andere muss sich durch das Dickicht aus Angeboten beißen.

Mein Freund Raimund hat vor einigen Jahren einen Trip mit Hauser-Exkursionen in den Nepal unternommen und die Tour in den höchsten Tönen gelobt. Das hatte bei mir den Ausschlag gegeben, auf Hauser zu setzen. Derselbe Freund hat allerdings, wie sich später herausstellte, den Kilimandscharo mit Wikinger bezwungen. Man kann sich im Dickicht der Angebote also durchaus auch verirren – und trotzdem an der richtigen Stelle herauskommen.

Der Zeitpunkt der Reise ist genauso wichtig. Zwar liegt das Objekt der Begierde fast genau am Äquator, wo die Sonne das ganze Jahr über um sechs Uhr auf- und um achtzehn Uhr untergeht, doch das Wetter spielt bei dieser Gleichmäßigkeit nicht mit. Beim Aufstieg auf den Berg von Unmengen Regenwasser wieder ins Tal zurückgespült zu werden, nur, weil man den Beginn der Regenzeit verschlafen hat, wäre tragisch. Was für ein Segen, sich heutzutage rechtzeitig mit ein paar Klicks im Internet informieren zu können. Die besten Zeiten für den Gipfelsturm sind demnach sowohl die Wochen von Mitte Juni bis Oktober, die so genannte „kühle Trockenzeit", als auch die Wochen von Mitte Dezember bis Mitte März. Mein Geburtstag fällt also in die Regenzeit, und meinen Plan, zum Fünfzigsten auf dem Gipfel zu stehen, musste ich vernünftigerweise aufgeben.

So hatte ich noch eine Entscheidung mehr am Hals. Sollte ich nun vor oder nach dem Jubiläum den Berg hinauf? Als voreiliger Endvierziger oder als alter Fünfziger? Keine schwere Entscheidung. Man lebt schließlich nur einmal. Noch eine fettarme Grillsaison? Nochmal so viele ungekochte Mohrrüben und knackigen Salat? Nichts gegen gegrillte Bananen oder gelbe Paprika über rotglühenden Kohlen, aber zum Grillen gehört nun ganz einfach auch Fleisch. Am besten viel Fleisch. Hmm!

Also im Februar! Ein paar Klicks im Internet reichen, um bis zu Hauser durchzukommen, ein paar weitere, die Reise zu buchen. Vorerst unter Vorbehalt, denn es werden mindestens zwei Teilnehmer benötigt, damit Hauser diese Tour durchführt. Auf der Internetseite kann man den Status verfolgen. Nach meiner Anmeldung war ich also jeden Tag dort, um nachzuschauen, ob sich für meinen Wunschtermin endlich Mitstreiter finden würden. Mitte Februar sollte es sein, weit genug vom letzten Urlaub entfernt, aber auch weit genug vor der Leipziger Buchmesse, um vor dem nächsten Großereignis noch einmal Luft zu holen. Inzwischen jeden Tag, wenn möglich, zehn bis fünfzehn Kilometer auf dem Crosstrainer laufen, Filme aus der Konserve ansehen, Reisebeschreibungen aus der ganzen Welt, alte DEFA-Science-Fiction-Filme, Monty Python hoch und runter, tschechische Märchenfilme, Tierfilme, Pflanzenfilme, Menschenfilme...

Irgendwann spielten die Sprunggelenke bei der einseitigen Dauerbelastung nicht mehr mit. Sie protestierten und streikten von einem Tag auf den anderen. Jeder Schritt ein stechender Schmerz, als wäre man mit beiden Beinen zugleich heftig umgeknickt. Zuallererst milde Panik. Dann sofort zurückschalten in den Schongang. Am besten in den Leerlauf, sich Sorgen um die liebe Kondition machen. Jeder, der seine Freizeit hinter dem Computer verbringt, weiß das Lied vom Bewegungsmangel zu singen. Und bei den Massen an unverlangt eingesandten Manuskripten, über die die Verlage klagen, gibt es gar nicht so wenige Schreibtischtäter, die Raubbau an ihrer Kondition treiben.

Was, wenn ich es ernsthaft übertrieben hatte? Was, wenn ich nun nicht einmal mehr anständig geradeaus käme? Ein Blick ins Internet: Noch immer kein Mitstreiter. Die Füße schmerzten, aber ich wollte da hoch. Zähne zusammenbeißen! Ab sofort die kleinen Erledigungen nicht mehr mit dem Auto, sondern zu Fuß. Die Post ist einen Kilometer von zu Hause entfernt, zur Bibliothek sind es noch ein paar hundert Meter mehr. Ich könnte sowieso die Zeit, die ich im Keller verrannt habe, für Spaziergänge und Wanderungen nutzen, und mich abseits der Straßen auf Fußwege begeben, auf denen ich bestimmt seit zwanzig Jahren nicht mehr gewesen bin. Wir kennen heutzutage die weite Welt oft viel besser als die Plätze vor der eigenen Haustür, was schade und beschämend ist, und meine schreienden Sprunggelenke hatten mir auf diese Art tatsächlich eine Wohltat erwiesen.

Irgendwann besserte sich der Zustand der Füße. Aber den Crosstrainer habe ich seitdem nicht wieder bestiegen. Der war nur ein Vehikel, um den Kreislauf anzukurbeln, doch er würde nicht helfen, genau die Muskelpartien zu trainieren, die man für lange, langsame Bergaufstiege benötigte.

Ich wohne in Merseburg, in einer Stadt mit einer unglaublichen Geschichte. Der Sachsenherzog Heinrich hatte einst Hatheburg, die Tochter eines Merseburger Grafen, geheiratet, und war somit in den Besitz der Stadt gekommen, um ein paar Jahre später der erste sächsische König im Ostfrankenreich zu werden. Merseburg wurde dadurch eine der ersten Königspfalzen im späteren Heiligen Römischen Reich Deutscher Nation. Die Stadt war bald auch Kaiserpfalz, Bischofssitz, Herzogsresidenz einer Sekundogenitur. Sämtliche Kriege sind durch die Stadt getobt, Luther hat dort gepredigt, Goethe Bier getrunken, Kaiser Barbarossa hatte sie zum Marktplatz bestimmt, doch Merseburg ist mehrmals abgebrannt, und die Händler sind in ein kleines Dorf des Merseburger Bistums ausgewichen, und haben dort, in Leipzig, ihre Messe eröffnet. Merseburg war groß, ist aber wieder in der Bedeutungslosigkeit versunken, irgendwann war sie nur noch der Sitz des preußischen Regionalparlaments, und zu guter Letzt ist sie von den Chemieriesen des Mitteldeutschen Chemiedreiecks zugeschüttet worden. Heutzutage ist die Stadt vor allem eine grüne Stadt. Merseburg ist gemütlich, nicht allzu groß, und hat eigentlich nur einen Fehler: sie liegt am Rande der Leipziger Tieflandsbucht, wo das Land so platt ist, dass man am Mittwoch schon sehen kann, wer am Wochenende zu Besuch kommt. Kein nennenswerter Berg in der Nähe, an dem man sich abarbeiten könnte. Der Hochharz, der diesen Vorstellungen nahekäme – ein Aufstieg auf den Brocken ist immerhin eine lohnenswerte Tagestour – liegt zwei Autostunden entfernt. Das Treppensteigen in kahlen Hochhaustreppenhäusern ist ein trister und öder Sport und geht auch auf die Knie. Letztlich habe ich die Wege rund um die leergebaggerten Braunkohlegruben für mich entdeckt. In der Merseburger Gegend gab es an die einhundert Jahre lang Kohlebergbau, Tagebaue, die längst wieder aufgeforstet und zu Seen geflutet sind. Oft umrunden asphaltierte Radwanderwege die Seen, aber wir Wanderer sind dort auch wohlgelitten. Nicht der perfekte Untergrund, nach ein paar Stunden hat man die Nase voll von dem Asphalt und möchte lieber wieder über Stock und Stein, aber die Wege sind gut erreichbar.

So eine Runde um den See ist eine definierte Sache. Einmal um den Südfeldsee bei Großkayna: 10,25 km. Einmal um den benachbarten Runstädter See: 6 km. Man kann eine große Runde um beide Seen ablaufen oder die Seen einzeln in einer Acht umrunden, man kann mal rechts, mal links herum, und da die Hänge von Bio- und Ökopionieren bewirtschaftet werden, die sich um die Bewahrung der Natur oder um längst vergessene Haustierrassen kümmern, gibt es auch immer etwas zu sehen. Wenn man Glück hat, bekommt man sogar quietschbunte Bienenfresser zu Gesicht, Uferschwalben, Seeadler, auf jeden Fall auch Wildpferde und schottische Hochlandrinder.

Man schreitet seine Route ab und macht sich Gedanken darüber, wie unterschiedlich die zurückgelegten Kilometer im flachen Land und am Hang des Kilimandscharo zählen. In der Tourenbeschreibung von Hauser werden die 13 km von der Horombo-Hütte zur School-Hütte als ziemlich anstrengender Abschnitt angegeben. In der Ebene sind 13 km beinahe noch ein Spaziergang.

Mit jeder Umrundung der Seen rückte der Termin der Reise näher. Und immer noch kein Mitstreiter. Anfang Januar dann die Entscheidung, auf einen Termin mit garantierter Durchführung umzubuchen. Also im März! Diesmal endgültig, käme was wolle, nur noch Stürze auf glattem Eis und Knochenbrüche könnten mich nun noch von diesem Termin abbringen! Doch der Winter war moderat und die weiße Pest des Winters noch lange nicht in Sicht.

Rund um den Südfeldsee

Immerhin wurde es Zeit, sich um die Impfungen zu kümmern. Pflicht ist die Gelbfieberimpfung. Ohne die kommt man gar nicht erst nach Tansania hinein. Ratsam sind Impfungen gegen Typhus, Cholera, Tetanus, Diphtherie, Polio und Hepatitis A/B. Und über eine Malariaprophylaxe sollte man sich zumindest Gedanken gemacht haben.

Hinkommen

In meiner Einfalt hatte ich geglaubt, zum Arzt gehen zu können, mir ein paar Nadeln in den Oberarm stechen zu lassen und die Angelegenheit damit erledigt zu haben. Aber nicht jeder Arzt führt diese Impfungen durch. Und Merseburg beherbergt nur eine so geringe Anzahl von Globetrottern, dass das Gesundheitsamt die Impfungen nur zu einigen wenigen Termine anbietet. Plötzlich wurde mir die Zeit knapp und der Februartermin wäre überhaupt nicht mehr zu halten gewesen.

Es beginnt mit einer kostenpflichtigen Impfberatung, bei der die entsprechende Ärztin oder der Arzt nachschaut, was möglich, nötig oder sinnvoll ist. Danach wird der Impfstoff bestellt, manches muss im Abstand von Tagen oder Wochen mehrmals geimpft werden, und für die Gelbfieberimpfung bin ich dann doch noch bis nach Leipzig geschickt worden.

Mein Veranstalter bietet zwar ein Rundum-Sorglos-Paket zur Reise an, kann einem allerdings nicht abnehmen, den Rucksack selber zu packen. Immerhin steuert er für den hilflosen Globaltrottel einen Packzettel bei, den man der Reihe nach abhaken kann, um ausrüstungstechnisch auf der richtigen Seite zu sein. Auch auf diesem Zettel gibt es Dinge, die man genauso wenig wie eine Typhus-Impfung zur Hand hat. So bin ich nun der stolze Besitzer eines Daunenschlafsacks, in dem ich eiskalte Nächte überstehen und in dem ich über Temperaturen bis minus 25 Grad nur noch lachen kann. Ich finde dank einer Stirnlampe meinen Weg selbst durch tiefste Finsternis, kann mein Haupt mit einem Sonnenhut bedecken, habe mich in der Apotheke mit Traubenzucker, Elektrolyten und Sonnencremes eingedeckt, besitze eine Filzhose gegen die Kälte, eine Regenhose gegen Nässe, eine lange Trekkinghose, eine bequeme Freizeithose, ein Taschenmesser und einen Höhenmesser, aber keine Taschengabel und erst recht keine Höhengabel ... Die Packliste war lang, die Zahl der Anschaffungen wurde immer größer und ich fragte mich immer öfter, was von den vielen wichtigen Sachen wirklich wichtig sein würde.

Und dann wurde es plötzlich doch noch kalt. Richtig kalt und so unangenehm, dass man einfach keinen Hund mehr vor die Tür jagte. So kalt, dass ich mich in meinem Schlafsack auf keine Parkbank mehr gelegt hätte. Sibirisch kalt! Von Osten her hatte sich ein Hochdruckgebiet breitgemacht und Deutschland innerhalb von Stunden mit klirrender Kälte überzogen. Temperaturstürze bis minus 25 Grad! In diesem Winter ist in meinem Garten beinahe ein Kiwi-Strauch erfroren, aber fünf Kartoffeln, die ich beim Ausbuddeln übersehen hatte, haben es überlebt. Von einem Tag auf den anderen ging gar nichts mehr. Zu eisig, zu glatt, zu windig, zu kalt, und ich hatte ein zweites Paar Socken über das erste gezogen, bin in meine Bergschuhe gekrochen und trotzdem weiter um die Seen gewandert. Trainingsbedingungen wie auf dem Kibo-Gipfel im schlimmsten anzunehmenden Fall und die perfekte Vorbereitung auf das ungewisse Abenteuer.

Vorbereitungen

Auf diesen Wanderungen habe ich wunderschöne Bilder gesehen, und ich hatte sie ganz für mich alleine. Ein roter Fuchs, der über ein schneeweißes Feld schnürte. Schwäne, die auf einem ähnlich weißen Acker saßen, so offensichtlich und doch ganz versteckt. Nichts als die dunklen Schnäbel und die schwarzen Knopfaugen, und man musste zweimal hinschauen, um auch den Rest der weißen Vögel zu entdecken. Auf der Saale war das Eis vielfach in Schollen gebrochen, aufgetürmt und wieder festgefroren, so dass der Fluss wie meterhoher Zuckerkrokant aussah. Ich kam mir wie Väterchen Frost vor, der durch den sibirischen Winterwald spazierte, trug den Bart zu einem Klumpen gefroren, doch so, wie ich drauflosstapfte, konnte mir der Frost gar nichts anhaben. Ich vermeinte, das Frostklirren zu hören, zumindest das leise Knacken, wenn die Sonne auf den verharschten Schnee schien. Der Himmel war in diesen Tagen wolkenlos und die Sonne hatte die Landschaft perfekt in Szene gesetzt. Und hätte ich nicht auf den Kilimandscharo gewollt, wäre ich bei diesem Wetter niemals an die frische Luft gegangen, sondern hätte geduldig hinter meinem Computer gesessen, erfundene Geschichten aufgeschrieben und im Traum nicht daran gedacht, was es in solchen Momenten direkt vor der Haustür zu verpassen gibt.

Meinen Freunden hatte ich meine Absichten anlässlich der Feier meines 49. Geburtstags mitgeteilt. So laut, dass ich keinen Rückzieher mehr machen konnte, doch wohlversteckt im Nebensatz, so dass sich kaum noch jemand daran erinnerte und mutmaßen konnte, ich hätte tatsächlich ernst gemacht. Ich würde allen eine Rundmail schreiben, wenn ich ein Gipfelfoto zu verschicken hätte. Doch bis dahin wollte ich von Nachfragen weitestgehend verschont bleiben. Fast sechstausend Höhenmeter! Die Unternehmung wurde ohnehin immer unheimlicher, je näher der Starttermin heranrückte.

Doch irgendwann war alles getan, was getan werden musste. Der Rucksack war gepackt, etliche Euros waren in Dollars getauscht, und an der Kondition war auch nichts mehr zu verbessern. Entweder würde es nun reichen oder ich würde mir den Berg zumindest von unten anschauen. Reisepass und Flugtickets waren rechtzeitig gekommen. Nach den vielen Impfungen kam ich mir wie gepierct vor, und etwa ab eine Woche vor dem Abflug verwandelte sich die Wohnung in das Packlager eines Weltreisenden. Die komplette Ausrüstung war großzügig ausgebreitet, um ja nichts zu vergessen, neben der Checkliste lag inzwischen auch ein Zettel mit den Gewichten der einzelnen Ausrüstungsgegenstände. Vor Ort würde das Notwendige in einen Tragesack umgepackt werden – maximal 10 kg, bei Überschreitung dieses Gewichtes wäre ein weiterer Träger fällig und natürlich samt Gebühr. Wanderrucksack und Reisetasche erhielten den sorgfältig ausgefüllten Anhänger des Veranstalters und würden im Fall, dass sie unterwegs abhanden kämen, irgendwann an die Firma „Kibo Slopes Safari Ltd." zu Händen eines gewissen Mr. Mohamed Chembera nach Arusha gehen.

Die Reise beginnt

Von Merseburg nach Frankfurt mit dem Zug: das erste Abenteuer für einen notorischen Autofahrer * Martin und Nicole – meine ersten Mitwanderer * Umsteigen in Addis Abeba – Oliver, Odin und Konstantin stoßen zu uns * Boarding auf Äthiopisch – unfassbar, aber es funktioniert! * Von Addis Abeba zum Kilimandscharo Airport – atemberaubende Aussichten auf das Great Rift Valley

Am 03.03. sollte die Reise ab Frankfurt losgehen. Dort musste ich auch erst einmal hinkommen, und zwar mit der Bahn. Die Bahnkarte spendierte mir Ethiopian Airlines als Rail & Fly-Angebot. Aber Bahnfahren ist etwas ganz Anderes als das Fahrradfahren, und ich hatte zu diesem Zeitpunkt das Bahnfahren längst wieder verlernt. Es geht schließlich um etwas mehr als nur um das Balancehalten und Vorwärtsstrampeln. Alleine die Besorgung des Tickets ist etwas ganz Spezielles. Damals in der DDR, zu Zeiten der Deutschen Reichsbahn, hatte man der Dame am Schalter sein Fahrtziel zugenuschelt und ein kleines, unscheinbares Pappkärtchen erhalten. Heutzutage wird einem eine Nummer zugeschickt, die man dann in einen Automaten der Bundesbahn eingeben muss. Oder, wenn es den Automaten nicht gibt, oder wenn dieser kaputt ist, geht man zum Zugbegleitpersonal und outet sich als fahrscheinloses Wesen mit Besitz einer Nummer. Ich habe also meinen Merseburger Automaten so lange gedrückt, bis ein Ticket herausgekommen ist. Ein großes Blatt Papier, A4, und – Wunderwerk der Technik – es war tatsächlich von Ethiopian Airlines, und man konnte damit von überall bis nach Frankfurt fahren.

Manch einer mag das belächeln, aber für mich war das eine interessante Erfahrung. Andere Leute haben vielleicht ihre Schwierigkeiten damit, in England mit einem Mietwagen auf der verkehrten Straßenseite zu fahren. Das macht mir nun wieder Spaß, und jeder sollte es wenigstens einmal probiert haben. Vor allem, um sich dann nach ein paar Wochen wieder ins eigene Auto zu setzen, und beim Versuch, den ersten Gang einzulegen, an die Autotür zu fassen.

Am Samstag, dem 3. März hat mich also meine Familie auf dem Merseburger Bahnhof verabschiedet, und ich bin in die weite Welt ausgezogen, um den Kilimandscharo zu bezwingen. Zuallererst mit einem Regionalzug, der von Merseburg bis Erfurt an jedem Kleckernest eine Pause machte, und mich gemach darauf einstimmte, die Welt zu beobachten.

Aus dem Eisenbahnfenster heraus sieht alles ganz anders aus. Das ist sicherlich dem Umstand geschuldet, dass man andere Pisten nimmt als mit dem Auto. Aber ich habe aus dem Fenster gestarrt und voller Wonne so etwas Ähnliches wie ein Déjà-vu erlebt, diesmal aber eben anders herum. Jamais-vu nennt man das wohl: Ich wusste, schon einmal hier gewesen zu sein, aber alles war anders und fremd, obwohl es vertraut sein sollte. Gerade die Strecke zwischen Merseburg und Bad Sulza mit ihren Weinbergen, den Flusstälern von Saale und Ilm, mit den vielen Brücken, mit Rudelsburg, Saaleck und Sonnenburg, sah aus dem Eisenbahnwagen ganz anders aus. Ich war kaum eine Stunde von zu Hause fort und schon ging das Staunen los. So konnte es weitergehen. Aber wozu dann eigentlich noch bis nach Afrika fahren?

Nein, diese Frage stellte sich nie wirklich. Die Affen haben sich vor Jahrmillionen auch nicht gefragt, warum sie von den Bäumen steigen sollten, sondern haben es einfach getan. Und das vorläufige Endergebnis? Ich sitze im Zug, nicht etwa um wieder auf einen Baum, sondern auf einen Berg zu steigen. Und zwar in jener Gegend, in der die Affen damals von den Bäumen gestiegen sind.

Erfurt war so spannend wie jede andere Stadt, in der man eine lange Stunde auf einem zugigen Bahnhof verbringen muss, um auf den Anschlusszug zu warten. Aber ich habe die Stunde herumgekriegt, bin danach in einen ICE eingestiegen und bis nach Frankfurt durchgerauscht.

So ein ICE ist auch etwas ganz anderes als die D-Züge der Deutschen Reichsbahn. Na gut, damals brauchte man noch keine WiFi-Zonen. Damals habe ich Science-Fiction-Romane gelesen und bin seitdem ein gutes Stück in der Zeit vorangekommen. Türen, die sich von selber öffnen und schließen, bequeme Sitze, freundliche Kellner ...

Wenn man in einer kleinen 35000-Seelen-Stadt startet, in der es gerade mal einen Eisen- und einen Busbahnhof gibt, wähnt man sich sowieso in den Science-Fiction-Roman versetzt, wenn man auf dem Frankfurter Flughafen ankommt. Und man ist gut beraten, die Bilder fest im Gedächtnis zu behalten, wenn man dann später den International Airport Sansibar erlebt, denn dort fühlt man sich wiederum ins Mittelalter zurückkatapultiert. Zeitreisen sind so einfach. Man braucht nicht einmal eine Zeitmaschine dazu, sondern nur ein wenig Bewegungsfreiheit.

Es dauerte eine Weile, die Schalter der Ethiopian Airlines zu finden. Nicht wegen der Unübersichtlichkeit, sondern wegen der Größe des Flughafens. Man kann über Rollbänder laufen und seine Geschwindigkeit verdoppeln, oder genervt von den vielen Leuten mit seinem ganzen Gepäck auf der Stelle stehenbleiben und einen natürlichen Poller im Strom der Reisenden bilden. Man kann die Leute beobachten, erwartungsvolle Globetrotter am Beginn ihrer Reise, abgerissene Wanderer mit langen Gesichtern, die wieder in den Alltag zurückkehren müssen, gutbetuchte Geschäftsleute, quietschbunt gewandete Negermamas mit einem ganzen Kometenschweif von lärmenden Kindern, Orthodoxe und Unorthodoxe aller Couleur. Erst einmal einchecken, um das meiste Gepäck loszuwerden, etwas essen, trinken, die üblichen Flughafenkontrollen ertragen, und immer wieder nach den Leuten Ausschau halten, die wie ich als Wanderer ausstaffiert waren. Mein Veranstalter empfahl, die Bergschuhe schon auf dem Flug zu tragen. Käme das Gepäck abhanden, hätte man zumindest das unverzichtbare Schuhwerk gerettet. Also waren alle Bergschuhträger potentielle Teilnehmer der

Hinkommen

Kilimandscharo-Gipfeltour. Die Hauser-Mitarbeiter hatten im Prospekt zur Tour zwar geschrieben, die Gruppe würde sich auf dem Kilimandscharo-Flughafen finden, aber warum sollte man sich nicht schon in Frankfurt begegnen?
Letztlich habe ich mich dann in einem dieser Hartschalensessel im Warteraum geparkt und auf das Boarding gewartet. Die Maschine sollte um 21:35 Uhr abfliegen, die Duty-free-shops wollte ich nicht plündern, denn einen Liter Whisky mit auf den Gipfel zu schleppen, wäre dann doch keine so gute Idee gewesen. Anders als in Bulgarien vor 28 Jahren. Ach, die Sünden der grauen Vorzeiten!
„Bist du auch von Hauser und willst auf den Kilimandscharo?", sprach mich mit einem Mal ein bürstenhaarschnittiger Mittdreißiger an. Er zeigte auf meine Wanderschuhe und auf meinen Anhänger am Rucksack. „Praktisch, nicht wahr?"
Martin, Banker aus Frankfurt, war also der erste, den ich kennenlernte. Und er hatte kurz vor mir schon Nicole ausfindig gemacht, die eine Pension in Reith im Alpbachtal betreibt und ab und an sogar mal einen Marathon läuft. Unsere einzige Frau und Österreicherin in der Runde.
Da waren wir nun also und schauten uns erst einmal an. Taxierten und fragten uns insgeheim, ob wir wohl Leute seien, die gerne eine ganze Woche zusammen auf Wanderschaft gehen wollten. Oder es zumindest miteinander aushalten würden. Ein an und für sich jovialer, aber ungemein geschwätziger Typ, der seine Weisheit mit Löffeln und Suppenkellen gefressen hatte, wäre auf die Dauer genau so unerträglich wie ein ganz normaler Dummschwätzer, Besserwisser oder Durchreißer. Aber wir drei wollten wohl alle nur auf den Berg und niemand anderem dabei etwas vormachen.
Wo aber war der Rest der Gruppe? Eigentlich sollten alle von Frankfurt aus starten. Oder waren einige schon vor Ort und krabbelten zur Vorbereitung auf dem Mount Meru herum? Dieser Vulkan ist 4562 m hoch, liegt etwa 65 km westlich vom Kilimandscharo und wird oft als Akklimatisationsgipfel für den Kili angeboten.
Wir würden insgesamt acht Leute sein. Sieben standen auf der Teilnehmerliste, die uns zugeschickt worden war, Nicole war danach noch im letzten Moment hinzugekommen. Fehlten noch fünf. Doch die hielten sich vorerst bedeckt.
Es war eine Boeing 767-300ER, die uns erst einmal bis nach Addis Abeba brachte. Vollgestopft bis auf den letzten Platz, also mit etwa 245 Passagieren, etliche davon mit deutlich mehr Handgepäck, als jede Polizei erlaubt. Und mittendrin unsere fünf unbekannten Mitstreiter. Meine Nachbarin war eindeutig keine Wanderin. Sie packte ihren Laptop noch vor dem Start aus und war dann den gesamten Flug über mit irgendwelchen Präsentationen über Biodiversität beschäftigt. Addis Abeba ist so etwas wie die inoffizielle Hauptstadt Afrikas. Die UN unterhält dort ihre Wirtschaftskommission für Afrika, die Organisation für Afrikanische Einheit hat dort ihren Sitz, und irgendwie sah die junge Dame neben mir aus, als wolle sie unbedingt dorthin und nicht mit Martin, Nicole und

Die Reise beginnt

mir weiter bis auf den Kibo. Als wir abhoben, pünktlich um 21:35 Uhr, hatte ich Nicole und Martin längst wieder aus den Augen verloren. Es war draußen schon dunkel und nur noch bedingt interessant, aus dem Fenster zu schauen. Vom Hinüberschielen auf die Powerpoints zur Biodiversität taten mir langsam die Augen weh, und überhaupt war es angebracht, den Flug, so gut es ging, zu verschlafen. Ethiopian Airlines schaffte mich sicher aus Europa fort, wiegte mich sanft wie auf Scheherazades fliegendem Teppich über die Sahara und das äthiopische Hochland. Sieben Stunden sind wir geflogen. Neun Stunden nach dem Start in Frankfurt sind wir in Addis Abeba sicher gelandet. Zwei Stunden mussten wir die Uhren vordrehen. Noch nicht ganz Moskauer Zeit, aber schon nahe dran.

Als wir landeten, graute der Morgen. Das zweite Mal innerhalb einer halben Stunde, denn beim Landeanflug hatten wir ein paar tausend Meter über dem Boden den Sonnenaufgang schon einmal erleben dürfen.

Der Bole International Airport besitzt zwei Terminals. Auf dem zweiten, dem modernen, der den Langstreckenflügen vorbehalten ist, sind wir gelandet, um dann gleich auf die lange Wanderschaft zum alten Terminal geschickt zu werden. Dort, wo nur noch nationale und regionale Flüge abgewickelt werden, ging es wesentlich ruhiger zu. Allerdings sah der Transitraum auch ziemlich schäbig oder gewöhnlich aus, eher wie ein dürftiger Basar irgendwo zwischen Taschkent und Alma Ata, was beides zwar nicht in Afrika liegt, aber manchmal gehen die Einbildungen nun mal absonderliche Wege.

Martin und Nicole hatte ich wiedergefunden, und zu dritt liefen wir nun Kreise rund um die zirka dreißig Sitzplätze, als spielten wir die Reise nach Jerusalem. Aber wir wollten ja nach Tansania! Dreieinhalb Stunden waren zu überbrücken. Ein Blick auf Addis Abeba ließ sich nur durch das Toilettenfenster erhaschen, Afrika begann nach einer Stunde langweilig zu werden. Nach und nach klapperten wir die Souvenirstände ab, doch das Interessanteste war und blieb der Laden, in dem es Mineralwasser zu kaufen gab. Und nach und nach ließen wir dort jeder unseren ersten Dollar, um alle mit Flaschen verschiedener Größe oder Anzahl zurückzukehren.

Und dann kamen Oliver, Odin und Konstantin. Sie trudelten tatsächlich erst später ein, weil sie, wie sich herausstellte, Probleme mit der Bürokratie bekommen hatten, schon in Frankfurt, und ob sich das nun in Addis Abeba fortsetzen würde, wollten sie eigentlich noch gar nicht wissen. Odin-Christoph und Konstantin hatten die Reise zusammen mit ihrem Vater Oliver gebucht, ordentlich für drei Personen die Tickets bezahlt, drei Adressen angegeben, doch irgendwie war Konstantins Adresse im Gewirr der Datenautobahnen auf dem Chip irgendeines Flughafenautomaten abhanden gekommen, und beim Einchecken in Frankfurt ließ sich das Gerät weder durch menschlichen Eingriff noch durch lautstarken Protest überlisten und von seinem Irrtum überzeugen. Odin-Christoph hatte kein Problem gehabt, aber aus Oliver und Konstantin war ein virtueller Oliver-Konstantin geworden, dem auch nur ein Sitzplatz im Flugzeug zugeordnet worden war. Irgendwie hatten die drei das Problem in Frankfurt so hingebogen, dass Konstantin nun bis Addis Abeba mitfliegen konnte. Aber hatte das auch für sein Gepäck gegolten? Würde er nun von Äthiopien auch nach Tansania weiterkommen? Ein Ticket hatte er, auf Hausers Teilnehmerausweis war er eindeutig ausgewiesen, in seinem Pass war er eine bindestrichlose Einzelperson, doch der erbsenzählerische Automat in Frankfurt war einfach nicht in der Lage gewesen, ihm die Boarding-Karte für den Anschlussflug auszustellen. Stellten sich die Äthiopier nun quer, kam er möglicherweise von hier nicht mehr weg und müsste eine Woche lang bis zum Rückflug nach Deutschland in diesem abenteuerlichen Transitraum ausharren. Und sein Gepäck flöge trotzdem weiter bis nach Tansania und würde dort von niemandem vom Kofferkarussell gehoben. Oder er konnte das hiesige Personal von der Notwendigkeit seiner Weiterreise überzeugen, aber seine Reisetasche bliebe hier zurück oder flöge bis zu dem Planeten, der nur von verlorengegangenen Reisetaschen bevölkert wird. Spätestens dann wird einem klar, warum Hauser empfahl, die unverzichtbaren Bergschuhe als Reiseschuhe zu tragen, auch, wenn das in stundenlanger gehockter Haltung in der Economy-Class eine ziemliche Plage ist.

Wieder war es Martin, der die drei ansprach, und wieder hatten wir uns an den nützlichen Rucksackanhängern unseres Veranstalters erkannt.

Oliver war der einzige von den dreien, der auf den ersten Blick wie ein Wanderer aussah. Bergschuhe, derbe Trekkinghosen, kariertes Wanderhemd, ein stämmiger, schon recht angegrauter Mittfünfziger. Psychiater aus Gera, wie sich bald herausstellte. Odin wirkte mit seinem verträumten Blick und seinem Sonnenhut, der mich an Hermann Hesse erinnerte – obwohl er ganz anders aussah als Hesses Kreissäge, aber mach mal was gegen die eigenen Gedanken, die dich vor einer Stunde sogar schon bis nach Taschkent geschickt hatten! – Odin also wirkte eher wie ein Sommerfrischler während der Fahrt auf die Alm. Er war Assistenzarzt aus dem Thüringischen. Nun ja, der Apfel fällt nicht weit vom Stamm, und bei dem Vater ...?

Den Vogel schoss dann allerdings Konstantin ab. Ein hochgewachsener, blonder Rastamann mit quietschbunten Klamotten, als wäre er einem Zirkus entlaufen. Blauorangene Pluderhosen, an den Füßen irgendwelche bastgeflochtenen Ökoschlappen, die Bergschuhe baumelten am Rucksack, Holzperlenkette um Hals und Fußgelenk, hölzerne Ringe in den Ohren. Hatte sich da einer ganz speziell auf Afrika vorbereitet? Nein, nicht wirklich. Konstantin war tatsächlich einem Zirkus entlaufen. Zumindest halb, wenn man es über die halbe Arbeitsstelle definiert. Einem Berliner Kinderzirkus, der wochenweise mit Schulklassen Zirkusprogramme einstudiert und bis zur Aufführung bringt. Seine andere halbe Arbeitsstelle ist die eines Pädagogen für Problemfälle. Ein sehr engagierter, bodenständiger Mann also, und warum sollen engagierte, bodenständige Menschen sich nicht auch bunt anziehen dürfen? Small talk. Wir wunderten ein bisschen darüber, wer denn nun wohl die letzten beiden Verbliebenen sein könnten, die nach der Teilnehmerliste denselben Familiennamen trugen. Waren sie nun Vater und Sohn oder Bruder und Bruder? Neffe und Onkel oder Opa und Enkel? Wir waren allesamt ein bisschen durch den Wind von dem nächtlichen Flug und hingen jeder in Gedanken dem kommenden Ziel nach. Es war erstaunlich wolkig über Afrika. Kein glutheißer Morgen als Start in einen unerträglichen Tag. Was uns allen recht war, hatten wir doch gerade erst diesen minus 25°C kalten Wintermonat hinter uns. Wir plauderten ein wenig über das Wetter. Was sollten wir auch sonst machen? Wir kannten uns ja nicht und suchten Gesprächsstoff, um uns zu beschnuppern. Die Tirolerin Nicole konnte mit Schneemassen punkten, die sich ein herkömmlicher Flachlandtiroler beim besten Willen nicht vorstellen konnte. Ich dagegen outete mich als einer, der mit Wintersport nun überhaupt nichts anfangen konnte.

Als es Zeit wurde, zum nächsten Boarding zu schreiten, ging die Diskussion los, was mit dem dollarteuren Mineralwasser werden würde. Trotz Transitraum eine weitere Kontrolle? In Frankfurt hätten wir unsere Wanderschuhe darauf verwetten können, dass die Flaschen konfisziert worden wären. Aber den Äthiopiern schienen sie wohl eher unverdächtig. In Addis Abeba achtete man vor allem darauf, dass die Leute ihre Schuhe auszogen. Irgendwelches Gebaren musste man nun einmal an den Tag legen. Das Schuheausziehen ist allerdings keine äthiopische Erfindung. Die kommende Boarding-Prozedur dagegen eher schon. Wir kamen in einen so überfüllten Warteraum, dass wir uns fragten, wie die Leute in eine einzige Maschine passen sollten. Die Boarding-Zeit begann, irgendetwas passierte auch am Schalter, doch es war weder ein Flugzeug vorhanden, noch verließen die Fluggäste, die den Schalter passiert hatten, den Warteraum in Richtung Rollfeld. Sie zogen weiter im Spazierschritt ihre Kreise, um dann unmerklich doch abhanden zu gehen. Wir brauchten eine Weile, um herauszufinden, dass man sich am Boardingschalter nur einen grünen oder lila Punkt für seine Boardingkarte abholte, mit dem man dann an einem vollkommen anderen Gate sofort in die Maschine kam. Pure, unsinnige Konfusion! Dieser Sketch könnte von Monty Python stammen, wenn es einer wäre. Aber die Schalterbeamten nahmen den Vorgang viel zu ernst, und ohne den Punkt wäre gar nichts gegangen. Ein paar Niederländer scheuchten sie mitleidlos wieder davon, ohne ihnen ein Grund zu geben. Ist das die natürliche, darwinistische Auslese von Globetrottern? Welch ein Glück, dass wir in Deutschland den Grünen Punkt schon so lange haben und richtig damit umgehen können. Auch, wenn man bei uns damit nirgendwohin fliegen kann.

Nach Tansania sind wir in einer Boeing 757 geflogen. Noch einmal zweieinhalb Stunden zusammengepfercht mit 159 anderen Reisehungrigen. Aber wir mussten nicht noch einmal die Uhr verstellen und die Verwirrung hielt sich also in Grenzen. Addis Abeba gehört mit einer Höhe von 2200 bis 3000 Metern zu den am höchsten gelegenen Hauptstädten der Welt. Das ist Alpenniveau, aber im

Hinkommen

Gegensatz zu den Alpen mutete die Gegend in und um Addis Abeba eher hügelig an. Grasland mit handtuchkleinen, verschachtelten Feldern, in der Stadt selber viele große Bäume. Soweit man das durch das Flugzeugfenster beurteilen konnte Eukalyptusbäume, einst aus Australien stammend, aber inzwischen in vielen tropischen und subtropischen Ländern verbreitet als schnellwachsende, große Bäume, Holzlieferanten, Schattenspender und grüne Lunge.

Die Berge waren beim Überflug genau so sehenswert wie die vielen Seen, die aufgereiht wie auf einer Perlenschnur den Verlauf des Ostafrikanischen Grabenbruchs markierten. Hier bricht Afrika gaaaanz langsam auseinander, und irgendwann einmal wird das äthiopische Hochland wie Madagaskar als große Insel vor dem Restkontinent herumschwimmen.

Als wir in Addis Abeba starteten, war der Himmel fast wolkenfrei, doch im Verlauf der kommenden Stunde wurde die Sicht immer mehr von einer zunehmend dichteren Wolkendecke behindert. Schöne Wolken, fotogene Wolken, aber ich wollte doch Afrika sehen! Das Great Rift Valley, den großen Turkana-See, die Naivasha-Seen, der eine blau, der andere grün, später den roten Lake Natron und vielleicht sogar den Victoria-See ... Inzwischen hatten wir Äthiopien hinter uns gelassen und befanden uns über Kenia. Dank der vom Cockpit auf die Monitore eingespielten Karten kann man heutzutage immer so schön nachvollziehen, wo man sich gerade wie weit über dem Erdboden befindet. Und wenn man sich einigermaßen auf die Route vorbereitet hat, kann man doppelt wertschätzen, was zu sehen ist. Wir überflogen nun also gerade im weitesten Sinne das Gebiet, in dem unsere altvorderen Affenverwandten vor so vielen, vielen Jahren von den Bäumen gestiegen sind, und sich auf die eigenen Hinterbeine stellten, um im hohen Elefantengras einen Blick auf die Zukunft zu erhaschen. Um dann noch etwas später festzustellen, dass zu dem vielen Gemüse auch ganz gut ein Rinderhüftsteak passen könnte. Und die dann tatsächlich in alle Welt ausgeschwärmt sind, um auch noch nach Kartoffeln, Tomaten, Känguruhsteaks und Räucherlachs zu suchen.

Die Wolken wurden immer dichter, und ich wurde immer nervöser, denn ich hielt doch Ausschau nach dem wichtigsten Landstrich überhaupt. Der Mount Kenia kam in Sichtweite, ragte weit entfernt aus dem Wolkenmeer auf, und wenn man genau hinsah, konnte man sogar weiße Flecken auf seiner Spitze sehen. Hier irgendwo musste es sein! Und dann, wie als ein gütiges Geschenk des Großen Piloten, rissen die Wolken auf und gaben einen schnurgeraden Strich frei, der zudem am richtigen Ort in der richtigen Richtung von West nach Ost zeigte. Sicherlich nur eine ganz normale Steppenpiste, doch ich hielt den Fotoapparat im Anschlag und schoss mein erstes Bild vom Äquator! Und preise das Bild seitdem bei Fotopräsentationen stets vollmundig an und ernte mal verhaltenes Grinsen und mal lautes Gelächter. Oder skeptische Blicke, ob ich wohl ernst meine, was ich da sage. Man kann auf diesem Foto ganz deutlich sehen, wie passgerecht und perfekt die Erde aus zwei Magdeburger Halbkugeln zusammengefügt ist.

Bedauerlicherweise rückten die Wolken dann wieder dichter zusammen, und das Ziel unserer Träume blieb unseren Blicken verborgen. Beim Landeanflug auf den Kilimandscharo-Airport tauchten wir ein in die Vorboten der bald einsetzenden Regenzeit, die Pechvögel im linken Teil der Maschine konnten den Kilimandscharo nicht sehen, keinen Gipfel, nicht den kleinsten Zipfel, nicht einmal die Ahnung eines Berges, die Glückspilze auf der rechten Seite dagegen bestaunten einen beeindruckend roten Lake Natron. Ich war ein Pechvogel!

Unter den Wolken gab sich Tansania zu erkennen. In einem weiten Bogen überflogen wir westlich des Kilimandscharo-Massivs Arusha und gingen in den Landeanflug über. Arusha beeindruckte zuallererst als Gewimmel aus abertausend winzigen Hütten mit roten, blauen oder hell blinkenden Dächern. Erst danach nahm ich die einzelnen, größeren Gebäude wahr, das Stadion, das viele Grün innerhalb der Stadt, Bergkegel, die aus diesem Grün auf- und die Stadt überragten. Bananenplantagen rund um die Stadt. Das Flugzeug kam immer tiefer, einzelne Hütten und Bäume waren immer deutlicher auszumachen, und die Umgebung verwandelte sich immer mehr in eine karge, steppenartige Landschaft. Eine braune Ebene mit nur noch vereinzelten Bäumen. Umgepflügte Äcker kurz vor dem lebenspendenden Regen oder doch nur brache Steppe? Möglicherweise abwechselnd beides.

Ankunft in Tansania

Tansanische Einreiserituale * Reinhard und Moritz komplettieren die Gruppe * Wir sind vollzählig – und stehen im Regen * Mit dem Jeep nach Moshi – Tansania durch die Autoscheibe betrachtet * Gestopfte Möpse * Moshi und der erste Blick auf den Berg * Father Frederick verspricht das Unmögliche

Der „Kilimanjaro International Airport" ist ein winzig kleiner Flughafen, verglichen mit dem riesigen Frankfurter Drehkreuz. Doch die Rollbahn ist ausreichend groß, um auch eine Boeing 747 zu verkraften – also den „Jumbo", lange Zeit das größte Passagierflugzeug der Welt – und so wird dort, auf der halben Strecke zwischen Arusha und Moshi, der gesamte touristische Flugverkehr für den Kilimandscharo, den Arusha Nationalpark, den Ngorongoro Krater, den Serengetipark und all die Safaris, Lodges und Ziele in der Umgebung umgeschlagen. Nach Verlassen der Maschine tippelt man quer über das Rollfeld auf das kleine, flache Flughafengebäude zu, verborgen hinter grünen Rabatten mit allerhand bunt blühenden tropischen Sträuchern. Das Bild wird vor allem bestimmt von einer hochaufragenden Araukarie, bei uns höchstens als spillerige Zimmertanne im Blumentopf bekannt, dort aber ein imposanter Blickfang. Luftholen, strecken, die müden Glieder ausschütteln und ab ins Gedränge, den Amtsschimmel striegeln und ordentlich abäppeln!

Hürde Nummer Eins war die Eingangstür in das Flughafengebäude. Die wurde versperrt von den gestrengen, tansanischen Kontrolleuren, die sich zuallererst die Impfausweise vorzeigen ließen. Keine Einreise ohne Gelbfieberstempel! Mich hätte interessiert, was mit den Personen passierte, die über keinen solchen Stempel verfügten. Hätte man die draußen, notfalls sogar im Regen, stehenlassen? Oder hätte man sie notgeimpft oder sich auf eine Diskussion eingelassen, möglicherweise auf eine mit Bakschisch geimpfte? Doch ich hatte weder die Zeit noch die Muße, dies zu verfolgen. Denn nach der Einsicht in die Impfausweise wurden uns – Hürde Nummer Zwei – Formblätter mit allerhand Fragen auf Swahili und auf Englisch in die Hand gedrückt, die nach bestem Wissen und Gewissen auszufüllen waren. Derweil wurde unser Gepäck aus dem Flugzeug geladen, aufs Kofferkarussell gepackt und schon einmal im Kreise gedreht. Andernorts verfällt man in Ungeduld, bis die Koffer kommen, hier war man mit den Fragebögen und im Kampf um den besten Platz in der Warteschlange vor dem Visumschalter beschäftigt. Hürde Nummer Drei war die Erlangung des Einreisevisums. Eigentlich eine simple Angelegenheit. 50 US$ wandern zusammen mit dem Reisepass über den Tisch, die Dollars werden durchleuchtet, der Pass wird abgestempelt und fertig. Trotzdem musste man sich dabei in Engelsgeduld üben. Manche begleiteten ihre Bezahlung mit einem nimmer enden wollenden Schwall von Worten, manches davon auf Englisch, das meiste auf Swahili, und das Ergebnis war Letztlich das gleiche, wie das von meinen schweigend hingereichten Dollarscheinen und dem nagelneuen Reisepass.

Die Erlangung des Visums berechtigte dazu, sich an die nächste Schlange – ja, Hürde Nummer vier – anzustellen, um geduldig an den Ort vorzurücken, an dem man dann möglichst grimmig mit dem Foto des eigenen Passes verglichen wurde und ein paar Fingerabdrücke hinterlassen durfte. Liebe Diebe, die ihr immer vermieden habt, irgendwo eure Papillaren zu hinterlassen: reist niemals nach Tansania ein, denn sonst haben sie euch!
Endlich zum Kofferkarussell stolpern. Die Reisetasche herunterheben, zum Ausgang wanken. Wir sollten uns immer wieder vor Augen führen, wie verwöhnt uns das Schengener Abkommen mit den Reisen ohne umständliche Grenzkontrollen gemacht hat.
Was für ein Stichwort würde unser Mann aus Moshi auf sein Begrüßungsschild geschrieben haben? Hauser? Kilimanjaro? Kibo Slopes? Ich weiß es nicht mehr. Wir haben ihn gefunden, sind von ihm vor das Flughafengebäude gebracht und dort vorerst im Schatten geparkt worden. Gespanntes Warten auf alles. Auf unsere letzten beiden Mitstreiter, auf das kommende Abenteuer, nach einer halben Stunde vor allem darauf, dass überhaupt etwas passierte. Reinhard und Moritz, die beiden Nachzügler, waren längst eingetrudelt. Der Vater ein Manager bei Bosch, der Sohn Bioinformatikstudent in Tübingen. Aber der Mann mit dem

Schild hatte nur einen einzigen Jeep für uns acht Wanderer mit achtmal Wandergepäck und acht weiteren Reisetaschen und erklärte uns lächelnd, der andere Fahrer hätte ihn angerufen, er könne noch nicht kommen, weil er den Schlüssel zum zweiten Auto nicht finden könne. Aber er würde bald da sein.

Unter dem Grünebohnenbaum

Wir machten derweil lange Hälse zum Kilimandscharo, mutmaßten, wo er sein müsste, und ob man ihn vom Flughafen aus sehen könnte. Doch der Himmel hing voller Wolken. Wir sahen unser erstes afrikanisches Tier, eine Kakerlake von der Größe eines Handys, und bekundeten gegenseitig unsere Erwartungen, dass das ja wohl noch interessant werden würde. Und spazierten umher auf ziellosen Bahnen unter weitausladenden, knallrot blühenden Bäumen, deren Namen wir nicht kannten, weil die uns genau so fremd waren, wie alles, was nun in den nächsten Tagen auf uns einstürzen würde. Ein Baum mit riesig langen grünen und braunen, vertrockneten Bohnen in seiner Krone. Also ein Grünebohnenbaum. Oder Braunbohnenbaum. Johannisbrotbäume hatten solche Bohnen. Aber die blühten eher unscheinbar und hatten möglicherweise auch andere Blätter. Und wuchsen rund um das Mittelmeer. Genaues wusste keiner von uns, und man hätte sich vielleicht einigen können, dass es sich um ein johannisbrotbaumartiges rotblühendes Grünebohnenbaumungetüm der Johannisbrotgewächse handeln könnte, für unsere österreichische Nicole eventuell ein zigtausend Kilometer entfernter Vetter der Bockshörndlbaumgewächse. Doch in diesem Moment öffneten sich die Himmelsschleusen, so dass wir nur noch die Sorge trugen, unser Gepäck vor der Nässe zu schützen.

War das hier jeden Nachmittag so? Oder kündigte sich die Regenzeit an? Alles, was jetzt herunterkam, war schon unten, wenn wir auf den Berg hinauf wollten. Oder pumpte es die afrikanische Sonne schneller wieder in den Himmel, als wir laufen konnten? Würden uns ein und dieselben Regentropfen also mehrmals, womöglich jeden Tag aufs Neue begegnen?

Im Schutze des Flughafenvordaches setzten wir die ersten Nachrichten nach Hause ab: nach 24 Stunden Eisenbahn, Flugplatz und Flugzeug waren wir endlich sicher in Tansania angekommen, aber noch lange nicht im Hotel. Unser zweiter Fahrer simste derweil, dass er die Autoschlüssel nun endlich gefunden habe, woraus unser erster Fahrer allerdings folgerte, dass es wohl noch so lange dauern werde, wie man brauche, um einen Kaffee trinken zu gehen.

So saßen wir also das erste Mal gemeinsam an einem Tisch, stellten uns gegenseitig vor mit dem, was wir so taten, wenn wir nicht verreisten, und waren uns gar nicht mal so unsympathisch. Der Regen verging, die Erde dampfte, wir versuchten, uns unsere Namen einzuprägen, nippten an Café und Cola und wollten eigentlich nur noch für diesen Tag ankommen.

Eine halbe Stunde später saßen wir tatsächlich in den Autos und wurden ins Hotel gefahren. Noch einmal 50 km bis dorthin, noch einmal eine knappe Stunde auf der Landstraße durchgeschüttelt werden, um dann endgültig das Hotel zu erreichen.

Immerhin war es eine hochinteressante Stunde, und wir machten das, was wir schon die letzten Stunden praktiziert hatten: wir staunten aus den Fenstern heraus in eine uns vollkommen fremde Welt. Keiner von uns war vorher in Tansania gewesen. Nicole hatte immerhin schon einmal mit dem Fahrrad Namibia durchquert, aber Afrika ist so riesig, und Namibia liegt weiter von Tansania entfernt als Island von Deutschland, so dass auch für Nicole alles neu und vollkommen anders war.

Wir waren darauf eingestellt, noch einmal kräftig im Jeep durchgeschüttelt zu werden. Doch die Straße vom Flughafen nach Moshi war gut ausgebaut, breit und asphaltiert. Sie war eine der Hauptverkehrsadern, auf denen sich die Zivilisation quer durch die weiten Ebenen bewegte, abseits der Arusha- und Serengeti-Nationalparks und dementsprechend vollgestopft mit Bussen, Lastkraftwagen und ebensolchen Jeeps wie den unseren. Man fährt links in Tansania. Ein Zeichen dafür, dass England Kolonialmacht gewesen war, als die Automobile auch die Straßen des ehemaligen Tanganjika erobert hatten.

In unseren Gedanken waren wir noch mit der Anreise beschäftigt, doch eigentlich befanden wir uns schon mitten im Abenteuer. Den 5895 m hohen Kilimandscharo zu bezwingen, bedeutet nicht nur, auf einen wirklich hohen Berg zu steigen. Der Aufstieg gleicht einer Reise um die halbe Welt. Man startet mitten im Buschland des heißen Äquatorialafrikas, durchquert Farmland, das bis an einen dichten Regenwald heranreicht. Die Wanderung durch diesen Wald aus beeindruckend riesigen Bäumen und dichtem Strauchwerk voller Flechten und nassem Moos ist wie ein Abenteuer im Märchenwald. Anschließend erwarten den Wanderer weite Ausblicke über eine Hochmoor- und Heidelandschaft, später eine vulkanische Steinwüste und zu guter Letzt erreicht er am Gipfel das „ewige" Eis.

Wir hatten mit dem Flugzeug auf dem äquatorialen Buschland aufgesetzt und bretterten nun mit 60 Meilen pro Stunde durch tansanisches Farmland. Vorbei an ärmlichen Hütten, die manchmal vereinzelt standen und sich dann wieder zu Ansiedlungen zusammenballten. Hütten, die wir Mitteleuropäer niemals als Wohnhäuser für uns und unsere Familien akzeptieren würden. Vielfach nur unverputzte Ziegelwürfel, abgedeckt mit verrostetem Wellblech, wenn verputzt, dann oft mit Graffiti verziert, mit bunten handgemalten Gesichtern, die für Hairdresser und Beauty Farms warben, alles möglichst bunt, doch eindeutig dominiert von blau-weiß-roter Pepsi- und rot-weißer Coca-Cola-Werbung. Kein Gras. Überall nur einheitlich roter Sand, grüne, möglichst auch bunt blühende Sträucher und die Hütten wie darüber ausgekippt aus einer großen, himmlischen Kiste. Bio-Schlächter, die für Biofleisch warben, das oft genug nur aus einer einzelnen Schafs- oder Ziegenkeule bestand, die einsam in einem Fensterrahmen baumelte. Unzählige Werkstätten, in denen jeder nach Lust und Laune an Fahrrädern, Mopeds und Motorrädern herumschraubte. Unübersichtliche Stores, in denen sich Zementsäcke neben Waschpulver und abgefahrenen Treckerreifen stapelten. Und dorthineingestellt, oder aus derselben himmlischen Büchse gekippt, unzählige Menschen. Herumlaufende Männer, beieinander stehende Frauen, Fahrradfahrer, Fußgänger, die meisten scheinbar untätig oder ziellos unterwegs. Die Leute sahen aus, als würden sie auf irgendetwas warten. Doch worauf? Auf eine Arbeit, auf den Feierabend, auf den Regen oder dass der Tag vorübergehen würde? Es war befremdlich, und ich glaubte, jeder meiner Schlüsse würde falsch sein, weil ich etwas beobachtete, das ich nicht kannte. Dass dort alles langsamer ablief als daheim, sollte ich bald herausbekommen. Langsamer ablaufen musste. Eine Gesellschaft, die das ganze Jahr über der äquatorialen Hitze ausgesetzt ist, produziert nicht auch noch hitzige Betriebsamkeit. Nur mit „pole-pole", der afrikanischen Langsamkeit, gelangt man tatsächlich ans Ziel.

Es gab erstaunlich viele Fußgänger. Und Fußgängerüberwege ohne Zahl. Ich fragte mich, ob die in Afrika, gleich um die Ecke von der Serengeti, auch Zebrastreifen hießen. Ein Berliner heißt in Berlin ja auch nicht Berliner, sondern Pfannkuchen, so wie Frankfurter Würstchen in Frankfurt Wiener Würstchen heißen, Wiener Würstchen in Wien dagegen Frankfurter. Ich hätte meinen Fahrer gerne danach gefragt, doch mein Schulenglisch ist nicht dafür geschaffen, so komplexe Fragestellungen zweifelsfrei zu transportieren.

Immerhin hatten die Zebrastreifen solch hohe Buckel, als würden ausgewachsene Krokodile quer über der Straße liegen. Und jeder Autofahrer war gut beraten, vor so einem Ungetüm auch tatsächlich auf Schrittgeschwindigkeit abzubremsen, um dann sanft über das Hindernis hinwegzuschaukeln. Tat er dies nicht, wusste er zumindest, dass rechts und links von ihm mit Sicherheit Werkstätten zum Herumschrauben an kaputtgeschaukelten Autos stehen würden. Da allerdings die Zebrastreifen auf dem gesamten Weg vom Flughafen nach Moshi jeweils im Abstand von gefühlten zehn Metern auftauchten, kamen wir einfach nicht voran. Die Straße war breit, sie war asphaltiert und schnurgerade, aber Autoentwickler hätten sie als Teststrecke für neue Geländewagen benutzen können.

Irgendwann einmal ist selbst die längste Achterbahnfahrt zu Ende und der Wagen rollt aus. In unserem Falle hielt er gleich vor dem Empfangsgebäude des „Impala Hotel Kilimanjaro", Lema Road, Moshi, Tansania. Reisemüde, zerschundene Abenteurerleiber schälten sich aus den Jeeps, schleppten sich zum Empfangsschalter der Rezeption, trugen sich vorschriftsmäßig in das Gästebuch ein, und wenn man den Fotos Glauben schenken kann, haben wir selbst dabei noch gelacht und waren guter Dinge gewesen. Wieso auch nicht? Wenige Meter entfernt warteten Duschen auf uns. Duschen, die bei Betrieb rot und blau leuchteten! Was für ein Luxus unter Palmen!

Bei der Schlüsselvergabe geriet ich an Konstantin. Ja, genau, an den bunten Vogel aus dem Berliner Kinderzirkus. Ein bemerkenswert kompliziert unkomplizierter Mensch. Unkompliziert in seinen Umgangsformen. Ihm war ziemlich schnuppe, was die Leute davon hielten, dass er mit zirkusbunten Klamotten eine Reise antrat, die immerhin so beschwerlich war, dass andere sich dafür richtig teure Sachen gekauft hatten. Kompliziert dagegen war sein Speiseplan, denn der unterlag bedeutend härteren Regeln als meiner, der nur aus folgender Regel besteht: Käse kann man nicht essen!

Zur Erklärung folgender Regel muss ich erklären: Käse ist verfaulte Milch und so etwas gehört ganz einfach nicht auf den Essentisch! Der Rest ist essbar, ob es allerdings sinnvoll ist, sich mit Schokolade vollzustopfen und diesen süßen Geschmack dann den ganzen Tag nicht wieder loszuwerden, das sei dahingestellt. Ein süßer Kuchen bringt einen nicht um, Kuchen ohne Zucker, dafür mit Salami, Tomate und Peperoni ist allerdings unbedingt vorzuziehen. Solange kein Käse darauf ist. Und Ananas gehört auf Ananassträucher, aber nicht in Geflügelsalate!
Konstantins Speiseplan dagegen kannte nicht einmal so leckere Dinge wie Gehacktes mit Zwiebeln, Ei, Pfeffer, Salz und Knoblauch vor. Weder das, noch ein saftiges T-Bone Steak. Überhaupt kein Fleisch, denn Konstantin war Vegetarier.

Ich durfte auf der Wanderung des Öfteren auch von seinen Speisen kosten und muss sagen: Doch, Gemüse kann man auch essen!

Endlich also duschen! Danach die Reisetasche aufreißen und aufs Bett kippen. Und dann ging die eigentliche Herausforderung des Resttages los, und die sollte uns länger als nur für den Nachmittag beschäftigen. Jeder von uns hatte einen Packsack bekommen. Dorthinein sollten die Dinge, die man auf der Tour brauchen würde. Doch niemand von uns war schon einmal auf dem Kili gewesen. Niemand wusste, was wir brauchen könnten. Und was wir wirklich benötigen würden. Wir hatten alle knüppeldicke Reisetaschen voll mit dem Allernotwendigsten und davon sollten wir nun das Unverzichtbare auswählen. Jeder einen Sack voll, doch keinesfalls mehr als 10 kg. Zwei solcher Säcke würde ein Träger nehmen und den Berg hinauftragen. An der Nationalparkgrenze würde man diese Säcke nachwiegen und bei Überschreitung des Gewichts entweder einen zusätzlichen Träger einstellen, auf unsere Kosten natürlich, oder dem Falschpacker nahelegen, sich vom überzähligen Gewicht zu trennen. Braucht man wirklich Wechselsachen? Wird es nötig sein, dicke Filzunterhosen mitzunehmen? Man kann ein Paar Socken doch länger als einen Tag tragen, oder? Früher beim Wehrdienst hatten wir ja auch ein Paar Strümpfe in den Stiefeln, das wir nie gewechselt haben, um uns an neuen Strümpfen keine Blasen zu reiben. Dann braucht man aber auch keine Blasenpflaster den Berg hinaufbuckeln.

Außerdem waren die 10 kg nicht das einzige Problem. Die Säcke waren um ein Vielfaches kleiner als die Reisetaschen, mit denen wir angereist waren. Und um so viel wie möglich aus den Taschen in die Säcke zu bekommen, mussten wir die Säcke stopfen, bis sie aussahen wie fettgefütterte Möpse. Plötzlich war die gesamte Packliste von Hauser Makulatur. Damit hätte jeder von uns drei Säcke füllen können.

Irgendwann waren die Möpse dann doch gestopft, nicht nur einmal, sondern mehrmals, und das Ergebnis war jedes Mal gleich – es war unbefriedigend, weil es auf unbekannten Annahmen fußte. Es war Zeit, dem Gegrübel ein Ende zu bereiten. Der Tag war noch lange nicht um und unsere Unternehmungslust kaum noch zu bremsen. Reinhard, Moritz, Konstantin und ich wagten uns, jede Gefahr verachtend, vom sicheren Gelände des Hotels in die Wirklichkeit. Keine bedrohliche Wirklichkeit. Die Straße war breit, recht unbelebt, die Gegend machte nach dem, was wir auf der Herfahrt gesehen hatten, einen aufgeräumten und sauberen Eindruck. Dies war eindeutig eine bessere Gegend. Es gab eine internationale Schule hier, und die Straßenschilder machten aus allen Straßen, egal mit welchem Namen, Coca-Cola-Roads.

Moshi ist, soweit wir es durchstreift haben, eine grüne Stadt mit wunderbaren, großen, knorrigen Bäumen, deren Namen wir alle nicht kannten. Auch hier wieder viele Fußgänger, vor allem aber Kinder. Alle in Schuluniformen, adrett zurechtgemacht, neugierige Gesichter voller großer Augen, aber scheu wie Rehkitze. Also haben wir sie nicht angebuht, weil sich das nicht gehört, sondern lieber lange Hälse nach anderen Dingen gemacht. Wir haben mitten in der Stadt

Termitenburgen gesehen. Und uns über die Termiten gewundert, die gar nicht so weiß oder gelblich aussahen, wie wir das erwartet hätten. Andererseits gibt es an die 2800 Termitensorten. Warum sollen die Moshi-Termiten also nicht eher wie schwarze Ameisen aussehen dürfen?
Aus einem ganz besonderen Grund wurde dieser Ausflug dann doch noch bemerkenswert. Die Wolkendecke riss am späten Nachmittag auf, so dass wir endlich den Kilimandscharo zu Gesicht bekamen. Riesengroß lag er vor uns, weit weg noch, man konnte, obwohl man ihn sah, seine wahre Größe nur erahnen, sich jedoch nicht wirklich vorstellen, was man auf sich nahm, wenn man ihn besteigen wollte. Irgendwie erinnerte er mich an den Ätna, auf dem ich ein paar Jahre zuvor herumgekraxelt bin. Aus der Entfernung sah der Kilimandscharo nicht größer, sondern eher kleiner als der Ätna aus. Aber ich hatte die ungefähren Zahlen im Kopf und ließ mich nicht narren. An diesem Nachmittag war der Anblick des Kilimandscharo einfach nur beeindruckend. Ein breites, sich über das gesamte Gesichtsfeld dahinziehende Massiv mit zwei weißen Kegeln, die deutlich über das eigentliche Massiv herausragten: der Kibo und der Mawenzi. Da ich im Vorfeld Hans Meyers Bericht über die Erstbesteigung gelesen hatte, und die Erinnerung an dieses Buch noch recht frisch war, versuchte ich mir vorzustellen, wie er den Berg angestarrt haben musste, dessen Existenz zur damaligen Zeit eher für ein Gerücht gehalten wurde. Meyer hatte auf jeden Fall eine viel mächtigere Schneekappe zu Gesicht bekommen als wir. Doch ich hatte an diesem Tag die drei höchsten Gipfel Afrikas gesehen, was Hans Meyer nicht möglich gewesen war. Denn aus dem Flugzeug heraus hatte ich ja schon den Zweithöchsten, den Mount Kenia gesehen, und nun sah ich rechts vor mir noch die Nummer drei, den Mawenzi, und geradeaus die unumstrittene Nummer eins, den Kibo. Die drei sichersten Plätze in Afrika, so dicht am Äquator noch Schnee vorzufinden. Beim Fotografieren wäre ich vor Aufregung beinahe in den Straßengraben gestolpert. Nicht auszudenken, wenn ich mir schon vor dem Start den Knöchel angeknackst hätte. Es gibt ihn. Er ist kein Gerücht, denn ich habe ihn am späten Nachmittag des vierten März gesehen.

Im Hotel trafen wir dann auf Father Frederick. So jedenfalls stellte er sich uns vor, und wir rätselten ausgiebig, bei welcher Kirche er wohl den Father geben würde. Er trug weder ein Kreuz noch irgendein anderes Symbol, war ein junger Bursche, knapp über 20 vielleicht, aus dem Volk der Chagga, dem Volksstamm, der traditionell rund um den Kilimandscharo siedelte, hatte ein ausgesprochen hübsches Gesicht und entpuppte sich als einer unserer Führer. Viel später erst, als wir die Teilnehmerliste der Guides und Träger zu Gesicht bekamen, lüftete sich das Geheimnis: Er schrieb sich in Wirklichkeit Faza Frederick, und wir hatten ganz einfach nur seinen Familiennamen missdeutet. Dies zur Warnung für alle, die in der Fremde überheblicherweise meinen, immer den Durchblick behalten zu können. Oft genug sitzt man schon kleinsten Irrtümern auf und ist

deshalb wohlberaten, mit wachen Augen und Ohren durch eine fremde Welt zu gehen.
Frederick war gekommen, um mit uns die folgenden Tage durchzusprechen. Wir saßen im Hotelgarten wie in einem Paradies. Inmitten von exotischen Sträuchern bewirtete uns eine freundliche Kellnerin mit Wasser, Tee oder Kilimanjaro-Bier. Wir lauschten den Ausführungen unseres Fathers, der er zu diesem Zeitpunkt ja noch war.
Es ging um die Route. Wie lange wir jeden Tag gehen würden, welche Hütten wir erreichen würden und so weiter. Er breitete Wanderkarten aus und zeigte hier und hier und dort hin. Wir fragten nach dem Wetter, das uns erwarten würde, und dachten an unsere prallgestopften Säcke. Er lachte. Mal so, mal so eben, aber gar nicht so schlecht. Eine tolle Antwort, wenn man gerade mit der Auswahl der überlebenswichtigen Dinge beschäftigt war. Es ging um die Verhaltensregeln. Dass man langsam gehen musste, um anzukommen. Dass man höher gehen musste als nur bis zu dem Niveau, auf dem man sich dann schlafen legte. Dass wir also am Ziel angelangt möglichst noch ein Stück weiter aufsteigen würden, um uns besser an die Höhe anzupassen. Deshalb auch der Aufenthalt auf 3700 m Höhe. Nein, kein Ruhetag, wir würden einen Ausflug machen in Richtung Mawenzi, und das würde uns gut tun. Dass man trinken, trinken, trinken musste, pro tausend Höhenmeter einen Liter mehr am Tag, um keine Höhenkrankheit zu bekommen. Und dass wir es alle schaffen würden, wenn wir uns an die Anweisungen der Guides hielten.
Wir widersprachen. Jeder von uns hatte im Internet Erlebnisberichte gelesen. Der Aufstieg war zumindest am letzten Tag so beschwerlich, dass ihn beileibe nicht alle schaffen würden. Vielleicht ein Drittel. Oder die Hälfte, wenn man ganz optimistisch war. Doch Father Frederick lachte unsere Bedenken einfach fort. „Wir bringen euch alle dort rauf", versprach er, als glaubte er, was er da sagte. Wir schauten uns wohlwissend an und wussten es natürlich besser.
Frederick verabschiedete sich und wünschte uns eine gute Nacht. Der Fahrer würde uns am folgenden Morgen um acht Uhr abholen. Bis dahin müssten wir mit dem Gepäck, mit dem Frühstück und mit überhaupt allem fertig sein.
Wir gingen also bis zum Abendessen auf unsere Zimmer, stülpten die Säcke um und packten sie wieder neu.

Mit der Dämmerung kamen die nächsten Überlegungen. Waren wir gut beraten, uns gegen die Malaria zu schützen? Sollten wir also trotz der Wärme lange Sachen anziehen? Unsere Impfärzte hatten alle ein wenig vage argumentiert. Auszuschließen sei nichts, jedenfalls nicht am ersten Tag, die Anopheles-Mücke, für die Übertragung verantwortlich, kommt bis in einer Höhe von 1800 m vor. Sollten wir also am folgenden Tag durch das Nationalpark-Tor gekommen sein, wäre alles in Ordnung, denn das befindet sich auf 1850 m. Andererseits soll sich die Mücke nach Aussage anderer auch in 2000 Metern noch wohl fühlen. Nicht jede Mücke, die sticht, ist ein Malaria-Moskito. Andererseits steht unser Hotel

Hinkommen

auf etwa 950 m mitten in Äquatorialafrika, in der Gegend also mit dem höchsten Malariarisiko überhaupt. Aber das werden die Moskitos doch nicht wirklich wagen, harmlose Touristen zu stechen, oder? Mögen die überhaupt mitteleuropäisches Blut?

Zum Essen kamen wir alle sehr bedeckt, nahmen an unserem Tisch auf der Veranda Platz – und flüchteten beim ersten Summen ins Restaurant des Hotels. Fenster zu! Türen zu! Gerade noch einmal Glück gehabt! Stromausfall! So saßen wir eine Weile im Dunkel, bis die Lichter wieder angingen und wir die Speisekarten lesen konnten. Und warteten danach viele Weilen lang, bis das Essen kam.

Ansonsten war das Impala-Hotel in jeder Hinsicht Extraklasse. Wir genossen die letzte Verwöhnrunde vor den kommenden Tagen. Tage in zunehmend verschwitzten Klamotten und durchgelaufenen Socken, Tage mit Katzenwäsche und Sitzbädern in Bergbächen. Die Speisekarte ließ keine Wünsche offen. Das Hotel war bestens vorbereitet auf Italiener, Inder und Vegetarier. Wir aßen indisch. Mit oder ohne Fleisch. Und unterhielten uns prächtig und rätselten, wie wir wohl am nächsten Morgen wach werden würden. „Reisewecker (wer möchte)" hatte auf der Ausrüstungscheckliste von Hauser gestanden. Das hatten wir alle ignoriert. Und zu recht, wenn wir unsere Tragesäcke sahen. Von unseren Wanderrucksäcken gar nicht zu reden, in denen alles andere Unverzichtbare steckte, und die eher noch schwerer als die Tragesäcke waren.

Irgendwie würden wir schon munter werden. Einer würde den anderen wecken, und ohne den letzten würden wir alle nicht fahren.

Am Äquator geht die Sonne immer um sechs Uhr abends unter. Als wir in die Betten kamen, war es längst stockfinster.

Manuskripte gesucht!

Wir suchen laufend interessante Manukripte zu Sachthemen, aber auch belletristischen Werke, insbesondere ausgefallene Autobiographien
info@interconnections.de

Hochkommen

Erste Etappe: Vom Marangu-Gate zur Mandara-Hütte

Tansanisches Frühstück * Bananen in Moshi und Polizisten am Marangu-Gate * Der Präsident wird kommen * Endlich gehen wir los * Durch den düsteren Dschungel * Götter und Geister * Der Dschungel wird zum Regenwald * Die Mandara-Hütte * Ausflug zum Maundi-Krater * Chili! * Zu schlechter Letzt eine unruhvolle Nacht

Am Äquator geht die Sonne immer um sechs Uhr morgens auf. Ich hatte wunderbar geschlafen, Augen zu, Licht aus, Licht an, Augen auf, und schon war die Nacht passé. Ich war viel zu unternehmungshungrig, um irgendeine helle Stunde des Tages zu verpassen. Konstantin und ich hatten in einem Nebengebäude im Hotelgarten genächtigt. Nun wurden wir von bunten, lauten und vor allem zahlreichen Vögeln geweckt, weit bevor wir eigentlich das letzte weiche Nest vor dem Aufstieg verlassen wollten. Zeit für einen Gang durch den Hotelgarten. Auch dort gab es diese kleinen, schwarzen Moshi-Termiten, und ich sah eine so große Schnecke wie niemals zuvor. Sie hatte die Form einer Weinbergschnecke, aber das Haus hatte die Größe einer Pampelmuse.

Pünktlich um sieben Uhr saßen wir alle am Frühstückstisch. Bis auf Martin. Und keiner von uns konnte ihn wecken, denn keiner kannte sein Zimmer. Da wir den ganzen gestrigen Nachmittag und Abend und in Gedanken sicherlich auch die gesamte Nacht lang nur damit beschäftigt gewesen waren, unseren Packsack zu packen, hatte sich keiner ernsthaft darum gekümmert, wo die anderen wohnten. Besorgnis kam auf. Den Reiseveranstalter anrufen, dass man von dort aus Martin anrufen sollte, weil man vielleicht die Handynummer von ihm hatte? Es war Montag früh um fünf in Deutschland! Niemand würde uns von dort aus weiterhelfen.

Die Bedienung nahm die Bestellung auf. Erst mussten wir darum bitten, dass man uns den Toast auch toastete. Das schien nicht üblich zu sein, aber Brotscheiben, die wie frischgestorben aussahen, wollten wir alle nicht freiwillig herunterwürgen. Man konnte auch gebratene Eier bestellen. Und Würste, ebenfalls gebraten. Aber irgendwie mussten wir sehr tief schürfen, um an diese Erkenntnisse zu gelangen, und bei jeder Bestellung, Unterbestellung, Sub-Unterbestellung, bei jeder Anfrage und nachdrücklichen Anfrage nahm die Kellnerin dann den selben Weg: Weg von unserem Tisch, hinüber ins Restaurant, von dort quer durch den Innenhof am Swimmingpool vorbei bis auf eine Anhöhe, die wir fast nur noch mit dem Fernglas ausmachen konnten, zu einem strohdachgeschützten Grill.

"Pole-Pole!" Das ist Swahili und bedeutet "Langsam, langsam!" Das ist in den Tropen sicherlich eine Überlebensstrategie, aber als das Rührei und später auch die Bratwürste an unserem Tisch eintrafen, waren sie längst wieder lau. Kalt geht dort nicht, nicht mal morgens um sieben.
Irgendwann zwischen den Scrambled Eggs und Fried Sausages trat auch Martin vollkommen "pole-pole" an unseren Tisch. Freute sich, schaufelte ohne jegliche Verzögerung Eier und Würste auf seinen Frühstücksteller und war mit dem Essen zu genau derselben Zeit fertig wie der Rest der Mannschaft.

Die Fahrer waren dieses Mal pünktlich. Wir verstauten unsere Packsäcke, von denen keiner mehr als 10 kg wog, unsere Tagesrucksäcke, von denen jeder gefühlte 20 kg wog, und unsere immer noch ansehnlich gefüllten Reisetaschen, die in irgendeinem finsteren Raum auf unsere Rückkehr warten würden. Wir verteilten uns auf die beiden Autos, sagten dem Hotel Lebewohl und schaukelten über die krokodilartige Zebrastreifenbuckelpiste von Moshi über Marangu bis ans Nationalparktor.

In Moshi waren an diesem Tag vor allem Frauen unterwegs, die Bananen auf ihrem Kopf balancierten, entweder als ganze Staude, oder auf einem Brett angeordnet, das wiederum wie auf den Kopf festgenagelt schien. Keine Ahnung, wie man so etwas selbst über kurze Strecken tragen kann. Die Köpfe der Chaggas sind genau so rund wie unsere, und von unseren Köpfen würde solch eine Last sofort wieder herunterstürzen.

Es war Bananenmarkt in Moshi, und da jeder Bananen anbaute, jeder Bananen feilbot, war ein Markt, auf dem es ausschließlich Bananen gab, etwas sehr Spannendes. Da man rund um den Kilimandscharo hauptsächlich Kochbananen anbaute, wäre dieser Markt vergleichbar mit einem Markt, auf dem sich Kartoffelbauern gegenseitig Kartoffeln verkauften, ausschließlich Kartoffeln und nichts anderes.

Unsere Wagen schaukelten an den Bananen vorbei, aus Moshi heraus, ostwärts auf unser Abenteuer zu. Scharfe Vollbremsung, aussteigen zum Fototermin. Für einen Moment war der Kibo in seiner vollen Schönheit zu sehen, wolkenumkränzt wie ein römischer Kaiser mit Lorbeerlaub. Oben schien herrliches Wetter zu sein, und freie Sicht auf die Umgebung. Und sicherlich standen jetzt kurz nach acht Uhr am Morgen die Wanderer dort oben, die es in dieser Nacht geschafft hatten, und schauten atemlos auf uns herunter.

Wir brauchten für die 45 km vom Hotel zum Nationalpark über eine Stunde. Vorbei an Häusern und Hütten, die wir lieber nicht von innen sehen wollten, und deren Fragwürdigkeit von außen oft genug mit grellbunter Werbung übermalt war. Zum Beispiel das Dach knallrot mit weißem "airtel"-Logo, (ein indisches Telekommunikationsunternehmen und in Tansania Marktführer mit 38 % Marktanteil), der Eingangsbereich ein blau-weiß-rotes Pepsi-Tor, die Fassade gelb und voller Kilimanjaro-Bierwerbung. "It's Kili-Time!" Nur nicht für uns.

Erste Etappe: Vom Marangu-Gate zur Mandara-Hütte

Als wir die Hauptstraße, die Arusha-Himo-Road, in Richtung Marangu verließen, ging es endlich den Berg hinauf, durch Marangu hindurch, das etwa auf 1450 m liegt, und wo sich das Farmland immer mehr in Baumland verwandelte, Bananenstauden, Eukalyptusbäume, andere Bäume, bis auf 1850 m zum Marangu-Gate, dem Eingang in den Nationalpark. Dort war auf einem großen Parkplatz erst einmal Schluss. Aussteigen, ein Foto schießen, nach Father Frederick Ausschau halten, wo war der Rucksack, wo der Packsack, wo der Schlafsack, der zum Glück nicht zu den 10 kg gerechnet, sondern extra getragen wurde.

Auf dem Parkplatz war für einen eher abgelegenen Platz im Wald erstaunlich viel Betrieb. Schwarze in weißen Uniformen, bestimmt dreißig Mann, Polizisten, Männer und Frauen in knallbunten, typisch afrikanischen Kleidern, Männer in europäischen Schlips-und-Kragen-Anzügen mit Aktentaschen unter dem Arm, und wir mittendrin mit Sonnenhüten, Wanderschuhen, Trekkingstäben. Einige der Schwarzen mit den weißen Uniformen hatten Musikinstrumente in der Hand.
– Doch nicht zu unserer Begrüßung, oder?
Unser Fahrer klärte uns schließlich auf. Am frühen Nachmittag würde der Präsident von Tansania hier auf Einladung eines afrikanischen Frauenrechtsverbandes erscheinen und eine Rede halten. Gegen dreizehn Uhr würde er eintreffen. Dann wären wir schon lange unterwegs. Oder ob wir warten wollten, um den Präsidenten zu sehen? Solch eine Gelegenheit komme so schnell nicht wieder! ... Eigentlich wollten wir den Kilimandscharo sehen, und zuallererst den Regenwald, der hier endlich begann.

Doch vor den Beginn der Wanderung war die Bürokratie gesetzt. Zuallererst mussten wir uns im Anmeldebuch verewigen. Dann passierte lange Zeit gar nichts oder nur hinter den Kulissen. So blieb Zeit, um nach den Vorbereitungen für das Frauentagsfest zu schauen. Etliche Folkloregruppen bereiteten sich auf die Generalprobe vor, Trommler im Leopardenfell, Tänzer mit Strohröcken und Strohkronen, weinrot uniformierte Musiker, die Blasinstrumente mit sich herumschleppten, Baumstämmen ähnlicher als Flöten. Die Weißuniformierten stellten sich als eine zackige Militärkapelle heraus. Sicherheitskräfte patrouillierten durch die Menge. Ob ich zu dem Frauenverband gehöre, fragte mich der eine. Wenn nicht, dürfte ich das hier nicht fotografieren. Bedauerlicherweise verstand ich ihn nicht und suchte lieber das Weite. Es wäre schade um die vielen bunten Bilder gewesen.
Zelte waren aufgebaut worden; ein Unterstand war in den tansanischen Nationalfarben geschmückt. Grün, Gelb, Schwarz und Blau. Das Grün steht für die Fruchtbarkeit des Landes, das Schwarz für seine Bevölkerung, das Gold für die Bodenschätze und das Blau für den angrenzenden Indischen Ozean. Father Frederick erklärte mir die Farben, allerdings erst später, als wir schon durch den Urwald wanderten.

Hochkommen

Martin und Oliver machten ein paar Aufnahmen von der Generalprobe und ich fotografierte Martin und Oliver, wie sie ein paar Fotos von der Generalprobe machten. Konstantin jonglierte ein wenig mit Reisbällen, um nicht aus der Übung zu kommen. Nicole, Odin und Moritz schauten ihm dabei zu, und alle zusammen liefen wir etliche Achten, weil sonst weiter nichts passierte. Dann wurde Wasser ausgeteilt. In einem Andenkenladen konnte man Post- und Wanderkarten kaufen. Die hätte man allerdings den Berg hinauf- und wieder heruntertragen müssen. Da ich schlau war, merkte ich mir den Laden, um die begehrten Dinge auf dem Rückweg zu erwerben, und belächelte Konstantin, der auf Grund von fehlendem Wechselgeld zehn Postkarten gekauft hatte, obwohl er nur eine brauchte. Fünf Tage später stand ich auf dem Rückweg dann vor dem geschlossenen Laden und hatte überhaupt nichts bekommen außer einem bedauerlichen Lächeln von Konstantin.

Und ein Tänzchen für den Präsidenten

Im Hintergrund liefen die Dinge allerdings doch geschäftig weiter, und zwar mit der Präzision eines Uhrwerkes. Unsere Anmeldung wurde abgeglichen mit der Reservierung, unser Trägertrupp formierte sich, das Gepäck wurde gewogen, alles, was die Träger auf den Berg bringen mussten, wurde zusammengestellt, vom Hühnerbein über den Teekessel bis hin zu einigen Kilogramm Popcorn, und Deo übernahm das Kommando.

Insgesamt wurden wir acht Wanderer von zwanzig Einheimischen begleitet. Da war zuallererst unser Chief Guide Deo Justin, seine drei Assistant Guides

Faza Frederick, Gaudance Shirima und Rashid Iddi, der Koch William Petter, der Assistant Cook Mathew Mushi, die beiden Kellner Zakaria Barnabas und Joseph Majengo, und schließlich die zwölf Träger Jodos Didas, Cant Daudi, Castory Calist, Dickson France, Sunday France, Yasin Matimbwa, Idd Simba, Jumapil Mtinangi, Augusto Clara, Nicolous Tem, James Minja und Bryson Batta.

Wie sich herausstellte, waren die meisten Träger schon unterwegs. Als Deo dann endlich das Zeichen zum Aufbruch gab, passierten wir erwartungsvoll ein paar Schautafeln auf dem Weg zum eigentlichen Gate. Verhaltensmaßnahmen im Nationalpark, eine Gedenktafel für Hans Meyer, den ersten Kilimandscharo-Bezwinger, und eine Auflistung der Tagesabschnitte. Diese, nur wenige Schritte vom 1850 m hohen Parkplatz entfernte Tafel verkündete uns, dass wir uns inzwischen in 1970 Metern Höhe befanden. Sollten wir weiterhin so problemlos die Höhe bewältigen, dürfte die Tour zu einem entspannten Spaziergang werden. An diesem Tag würden wir noch bis zu den Mandara-Hütten gehen und dabei den Regenwaldgürtel des Berges durchqueren.

Gewaltige Eukalyptusbäumen säumten das Tor, australische Eindringlinge im afrikanischen Regenwald. Ich kam mir auch ein wenig wie ein Eindringling vor, der hier im Dschungel nicht wirklich etwas zu suchen hatte. Aber nun war ich einmal da, und nun ging es endlich wirklich und wahrhaftig los. Es war der 5. März, kurz nach elf Uhr vormittags, also ziemlich genau 48 Stunden, nachdem ich in Merseburg meine Wohnung verlassen hatte. Das waren volle zwei Tage gewesen, in denen ich nur darauf gewartet hatte, endlich loslaufen zu dürfen. Zwei Tage auf Bahnhofsbänken, in Zugabteilen und Flughafenlounges, auf Flugzeug- und Autositzen, in Warteecken und auf Hotelstühlen. Meinen Mitstreitern ging es mit Sicherheit genauso. Wir waren wie ein Stall voller Rennpferde, die mit den Hufen scharrten und darauf warteten, dass die Box geöffnet werde. Doch was tat Deo, unser Guide? Sowie wir losstürzen wollten, rief er uns wieder zurück. Pole-pole! Langsam-langsam! Ansonsten kämen wir nicht einmal bis zur ersten Hütte. Betont langsam sollten wir laufen, vom ersten Tag an. Hier, wo es uns noch leichtfiel, sollten wir uns an diesen Laufstil gewöhnen, später würde uns das umso schwerer fallen. Immerhin ließ er uns dann doch von der Leine. Konstantin vorneweg, der es immer ein wenig anders liebte.

Anfangs glich unser Pfad einem Parkweg in einem gepflegten englischen Garten. Da waren Gärtner, die Laub fegten, Bedienstete, die rechts und links des Weges die Gräben vom Unrat befreiten, nirgendwo waren noch Stolpersteine, geknickte Zweige oder verrottendes Laub zu sehen. Möglicherweise war dies die Meile, die auch der Präsident später noch abschreiten würde. Abgesehen von dieser augenscheinlichen Überordentlichkeit waren wir, sowie wir das Tor durchschritten, von einem Moment zum anderen im Dschungel und sollten es für den Rest des Tages bleiben.

Hochkommen

Es war ein beeindruckender Dschungel. Abseits des hergerichteten Weges war er herrlich unaufgeräumt und natürlich. Bäume, Büsche und Sträucher wuchsen über-, unter- und durcheinander, Farne, Moose und Flechten klammerten sich an alles und jedes und wuchsen einfach munter drauflos, und irgendwie konnte jeder, der hier mit Hilfe von Chlorophyll stoffwechselte, tun und lassen, was er wollte. Ich bin zwischen norddeutschen Kieferwäldern großgeworden, in denen alle Bäume in einer Reihe zu stehen hatten wie die Langen Kerls der Preußenkönige. Hier aber regierte uneingeschränkt das Durcheinander. Und je durcheinanderer, umso natürlicher.

Einhundert Schritte vom Gate entfernt erreichten wir die erste Lichtung. Dort hockte ein Affe. Einfach nur so. Wie für die zahlenden Touristen dort angebunden. Doch ein Strick war nirgends auszumachen. Der Affe ließ sich willig fotografieren wie ein echter Profi und tat einen Teufel, als erster weiterzuziehen. Wir dagegen hatten noch eine Verabredung mit dem Berg.

Nach weiteren einhundert Schritten querte eine Straße unseren Weg. Eine Ameisenstraße aus so vielen tausend Ameisenleibern, dass sich die Ameisenstraße bananendick über den Weg gelegt hatte und uns geradezu herausforderte, die Kameras auszupacken. Weitere einhundert Schritte später entdeckten wir ein Chamäleon, das im schattigen Dunkel des Dschungels eher unscheinbar dunkelgrünbraun auf einem Ast hockte, aber seine Augen formvollendet verdrehte, als es uns kommen sah. Was es sich wohl dabei gedacht haben mochte?

Das allerdings war auf absehbare Zeit in diesem Urwald alles an Tieren. Der Wald war ganz anders als erwartet, tatsächlich fast tierlos. Genau in diesem Moment, in dem ich diese Sätze schreibe, sitzt meine große Tochter im Dschungel von Malaysia und sammelt meteorologische Messwerte für Messreihen, von denen ich überhaupt nichts verstehe. Doch wenn ich mit ihr telefoniere, höre ich außer ihrer Stimme noch hundert und tausend andere Stimmen von brüllenden Affen, kreischenden Vögeln, zirpenden Zikaden, ein vieltausendfaches Tschilpen, Singen, Rufen, Balzen, Warnen, Drohen, Flehen und Klagen, dass ich manchmal kaum die Worte meiner eigenen Tochter aus dieser Kakophonie heraushöre. Der Wald am Kilimandscharo dagegen war ausgesprochen verschlossen und schweigsam.

Es gab auch erstaunlich wenige Blumen. Das mag allerdings der Jahreszeit geschuldet sein. Die Regenzeit stand kurz bevor. Als wir abseits des Weges, jenseits eines Baches, so dass man nicht dorthin gelangen konnten, eine einzelne, etwa tellergroße Blüte entdeckten, fiel mir der Mangel besonders auf.
Die Wucht, mit der die ansonsten überbordende Vegetation alle meine Sinne erschlug, die hundert Schattierungen von Braun bis Grün, das Farbenspiel der Bäume, Sträucher, Moose, Farne und Flechten, entschädigte für diesen Mangel. Da waren gewaltige Urwaldriesen, deren knorrige Borke längst wieder als Siedlungsplatz für Farne, Kannenpflanzen und unzählige Lianenstricke herhalten musste. Manche Bäume hatten vom Moos einen dicken Pelz, andere bogen sich

unter der Last der Jahre und der zusätzlichen Mitbewohner bis tief über den Weg. Weit in den Wald konnte man nicht hineinschauen, jeder Platz war besetzt von Büschen, Sträuchern, wirr verschlungenen Lianen, Luftwurzeln, Ästen und Zweigen, Blättern jeder Größe und Form, und dieses willkürliche Arrangement tauchte den Wald in ein schummriges, geheimnisvolles Halbdunkel.

Gewaltige Urwaldriesen, Farne und Moose

Ich konnte gar nicht anders, als an die Geister zu denken, die hier gewiss seit Urzeiten durch die Wälder streiften, und von denen sich die Chagga abends vor ihren Hütten erzählten. Ich schätze Märchen und Sagen über alles. Das sind jene Geschichten, über die ich zur Literatur gekommen bin, und wenn ich in der Fremde solche Geschichten aufschnappen kann, machen sie mir die Gegend noch bunter als sie sowieso schon ist.

Ich wollte also wissen, ob es heutigentags an den Hängen des Kilimandscharo noch Götter und Geister gibt, und fragte Father Frederick danach, der unseren Treck beschloss und darauf achtete, dass niemand im Dschungel verloren ging.

Father Frederick war schließlich selber ein Chagga, einer aus jenem Volksstamm also, der hier schon immer südlich des Berges gesiedelt hat. Und da ich noch immer nicht wusste, dass er kein Father war, sondern nur Faza hieß, befragte ich ihn zuerst einmal nach seiner Kirche. Ich tat es auf Englisch, das nicht meine Muttersprache ist. Fredericks allerdings auch nicht. Aber die Tansanier sind gewohnt, in mehreren Sprachen zu sprechen, möglicherweise sogar gleichzeitig. Denn zuallererst sprach Frederick natürlich die Sprache der Chagga. Als zweites Swahili, oder Suaheli oder Kisuaheli, oder wie auch immer man diese Sprache nennen will. Alle Bezeichnungen sind möglich und auch im Umlauf. Dies ist die Sprache, die in Tansania schon als Verwaltungssprache genutzt wurde, als das Land noch Deutsch-Ostafrika hieß. Tansania ist ein Vielvölkerstaat von über 130 Volksgruppen wie den Chagga rund um den Kilimandscharo, den Massai rund um Arusha, wie den Sukuma und Nyamwezi rund um den Victoriasee, den Swahili an der Küste, den Makonde im Süden und vielen, vielen mehr. Da allerdings keine einzige Völkergruppe zahlenmäßig dominiert oder anderweitig über die anderen herrscht, funktioniert in Tansania, was in andernorts selten klappt: die Volksgruppen verhalten sich untereinander friedfertig und achten einander. Und verstehen sich auch Dank des Sprachkompromisses Swahili, einer Sprache, mit der man durch den gesamten ostafrikanischen Raum kommen kann, vom Kongo über Kenia, Tansania und Uganda bis hinunter nach Mosambik. Wenn man es denn versteht. Ansonsten gibt es zum Glück noch das Englische, das oft gesprochen wird, weil Tansania lange genug eine englische Kolonie gewesen ist. Aber da hört die Selbstverständlichkeit auch schon auf. Für Frederick war auch das Englische eine Fremdsprache, die er zusätzlich lernen musste, die er allerdings auch gut beherrschte, im Gegensatz zum Französischen und Deutschen, den nächsten beiden Sprachen, die er noch lernen wollte, weil seine Kunden, die er auf den Berg bringen wollte, es nun einmal sprachen. Englisch also!

Wenn sich zwei Fremdsprachler in einer fremden Sprache unterhalten, tun sie sich üblicherweise einigermaßen schwer damit. Sie benutzen meist nur einfache Worte und kommen so ganz gut klar. Sie können sich verstehen, aber sie werden sich nie ganz sicher sein, alles verstanden zu haben. Denn das Gespräch kann sich genauso gut auch zu einer „Stillen Post" mit sinnentstellter Botschaft entwickeln. Siehe Father und Faza!

„Die meisten Chagga sind Christen", erklärte mir Frederick. Oder er erzählte mir in seinem Dialekt etwas, woraus ich mir dies zusammenreimte. „Aber sie haben natürlich auch noch ihre eigene Religion."

Aha! Wie bei der Sprache also. Die meisten Chagga sprechen Swahili, aber sie haben auch noch ihre eigene Sprache. Sehr logisch und praktisch.

„Das geht nicht!", protestierte ich. „Entweder, man glaubt als Christ an den einen Gott oder als Chagga an die vielen Götter seiner Vorfahren. Woran glaubt ihr wirklich?" Ich vermied es höflicherweise, ihn persönlich in die Enge zu treiben.

„An beides", antwortete er mir mit einem entwaffnenden Lächeln. „Natürlich brauchen wir auch unsere Götter. Wenn ein Kind geboren wird, wenn es in die Schule kommt, mindestens siebenmal, immer, wenn ein neuer Lebensabschnitt beginnt."

Ich versuchte zu verstehen und zu schlussfolgern.

Erste Etappe: Vom Marangu-Gate zur Mandara-Hütte

„Also das nächste Mal zum Beispiel, wenn man eine Frau sucht und heiraten will."
Father Frederick fand das wahrscheinlich unglaublich lustig, so wie er lachte. Dazu natürlich nicht. Denn dafür war doch der Christengott da.
Zu seiner Ehrenrettung sei noch einmal betont, dass wir wahrscheinlich nur eine amüsante Stunde lang „Stille Post" gespielt haben.
Möglicherweise waren das, was ich als Götter übersetzte, einfach nur althergebrachte Riten. Oder es waren Opfer, die man seinen Vorfahren entgegenbrachte, um sie milde zu stimmen, wenn man sie als hilfreiche Berater bei anstehenden Entscheidungen brauchte. Darauf schien es hinauszulaufen. Opfer statt Götter. Die Geister der Vorfahren waren auf jeden Fall noch allgegenwärtig.
„Auch jetzt in diesem Moment hier im Wald, weit entfernt von den Chagga-Dörfern?", fragte ich.
„Ja natürlich", antwortete Frederick und war erfreut, dass ich nun doch zu verstehen begann. Es gab auch Orte hier am Berg, die die Chagga regelmäßig aufgesucht hatten, um zu opfern. Doch dann war aus der Gegend ein Nationalpark geworden, und die Regierung hatte das Opfern verboten. Man darf hier auch nicht mehr wohnen, nicht einfach so herumlaufen, sein Vieh nicht mehr grasen lassen, und natürlich auch nicht mehr die heiligen Stätten aufsuchen.
Ob die Chagga denn damit einverstanden seien, fragte ich.
„Wir machen das jetzt woanders", erkläre Frederick.
„Kommen wir an solch alten Opferstellen vorbei?", fragte ich. Frederick nickte.
„Kannst du mir diese Orte zeigen?", fragte ich. „Es würde mich wirklich sehr interessieren." Frederick versprach es.
Der Weg hatte sich inzwischen verändert. Er war kein Parkweg mehr mit akkurat angelegten Entwässerungsgräben, sondern ein steiniger Wanderweg, voller Absätze und Stolperwurzeln. Er führte langsam, aber stetig bergan, und wenn man die gesamte Zeit lang über Götter und Geister redete, konnte man trotz der anempfohlenen Langsamkeit schon mal außer Atem kommen. Manchmal überwogen die rundgetrampelten Steine so sehr, dass man sich wie auf einer zweitausend Jahre alten römischen Via Appia wähnte und nicht wie auf einem erst vor wenigen Jahren angelegten Wanderweg. Manchmal war es also ratsam, nicht zu reden, sondern aufzupassen, wohin man trat. Nicht, dass die übelgesinnten Chagga-Altvordern einem mit einer Baumwurzel ein Bein stellten, die Knochen brachen und so den Aufstieg auf den Berg verhinderten.

Frederick war mein Schweigen recht. Deo hatte sich zu ihm zurückfallen lassen. Der hatte es aufgegeben, vor allem Konstantin immer wieder auszubremsen. Es war der erste Tag, und es kam noch nicht hundertprozentig auf das richtige Tempo an. So plapperten die beiden auf Chagga oder Swahili. Verlaufen konnten wir uns nicht, es gab nur diesen einen Weg, immer geradeaus und immer einen weiteren Höhenmeter empor. Jeder lief sein eigenes Tempo, so dass unsere Wan-

dergruppe nach der ersten Stunde schon recht weit auseinandergezogen war. Konstantin eisern voneweg, gefolgt von Reinhard und Moritz, Oliver und Odin im Mittelfeld, und als Nachhut schließlich Nicole, Martin und ich.
Ich hatte keine Ambitionen, vornewegzustürzen. Ich wollte den Moment genießen, hier zu sein, alle Eindrücke in mich aufsaugen und möglichst viele Fotos machen. Die Aufnahmen ersparten mir das Führen eines Tagebuchs, denn mit den Bildern kommen die Erinnerungen fast wieder von allein. Einziger Nachteil bei dieser Art zu wandern ist, dass man seine Mitwanderer meist mit dem Rücken ablichtet, oder ständig jemanden anrufen muss, ob er nicht zufällig gerade Lust habe, sich einen Moment lang umzudrehen. Und so gut kannten wir uns auch am zweiten Tag noch nicht, dass ich mir herausnehmen wollte, ständig zu nerven.

Deo und Frederick

Zudem war es ziemlich düster hier im Wald. Das Blätterdach der Urwaldriesen und des darunter wuchernden Gebüschs hielt das meiste des grellen Sonnenlichtes zurück, und wollte man trotzdem einigermaßen scharfe Bilder schießen, brauchte man ein Stativ, das wohl kein Erstbesteiger freiwillig mit sich herumbuckeln würde, oder eine ruhige Hand für die langen Belichtungszeiten. Und die hatte man nun einmal nicht mehr, wenn man den Berg hinaufhastete und sich dabei ordentlich verausgabte.
Nach einigen Kilometern bog ein Pfad rechts von unserem Weg ab, der hinüber auf den Wirtschaftsweg führte, den unsere Träger benutzten, um schneller die

erste Hütte zu erreichen. Dort, wo sich Pfad und Weg begegneten, war ein Picknickplatz angelegt worden, der erste auf dieser Tour. Wie schon am Wanderweg konnte man auch an diesem Platz ablesen, wohin der Teil der Eintrittsgelder in den Nationalpark floss, der nicht zur Entlohnung des Personals benutzt wurde. Der Picknickplatz war schlicht und einfach, aber sauber wie die gesamte Strecke, aufgeräumt wie der Weg, auf dem sich die zahlenden Touristen sicher und wohlfühlen sollten, und er hatte ein intaktes, ebenfalls sauberes Toilettenhäuschen.

Diese Tatsache fiel uns nicht einmal sofort auf, weil wir sie über eine lange Strecke als selbstverständlich hinnahmen. Erst ein paar Fetzen Bonbonpapier, im Abstand von mehreren hundert Metern entdeckt, die immer wieder mit demselben Muster bedruckt waren, als stammten sie aus ein und derselben Bonbontüte, ließ uns die Sauberkeit bemerken. Ein paar Streichhölzer fanden wir noch, aber das war dann auch schon der gesamte Zivilisationsmüll. Und das auf einer Strecke, die über 90% aller Kilimandscharotouristen nahmen. Alles dort wird von Hand aufgelesen und zu Fuß wieder den Berg heruntergetragen.

Zum anderen zeigte uns der Picknickplatz noch einen zweiten Sachverhalt auf: man achtete auf eine gewisse räumliche Trennung zwischen der „Kundschaft" und der „Trägerschaft". Gewollt oder unbeabsichtigt? Der Tisch der Wanderer stand gute zwanzig, dreißig Meter von dem Tisch entfernt, an dem die Träger rasteten und unser Picknick vorbereiteten, Tee kochten, Sandwiches belegten. Hier begegneten wir unseren Trägern überhaupt das erste Mal, da sie die Wirtschaftsstraße heraufkamen und von uns angestaunt und fotografiert wurden, wie sie unförmige Bündel, Säcke und Kanister entgegen jeder Regel der Statik kippel- und absturzsicher den Berg hinaufbalancierten. So etwas hatte jeder von uns schon in Fernsehreportagen gesehen. Aber das war in Filmen gewesen, und hier taten sie es tatsächlich. Und es funktionierte!

Unsere Mannschaft hielt bis auf Chief und Assistant Guide stets dezenten Abstand. Sprach man einen Träger an, lächelte der, antwortete mitunter in simplem Englisch, blieb aber ansonsten immer auf Distanz. Meist erschöpfte sich ein Gespräch in den folgenden Tagen bei einer Begegnung auf dem Weg mit dem Gruß „Jambo!", der entweder mit „Jambo!" beantwortet werden konnte, oder mit der äußerst coolen Variante: „Mambo poa!", die eigentlich bei den Kids üblich ist. Wenn wir graubärtigen Zausel so antworteten, zauberten wir den Chaggas meist ein breites Grinsen aufs Gesicht. Magie auf Swahili.

Auf dem Picknickplatz bekamen wir dann auch zum ersten Mal die Tiere zu Gesicht, dich uns am längsten in die Höhe begleiten sollten: große Krähen mit auffälligen grauen Nacken. Wir wurden von Deo und Frederick eindringlich gewarnt, die Biester seinen dickfellig, hinterhältig und klauten wie die Raben. Natürlich! Wir sollten, wenn sie in der Nähe waren, mit Argusaugen unsere Sachen bewachen.

Beinahe schon wieder im Aufbruch begriffen, raschelte es dann noch kräftig im Blätterdach über unseren Köpfen. Ein paar Affen beobachteten uns, wie wir sie beobachteten. Doch wir konnten das besser, weil wir Ferngläser und Kameras mitführten. Wir schauten uns also eine Weile lang mit oder ohne Technik gegenseitig an und verloren dann wieder das Interesse aneinander. Die Affenbande setzte ihre Turnübungen über unseren Köpfen fort, und wir unsere Wanderung zu ihren Füßen.

Der Urwald – in wenigen Augenblicken ein Regenwald

Auf das Picknick folgten noch ein paar weitere Kilometer durch den Regenwald. Eigentlich sollte es jedenfalls ein Regenwald sein – so steht es in allen möglichen Beschreibungen – und nicht nur ein Dschungel oder ein Urwald oder was auch immer. Schließlich schleppte ich eine recht schwere Regenjacke mit, eine Regenhose, die man sich über die Wanderhose ziehen konnte, einen Überzieher für meinen Rucksack, hatte mit dem Inhalt von etlichen Dosen Imprägnierspray alle meine Textilien verkleistert, und dann spielte doch nur die Sonne durch die Zweige der Bäume? Nichts gegen schönes Wetter! Aber wenn man in den Bergen einmal so ein richtig heftiges Gewitter miterlebt hat, dann kann man davon selbst noch seinen staunenden Enkeln am warmen Kachelofen erzählen.

Ich hatte wieder meinen Platz im hinteren Bereich unserer Wanderkolonne eingenommen und unterhielt mich mit Martin übers Verreisen im Allgemeinen und über Wanderungen in den Bergen. Mich haben die Eltern angesteckt. 1968 haben sie mich das erste Mal in die Hohe Tatra mitgenommen. Für so einen sechsjährigen Knirps, der aus einer Gegend kommt, wo der höchste Berg weit und breit nur 24 m hoch ist, sind die schroffen Zweieinhalbtausender der Tatra ein bleibendes Erlebnis.

Martin war mehr so der Strandferientyp gewesen, bis ihn seine Freundin zu einem Wanderurlaub auf La Palma überredet hatte. Danach ist er auch alleine weitergezogen und hatte es bis zu diesem Zeitpunkt auf stolze 5137 m gebracht, bis auf den Gipfel des Ararat.

Aber reden und im schwülen Regenwald bei unmerklich doch immer schneller werdendem Tempo weiter aufsteigen– das ging nicht gut. Als Martin anfing, mich nach meinen Büchern auszufragen, war ich schon so sehr außer Puste, dass ich ihm nur noch japsend versprach, ihm später davon zu erzählen. Ich hätte mich liebend gerne noch ein Stück weiter zurückfallen lassen, aber ich war ja schon der Letzte.

Die nachmittägliche Schwüle war die Ruhe vor dem Sturm. Von einem Moment auf den anderen verwandelte sich der Urwald dann doch noch in einen Regenwald. So heftig und so augenblicklich, dass uns keine Zeit mehr blieb, die Rucksäcke abzusetzen, die Regenausrüstung auszupacken, in die Regenüberhosen zu steigen, alles schön festzuzurren, vor allem den Überzieher über den Rucksack, um schließlich die Regenjacke anzulegen ...

Das Tempo war ein ganz anderes. Irgendwie die Jacke aus dem Rucksack reißen, so schnell wie möglich über das Wichtigste werfen, und zusehen, dass man weiterkam. Es regnete nicht, es wurden unzählige Eimer ausgegossen. Und danach nochmal so viele. Dann schüttete es wie aus Kannen und als die alle waren, ging es wieder mit den Eimern weiter.

Nun waren klar diejenigen im Vorteil, die von Anfang an ein anspruchsvolleres Tempo gewählt hatten. Sie waren näher an der Hütte, aber bei der Wucht, mit der das Wasser vom Himmel kam, war das nur ein geringer Vorteil.

Immerhin versicherte mir Frederick, dass wir nur noch zehn Minuten bis zur Hütte bräuchten. Fredericks Optimismus! Wir bringen euch alle auf den Berg hinauf! Es sind nur noch zehn Minuten ...

Es waren sogar nur acht!

Nach einem mehr oder weniger beschwerlichen Tag war also der Regenwald durchquert. Tatsächlich hörte es schon Minuten nach unserer Ankunft auf zu gießen. Wir hatten die Mandara-Hütte erreicht, lasen die Höhenangabe – 2720 m – und konnten es kaum glauben, fast schon Zugspitzniveau erreicht zu haben. Rund um Deutschlands Höchsten sind nur noch Felsen, Steine, Schotter und Geröll, Eis und Schnee zu dieser Jahreszeit sowieso, und hier standen noch Bäume, so dick, dass zwei Mann sie nicht gemeinsam hätten umfassen können. Dabei dampften wir vor Wärme in unseren nassen Klamotten.

Die Mandara-Hütte ist eigentlich ein ganzes Hüttendorf. Hütten für die Touristen, auch wieder abgesondert Hütten für die Träger, Gemeinschaftshütten, in denen die Wandergruppen ihr Essen einnahmen, nicht aber die dazugehörigen

Hochkommen

Träger, Toilettenhütten und außerdem reichlich Platz für weitere Zelte. Im englischen Wiki ist zu lesen, dass die Marangu-Route für maximal 70 Wanderer pro Tag ausgelegt sei. An diesem Tag waren alle siebzig da! Und mit ihnen ein Vielfaches an Trägern und noch weitere Besucher, wie sich aber erst später herausstellen sollte.

Ihren Namen hat die Hütte nach Mandara, dem Häuptling der Chagga, Herrscher von 1860 bis 1891 in Moshi, zu jener Zeit, als die deutschen und englischen Naturforscher, Geografen und Kolonialisten ins Land gekommen waren. Er muss eine äußerst facettenreiche Gestalt gewesen sein, mitunter brutal, dann aber auch wieder weltmännisch diplomatisch, sehr auf den eigenen Vorteil bedacht, legendär gierig, wenn es um die Geschenke seiner weißen Gäste ging. Ein Mann von bedeutendem Einfluss in der Region, was ihn jedoch nicht vor einem gewaltsamen Tod bewahrte. Bei Auseinandersetzungen mit anderen Chagga-Clans, die bürgerkriegsähnlich gewesen sein müssen, wurde er 1893 hingerichtet. Seit 1962 heißt die 1912 errichtete Bismarck-Hütte nun Mandara-Hütte, als es nach der Unabhängigkeit Tanganjikas zu etlichen Umbenennungen ehemals kolonialer Namen gekommen war. Aus der Kaiser-Wilhelm-Spitze wurde Uhuru-Peak und aus der Peters-Hütte wurde die Horombo-Hütte, die uns am kommenden Tag erwartete. Horombo wiederum war ein legendärer Chagga-Häuptling des 18. Jahrhunderts, der es um ein Haar geschafft hätte, sämtliche Chagga-Clans unter seiner Herrschaft zu vereinen. Leider wurde er von feindlichen Massai-Kriegern getötet.

Erst einmal bezogen wir in der Mandara-Hütte unsere Pritschen. Die Marangu-Route ist die einzige, auf der man den Luxus fester Hütten genießen kann, was dem müden Wanderer zumindest unruhige Nächte auf viel zu dünnen Iso-Matten ersparte. Wir warfen unser Gepäck auf unsere überdicken Schaumstoffmatratzen und begaben uns zum nächsten Picknick in der Gemeinschaftshütte, auch Dining-Hut oder Dinnerhütte genannt. Dort hatten unsere Kellner Zakaria Barnabas und Joseph Majengo schon einen Tisch für uns eingedeckt. Da jede Wandergruppe eine Tischdecke mit einem anderen Schottenkaromuster benutzte, waren die Reviere schnell abgesteckt. Wir fanden auch an dem kommenden Tagen unseren Platz stets an der rot-weiß-grün-gekästelten Decke, die an der einen Ecke schon etwas ausgefranselt war.

Wer in einer Finnhütte am Tisch an der Wandseite sitzt, bekommt über lang oder kurz einen krummen Buckel. Das war die Lektion des Nachmittags, und danach waren wir untereinander so fair, immer mal wieder die Plätze zu tauschen, um den Krummgesessenen die Möglichkeit zu geben, sich wieder aufzurichten.

Es gab Popcorn und Kekse, Tee und Kaffee, Honig und Zucker. Hauptsächlich ging es darum, Flüssigkeit und Salz nachzufüllen. Dementsprechend servierten die Kellner kein klebrig-süßes Kino-Popcorn, sondern gesalzenes. Wir machten am Anfang erstaunte Miene zum gutgemeinten Spiel und putzten das Popcorn dann in wenigen Minuten weg. Wir waren angekommen, hatten die Rucksacklast von unseren Schultern genommen, die Füße aus unseren Wanderschuhen gezogen, und fühlten uns keineswegs schon erschöpft. So könnte es eigentlich weitergehen! Wir waren in Hochstimmung, diese erste Etappe mit Bravour bewältigt zu haben, trunken von den Eindrücken, die der Urwald mit seinen riesigen Bäumen in unseren Köpfen hinterlassen hatte. Die Aussicht auf mehr machte uns süchtig aufs Weiterlaufen. Natürlich auch eingedenk Father Fredericks Belehrung vom Vortag: Es ist ratsam, höher zu steigen als nur bis zu dem Punkt, an dem man übernachten wird. Selbst wenn es nur wenige Höhenmeter sind, wird der Körper dann besser mit der Höhe zurechtkommen, wenn er im Schlafsack steckt und wirklich zur Ruhe kommen soll.

Kaffeetrinken bei Popcorn

Keine Stunde später waren wir also wieder abmarschbereit. Diesmal ohne Gepäck, aber wohlweislich in Regensachen verpackt. Die Mandara-Hütte liegt genau an der Grenze des Hochwaldes zu einer offenen Landschaft, wo Büsche und vereinzelte Bäume vorherrschen. Ein Hochmoor mit kniehohem, verfilzten Gras, allerhand Gebirgskräutern, Baumheide, zerzausten Nadelbäumen und Lebensbäumen, all das behangen mit Unmengen von Flechten, als hätte ein eiliger Nikolaus bei Sturm graugrünes Lametta über die Bäume hinweggeworfen, um sie hastig noch fürs Fest zu schmücken. Der Weg war hier keineswegs noch ein Gartenweg, sondern ein ausgewaschener Hohlweg, in dem nach heftigem Regen das Wasser talwärts strömte, die rote Erde mit sich riss und eine matschige Piste, gespickt mit Geröll und Stolpersteinen, zurückließ. Ein echter Knochenbrecher für unzureichende ausgestattete Touristen.

Unser Ziel war der Maundi-Crater, ein Seitenkrater des Kilimandscharo, knappe 2900 m hoch und etwas abseits der Route, die wir am folgenden Tag nehmen würden. Er war ein kreisrunder Krater, den man auf seinem Grat problemlos umrunden konnte. An den Außenhängen fast vollständig von Buschwerk zugewuchert, doch in seinem Inneren nur grasbewachsen.

Father Frederick wies in den Krater hinunter und erklärte mir, dort habe es Götter gegeben, was mich wieder darin bestärkte, dass er wohl doch gemeint hatte, dort hätten die Chagga ihren Ahnen geopfert.

Aber das sei nun vorbei, weil das Gebiet ein Nationalpark sei, und die Menschen nicht mehr so ohne weiteres herkommen könnten.

Ob die Magie nun vollständig verflogen sei, fragte ich ihn, und Frederick lächelte, wie immer bei solchen Antworten. Die Magie sei überall. Und er erzählte mir ein wunderschönes Beispiel: Früher waren die Hänge des Kilimandscharo Weideland gewesen. Die Bauern hätten ihre Kühe in den Wald getrieben, wo sie sich sattgefressen hätten, denn Grünzeug gab es ja mehr als genug. Doch als die Regierung den Nationalpark eingerichtet hatte, war das verboten worden. Fortan sollte die Natur geschützt werden, und Nutzvieh hatte dort nichts mehr zu suchen. Doch etliche Bauern störte das wenig. Sie trieben ihr Vieh nach wie vor in den Wald hinein und überließen es dort sich selber. Wenn ein Bauer nun seine Kuh zurückhaben wollte, trat er einfach vor sein Haus und rief die Kuh.

„Rief er sie laut?", fragte ich, denn das Dickicht verschluckte gewiss so manchen Ton. Und die Entfernungen sind riesig. Afrika ist schließlich ein weites Land!

„Es reicht aus, leise zu rufen", antwortete Frederick. „Die Kuh weiß es trotzdem und wird nach Hause kommen. Das ist Magie!"

Wir umrundeten den Maundi-Crater und genossen einen wunderbaren Ausblick auf das Umland. Nordwärts war das erste Mal der Mawenzi in nun schon beeindruckender Größe zu sehen, ein wunderbarer Berg, der mich immer stärker faszinierte, je näher wir ihm kamen. Südwärts konnten wir auf die Hänge hinunterblicken, die wir den Tag über hinaufgestiegen waren. Wir befanden uns nun unmittelbar oberhalb der Regenwaldzone und konnten aus einer Entfernung auf das Dickicht herabblicken, in der noch einzelne Baumkronen auszumachen waren. Doch auf den ersten Blick nahm man nur eine sanft hügelige Landschaft wahr, die in der Ferne im Dunst des schwülwarmen Nachmittags entwand, die Oberfläche gleich einer Steckmasse für floristische Kunstwerke, gespickt mit einem dichten Flokati aus Moos und Kraut. Die Entfernung narrte den Betrachter. Schaute man länger über den Teppich, nahm man die einzelnen Fäden wahr als die Baumriesen, unter denen man noch vor Stunden gewandert war, und die Weite bekam eine vollkommen andere Dimension.

Erste Etappe: Vom Marangu-Gate zur Mandara-Hütte

Auf dem Rückweg vom Krater tauchten wir wieder in genau diesen Dschungel ein und erblickten abseits des Weges, keine zehn Meter von uns entfernt in schulterhohem Gebüsch – eine braun-weiß gescheckte Kuh. Frederick grinste triumphierend, und all jene, die seine Geschichte nicht vernommen hatten, ergaben sich nun allgemeiner Verwunderung.

Zurück an der Hütte mussten wir feststellen, dass sich die Anzahl der dortigen Wanderer und Träger auf wundersame Weise vervielfältigt hatte. Kein wirkliches Problem für uns, denn wir hatten unsere Schlafplätze, wo unsere Schlafsäcke lagen, und unsere Essplätze, wo die Tischdecke mit dem ganz speziellen Schottenkaromuster auf uns wartete. Doch ansonsten ging es unglaublich lebhaft zwischen den Hütten zu, und das ohne ersichtlichen Grund. Waren das die tatsächlichen Massen, die den Berg hinaufgeschleppt wurden, und für die der Weg so verschrien und abfällig „Coca-Cola-Route" getauft worden war? Im Grunde genommen interessierte uns das nur am Rande. Vorerst! Wir waren nun tatsächlich am Etappenziel angelangt, hatten uns unserer Wanderschuhe entledigt und legten die letzten Meter von der Schlafhütte zur Dinnerhütte in bequemem, leichtem Schuhwerk zurück, höchst interessiert, mit welcher Kraftkost man uns wieder aufpäppeln und für den kommenden Tag fit machen würde.

Das Essen an diesem und an den nächsten Tagen zeichnete sich weniger durch kulinarische Raffinesse aus, als vor allem dadurch, dass es ordentlich sättigte. William Petters und Mathew Mushis Hausmannskost. Ballaststoffreich, hauptsächlich Reis oder Nudeln, dazu Fleisch vom Rind oder vom Hühnchen, und jede Menge kleingeschnippeltes, gedünstetes Gemüse. Mohrrüben, Paprika, Erbsen, Bohnen. Für Konstantin natürlich als Sonderanfertigung unter Weglassung sämtlicher Kühe und Hühner. Vorneweg eine rätselvolle Suppe, hinterher ein Obstteller, meist mit zerteilten Mangos und Melonen. Der Tisch war zudem raffiniert garniert mit allerlei Geschmackskillern und -verstärkern. Da gab es zum Beispiel Tomatenketchup in vielen Varianten, vor allem mit und ohne Chili. Konstantin wäre es am liebsten gewesen, wenn es Chili-Ketchup ohne Tomaten gewesen wäre, und alles was Chili hieß, fand fortan seinen angestammten Platz vor Konstantins Teller. Chili wurde zum Gesprächsobjekt, zum Ereignis, zur sozialen Komponente, und unsere Guides, die Konstantins Chiliphilie nicht verstehen konnten, wurden in den nächsten Tagen ständig genötigt, das Chili zu verkosten und gut zu finden. Konstantin war in der Lage, es zu trinken, andere verätzten sich damit Schlund und Futterluke. Immerhin waren die Tränen, die dabei flossen, Lachtränen. Es ging locker und lustig zu rund um unser Schottenkaro, kein Gedanke mehr an geschundene Füße und klamme Klamotten. Satt zu sein bedeutete durchaus auch, zufrieden zu sein. Zufrieden und glücklich über das Erreichte.

Ich glaube, es war Reinhard, der nach dem Essen die Skatkarten zückte, getreu dem Motto: Grand mit Vieren schließt den Magen oder so ähnlich. Es wurde zunächst unmerklich und zu guter Letzt unbestreitbar eng, laut und ungemütlich in der Hütte. Obwohl es schon weit nach Sonnenuntergang war, erreichten immer noch neue Wanderer das Tagesziel, mehr, als Plätze an den schottenkaroreservierten Tischen waren, mehr als Bettgestelle in den Hütten standen. Im Zwiespalt der Gefühle, aufgekratzt vom Erlebtem zu sein, aber doch auch so vernünftig, sich beizeiten zur Nachtruhe zu begeben, räumten wir das Feld, als die Zahl der Platzbedürftigen regelrecht unangenehm wurde.

Die Hütte wird immer voller

Im Vorraum unserer Schlafhütte hatte man eine Frauengruppe einquartiert, die ungeniert in einer Lautstärke plapperte, als befände sie sich nicht in einem Refugium müder Wanderer, sondern auf dem Marktplatz von Mailand oder Florenz. Ein wenig angefressen stolperten wir noch einmal zum Zähneputzen in die stockfinstere Nacht hinaus und krochen dann endgültig in unsere Schlafsäcke.
Wie erwähnt, befanden wir uns fast auf Zugspitzniveau und lagen ganze 1750 m höher als die Nacht zuvor. Das steckte der Körper nicht weg, ohne zumindest etwas zu protestieren. Meiner tat es mit schlagartiger Wachheit. In dem Moment, in dem das Licht der letzten Stirnlampe verlosch, war meine Müdigkeit auf und davon. Ich lag auf dem Rücken, die Augen so offen wie ein Hase in seiner Sasse, und wartete. Ich hörte die anderen sich hin und her wälzen, schniefen und schnarchen und fand stundenlang keinen Schlaf.

Die Geräuschkulisse vor der Hütte ebbte einfach nicht ab. Vor meinem inneren Auge sah ich immer neue Menschen den Berg heraufpilgern. Nicht nur Wanderer. Leute in Turnschuhen, Stöckelschuhen, Badelatschen ... Es fing wieder an zu regnen. Die Damen in den Flip-Flops waren bedauernswert. Lag es an meinem neuen Daunenschlafsack, dass mir hier in 2700 m Höhe so warm war? Irgendwie dämmerte ich doch langsam weg, um in genau dem Moment, als ich das Traumland betreten wollte, rüde ins Jetzt zurückgeholt zu werden.

Irgendjemand hatte das Licht eingeschaltet, etwa eine halbe Stunde, nachdem wir uns zur Ruhe begeben hatten. Leute wuselten durch den Raum, Rucksäcke wurden abgekippt. Protestrufe von Oliver und Reinhard wurden laut. Sorry-Murmeln von den Eindringlingen kam als Antwort. Doch das Licht blieb an. Ob wir noch ein Bett frei hätten? Hatten wir. Leider! In einem Doppelstockbett, eine Etage unter Oliver.

Jemand wurde in den Raum geschoben. Störendes Schnaufen war zu vernehmen. Seufzen, Ächzen und Klagen. Wir hörten mehr, als dass wir sahen. Und als wir die Augen dann doch noch aufbekamen, trauten wir ihnen nicht. Eine Dickmadam wurde von mehreren Männern quer durch die abgestellten Rucksäcke bugsiert, keine Sportskanone, sondern eine extrem dicke Negermama. Keiner von uns hatte am nächsten Tag eine Idee, wie sie es bis hier herauf geschafft hatte. In einer Sänfte? Oder doch auf ihren eigenen Füßen? Die steckten zumindest in richtigen Bergschuhen und nicht nur in notdürftigen Sänftenpantoffeln. Zudem klemmte die Mama in einem sagenhaft dicken Steppmantel, der ihrem unförmigen Leib ein noch viel gigantischeres Ausmaß andichtete. So wie sie war, mit durchnässten Klamotten, wurde sie in das Bett unter Oliver bugsiert. Oliver musste Erdbeben verspürt haben. Einer ihrer Begleiter hielt eine Decke hoch, um seine Schutzbefohlene vor unseren geblendeten, aber immer ungehalteneren Blicken abzuschirmen. Die Dickmadam versuchte im Liegen, ihre Kleider zu richten, sich einiger Teile zu entledigen und etwas für die Nacht darüberzuziehen. Eine weitere Reihe von Nachbeben folgte. Doch sie kam nicht alleine klar in der Enge, ein Lakai musste ihr helfen, ein weiterer die Szenerie mit der Decke abschirmen. Zwei andere sortierten geräuschvoll Gepäck. Die Mama stöhnte und schnaufte und fühlte sich hörbar unwohl. Oliver, ein ganz ruhiger, bedächtiger Mensch, war mit seiner Geduld am Ende. Er fuhr aus seinem Schlafsack auf, schnauzte die Träger der Mama an, dass sie verschwinden und das Licht löschen sollten. Reinhard stieß ins selbe Horn. Selbst Moritz, der ganz selten etwas sagte, war voller hörbarem Unmut.

Die Lakaien der Mama berieten sich. Das Gepäcksortieren wurde für einen Moment lang noch hektischer, dann verlöschte das Licht und die meisten verließen den Raum. Zurück blieb die schnaufende, klagende und zunehmend jammernde, aber trotzdem mit Nachdruck auf ihren letzten Helfer eindiskutierende Mama, die nun in der Dunkelheit gar nicht mehr zurechtkam. Ihre Träger hatten keine wasserdichten Innensäcke genommen, als sie ihr Gepäck verstauten. Nun waren alle ihre Sachen nass, möglicherweise auch ihr Schlafsack. Sie lag in ihrem Bett wie ein Maikäfer auf dem Rücken, der Lakai musste ihr die Schuhe aus- und die Nachtsocken anziehen, sie aus ihrer Jacke befreien, ihren andauernden Wortschwall ertragen und irgendwie den Schlafsack wie eine Decke über ihrem mächtigen Leib drapieren. Da beide versuchten, nun betont leise zu sein, nervten sie umso mehr.

Als endlich, endlich Ruhe einzog, waren wir den Rest der Nacht ausnahmslos alle hellwach. Jedenfalls abwechselnd. Ich hörte manche schnarchen, andere sägen, und alle sich von einer Seite auf die andere werfen. Mein Daunenschlafsack, mit dem ich auf dem Gipfel in einer Gletscherspalte übernachten könnte, war endgültig auf Betriebstemperatur. Ich schwamm in ihm wie im Inneren eines Wasserbettes durch die Nacht, während draußen passenderweise der tropische Regenwald rauschte. Sturzbäche strömten die ganze Nacht über vom Himmel herunter, prasselten auf das Wellblechdach der Hütte. Alles war bestens dazu geeignet, einem den Gedanken einzugeben, dass es dringend an der Zeit sei, mal um die Hütte zu gehen, um die Hektoliter des abendlichen Tees fortzuschaffen – und nichts hätte einen dazu bewegen können, dies auch zu tun. Doch mit der Einbildung einer zum Platzen gefüllten Blase schläft es sich überhaupt nicht gut. Und wenn man in diesem Zustand hellwach in die Dunkelheit starrte, dauerte es auch nicht lange, bis man Besuch von allerlei ungebetenen Gedanken bekam, die einen unterhalten wollten bis zum frühen Morgen. Was, wenn die Regenzeit längst begonnen hatte und man die gesamte Strecke nun im Dauerregen zurücklegen musste? Wie lange würde es brauchen, bis man keinen trockenen Faden mehr am Leib hätte? Was, wenn wir die dicke Mama bis auf den Gipfel mitnehmen müssten? War so ein Tumult normal? War das die hässliche Fratze des Massentourismus auf der ach so verschrienen Coca-Cola-Route? Wenn dies erst der Anfang der Unannehmlichkeiten war, was würde uns dann noch erwarten? War es wirklich eine gute Idee gewesen, auf den Kilimandscharo steigen zu wollen? Einzig unerschütterliche Geduld und grenzenlose Langmut konnten dabei helfen, in dieser Verfassung den nächsten Morgen noch zu erleben. Nicole, ein Bett unter mir, schwor am nächsten Morgen Stein und Bein, dass ich am Abend sofort eingeschlafen sei und die gesamte Nacht durchgesägt hätte. Ach, immer diese megacoolen Sprüche! Seltsamerweise fühlte ich mich tatsächlich nicht wie gerädert, sondern ausgeruht und tatendurstig.

Zweite Etappe: Von der Mandara- zur Horombohütte

Briefing bei Porridge und Chili * Durch Hochmoor und Baumheide * Zuckerbüsche, Nektarvögel und Gespensterbäume * Die Horombo-Hütte * Leopardenduft am Kilimandscharo * Spaziergang mit Jesuslatschen * Antike Säulen und olympische Gedanken * Am Äquator geht die Sonne immer um 18 Uhr unter * Besorgte Gedanken zur Nacht

Die nächtliche Heimsuchung war das Gesprächsthema am Frühstückstisch. Ganz offensichtlich waren am letzten Abend Heerscharen von Besuchern der

Zweite Etappe: Von der Mandara- zur Horombohütte

präsidialen Frauentagsfeier bis zur Marangu-Hütte aufgestiegen. Und so, wie unsere Dickmadam bemuttert worden war, musste sie mindestens die Frau des Präsidenten gewesen sein. Niemand von den anderen hatte in dieser Nacht ein Auge zugetan – obwohl ich sie alle schnarchen hören hatte. Martin hatte am meisten gestört, dass die Metalldoppelstockbetten konstruktionsbedingt jede noch so kleine Bewegung des anderen spüren ließen. Ihn hatte also das ständige Wackeln und Schaukeln des Bettes die ganze Nacht wachgehalten. Manchmal hatte er das Gefühl gehabt, als habe das Bett sogar dann gewackelt, wenn Odin, der über ihm gelegen hatte, auch nur mit den Augen geblinzelt hatte. Odin bestätigte, dass es ihm genauso ergangen war.

Deo leistete uns beim Frühstück Gesellschaft und schwor uns auf die kommende Etappe ein. Dass es wichtig sei, nun wirklich im richtigen, langsamen Tempo zu laufen, dass die Etappe nicht schwer sei, wir aber doch einige Zeit unterwegs sein würden. Und das Wetter? Deo lächelte, wiegte seinen Kopf und gab weiter keine Antwort.

Es war sicher besser, ihm bei seinem Briefing zu lauschen, als das auszulöffeln, was die Kellner uns als allerersten Gang auftischten. Das Zeug in einem riesigen Aluminiumtopf ließ sich am besten beschreiben als ein Schleim von hellbrauner Farbe und undefinierbarem, auf jeden Fall aber angebranntem Geschmack, von den Kellnern Porridge, also Haferbrei genannt, und war einfach ungenießbar. Da war ich mir mit Martin einig. Oliver und Odin löffelten den Schleim hemmungslos, und Konstantin peppte ihn zudem noch mit Chilisoße auf. Mit wirklich viel Chilisoße, wobei Deo kosten musste. Der arme Kerl machte den Spaß mit. Uns standen die Lachtränen in den Augen.
Der Rest des Essens war brauchbar, abgesehen davon, dass wir den Kellnern klarmachen mussten, dass man Toastbrot erst dann essen konnte, wenn es vorher getoastet worden war. Die Kellner erklärten es den Köchen, worauf man sich wahrscheinlich im Küchenzelt über uns amüsierte, und schließlich bekamen wir, als wir längst Honig und Marmelade mit ungetoastetem Brot hinuntergewürgt hatten, warmgemachtes Brot in der Farbe des Haferschleims.

Letztlich waren wir in bester Stimmung, als wir wieder aufbrachen. Der Regen hatte aufgehört, wir hatten uns alle gegenseitig Mut gemacht, dass er auch nicht wieder anfangen werde, denn alles, was in der Nacht an Regen heruntergekommen war, war längst zu Tal geschossen und konnte uns nicht mehr ärgern. Der Himmel war zwar nach wie vor wolkenverhangen, doch das waren freundliche, weiße Wolken, die einen schönen Tag versprachen. Immerhin waren wir schlauer als am Vortag, hielten die Regenjacken etwas griffbereiter und hüllten unsere Rucksäcke schon zum Start in ihre Regenpelerinen, womit wir den Regen zu vertreiben hofften und genau dies auch taten.
Den Anfang des Weges kannten wir vom Vortag. Es ging an der braun-weißen Kuh vorbei, die heute abwesend war – vielleicht hatte sie ihr Magier zu sich gerufen? – und vorbei am Maundi-Crater, den wir nicht noch einmal bestiegen.

Hochkommen

Am Wegesrand war eine eigenartige Karre geparkt, eine Art eiserne Tragbahre mit einem einzelnen daruntermontierten Rad von der Größe eines Fahrradreifens. Dies war also eines der Monstren, mit denen man zurückbefördert wurde, wenn man schlappgemacht hatte? Einerseits sah die Karre so kurios aus, dass wir dumme Sprüche darüber machten, andererseits lag sie da wie ein Mahnmal für allzu sorglose Wanderer und gab uns in unserem Innersten schon zu denken!

Jenseits des Maundi-Kraters

Da waren sie also wieder, die Gedanken der Nacht. Würde man am Ende auch zu den Gescheiterten gehören, obwohl Frederick und Deo das Gegenteil versprochen hatten? Zum Glück waren es tatsächlich nur die faulen Gedanken der finsteren Nacht, die sich am Tage in Nichts auflösten und Platz machten für das Staunen über die Landschaft, das Genießen der kommenden Eindrücke, das Einlösen der Vorfreude, die man seit Wochen und Monaten mit sich herumgeschleppt hatte.

Jenseits des Maundi-Kraters wurde die Landschaft weiter und offener. Den beeindruckenden Hochgebirgsregenwald hatten wir endgültig hinter uns gelassen und wanderten nun durch die Heide- und Hochmoorzone. Der Weg war nach wie vor gut ausgebaut und nicht zu verfehlen. Es war der einzige weit und breit, so dass keine Gefahr bestand, wie Rotkäppchen abseits des Weges zu enden. Was in einer Hochmoorzone ohnehin nicht angeraten gewesen wäre. Statt durch einen dichten Wald zu stapfen, wanderten wir nun durch Baumheide. Was bei uns vielleicht eine Höhe von dreißig Zentimetern erreicht, wuchs hier vier, fünf Meter hoch. Und war nach wie vor oft gnadenlos überwuchert von meterlangen Flechten, die sich die Feuchtigkeit aus der Luft siebten und im Gegenzug den kamerabewehrten Wanderern beste Fotomotive offerierten.

Immerhin konnte man nun etwas weiter blicken als im Wald. Denn schließlich steigt man ja auf einen Berg, um anschließend die Aussicht zu genießen, nicht wahr? Leider machten uns in diesem Punkt die Wolken einen Strich durch die Rechnung. Doch sie waren friedliche Wolken, verdeckten nur die Aussicht, anstatt Regen und eine trübe Stimmung zu verbreiten.

Dafür wurde mit zunehmender Wärme unsere Regenvorsorge zum Problem. Ausziehen und wegpacken? Oder anbehalten und wegschwimmen?

Wir würden an diesem, wie an den meisten anderen Tagen unsere eintausend Höhenmeter aufsteigen. So wussten wir es aus der Routenbeschreibung, hatten es von Fredericks Karte abgelesen und auf der Schautafel am Nationalpark-Gate gesehen. Doch die Landschaft verhieß uns für den Moment etwas anderes. Es ging über lange Strecken geradeaus oder fühlte sich zumindest so an, dass man die eintausend Höhenmeter kaum glauben konnte. So mutete die Wanderung nach wie vor wie ein Spaziergang an. Wie ein Spaziergang durch eine wunderbare Landschaft. Noch stand das Hochmoor nicht in voller Blüte, aber so beeindruckende Pflanzen wie der Zuckerbusch waren reichlich zu bestaunen. Der ist ein immergrünes Gewächs mit lederartigen silbergrünen Blättern an roten Ästen, die später verholzen, Rhododendrensträuchern nicht ganz unähnlich, der imposante, eierschalenfarbene Blüten herausbildet. Diese Blüten findet man getrocknet und verholzt oft in Gestecken wieder. Immortellen waren allgegenwärtig: silberfarbene Büsche mit auffallenden gelben Blüten. Die Riesenlobelien stachen wegen ihrer Form besonders ins Auge, denn sie waren halbmeterhohe grüne Säulen, aus denen sich gerade die ersten blauen Blüten hervorschoben. Die beeindruckendsten Gewächse jedoch sollten uns erst am Ende des Tages begegnen, die Gespensterbäume.

Tiere waren kaum zu sehen, am ehesten noch ein paar Mäuse und ein paar äußerst farbenprächtige Nektarvögel. Sieht man sie zum ersten Mal, hält man sie für etwas zu groß geratene Kolibris, und sie sind in der Tat das afrikanische Honigsauger-Gegenstück zu den amerikanischen Spezialisten. Metallisch grün bis schwarz mit ein paar bunten Tupfern und einem langen, gebogenen Schnabel. Äußerst fotogen.

Ab diesem Tag teilten wir uns den Weg mit den zahlreichen Trägern der Wandergruppen, die mitunter in einem atemberaubenden Tempo an uns vorbeistapften, und rätselten dabei, ob die Frauentagsgruppen weiter mit aufsteigen würden. Sie taten es nicht. Dies war aber auch der Tag, an dem wir „Swahili, Lektion Eins: Das Grüßen" lernten, und uns bis zum Abend nicht einigen konnten, ob der Gruß, der bergauf, bergab benutzt wurde, nun Jambo oder Dschambo ausgesprochen wurde. Wir probierten es mal so, mal so, und bekamen immer unsere Antwort. Mal als Jambo, mal als Dschambo.

Dies war auch der Tag, an dem aus den Tiefen von Odins oder Konstantins Rucksack ein Kartenspiel auftauchte, das die beiden mit Moritz und Reinhard spielten. Ein ideales Spiel bei Wanderungen: Der Herr des Kartenstapels zieht eine Karte, liest dem Ratevolk einen Fakt von der Vorderseite der Karte vor und das Ratevolk muss solange Fragen stellen, bis es auf die einzig richtige Erklärung des Ratefakts kommt. Die Sachverhalte sind morbide, und die Stories dementsprechend krude. „Black Stories" nannte sich das Ratespiel, und die vier spielten es mitunter bis an die Nervgrenze der anderen.

Bei einem Blick auf die Landschaft wird immer wieder ihr vulkanischer Ursprung deutlich. Auf den langen, sanft abschüssigen Hängen sind immer wieder kleinere, kegelförmige Erhebungen auszumachen, Nebenkrater des großen Bergs oder auch langgestreckte Höhenzüge, die talwärts weisen, felsige Buckel, die sich aus der dicht bewachsenen Landschaft erheben: die Reste von Lavazungen, die hier vor Urzeiten zu Tal gekrochen sind.

Etwa auf 3000 m Höhe passierten wir den Kifinikahügel, einen besonders ebenmäßigen Bergkegel, der knapp 100 m aus der Landschaft ragt, und sich mit seiner eingesunkenen Spitze eindeutig als Vulkan verrät. Frederick erklärte mir, auch dies sei ein heiliger Ort der Chagga gewesen, an dem man magische Rituale abgehalten hätte. Heutzutage sei der Berg vor allem verwunschen. Es gäbe zwar einen Weg dorthin, aber man findet nicht wieder zurück. Irgendwann würde auch er selber einmal dorthin gehen wollen.

Ich weiß nicht wirklich, ob ich ihn richtig verstanden hatte.

Wir gewannen stetig an Höhe, wenn auch fast unmerklich, und befanden uns die ganze Zeit knapp unter dem Wolkenkranz, der den Kilimandscharo auf etwa 3300 m umrundete. Gegen Nachmittag, nach einer Rast an einem wie immer sehr sauberen und aufgeräumten Rastplatz, auf dem wir unsere mitgenommenen Lunchpakete plünderten – ein Saftpaket, ein Hühnerbein, eine Mango, ein Viertel Limette, Sandwiches mit ungetoastetem Toastbrot, ... – hatten wir dann die Unterkante der Wolkenschicht erreicht. Jacken aus oder Jacken an? Es wurde spürbar kälter, aber wir waren auf Wandertemperatur und mussten die restlichen Stunden auf jegliche Aussicht verzichten.

Es ist ein besonderes Erlebnis, durch Nebel zu laufen. Der Gesichtssinn geht zwar teilweise verloren, doch die anderen Sinne werden geschärft. Man wird sensibler für die schwächeren Reize. Einerseits mutet die Landschaft heimlich und still an, andererseits erscheinen Geräusche trotzdem oft lauter und deutlicher, dann wieder leiser und geheimnisvoller. Die Stimmung wird unwirklich, märchenhaft, und mitunter gehen die Gedanken dann ganz heftig spazieren.

Unser Pfad war nun ein steiniger Hohlweg zwischen Heide- und Zuckerbüschen, die mal in den Wolken verschwanden, mal wieder im Diesseits auftauchten. Wenn die Wolken etwas weiter aufrissen, war vor uns der spitze,

zerklüftete Gipfel des Mawenzi mit seiner weißen Mütze aus Schnee zu sehen, dem legendären Schnee auf dem Kilimandscharo. Und abseits des Weges tauchten Hünen auf. Wie gesagt, die Phantasie geht spazieren, wenn die Stimmung stimmt. Die Hünen waren an die drei, vier Meter groß und bis auf die zerzausten Köpfe in ein graues Lumpenkleid gehüllt. Sie standen einfach nur herum und starrten wahrscheinlich.
Als wir uns ihnen näherten, entpuppten sie sich als Bäume. Unheimliche Gespensterbäume! Hoch aufragend und vollkommen anders als alles, was wir vorher gesehen hatten. Der Stamm war eingehüllt in vertrocknete Blätter, als stünde dort ein Hirte, der sich einen Mantel gebastelt hatte aus Bast und Fasern und allem, was er sonst noch finden konnte, und als hätte er sich so eng in ihn eingehüllt, dass nur noch sein seltsamer, grüner Kohlkopf aus dem Mantel ragte. Ich hatte von diesen Gesellen gelesen. Schon Hans Meyer, der Erstbesteiger des Kilimandscharo, hatte sie beschrieben. Es sind Schopfbäume, Senezien, Dendrosenecio kilimanjari, mit den Greiskräutern verwandt, wobei die europäischen Greiskräuter wie ganz normale Blumen aussehen. Diese Schopfbäume sind hier auf der Marangu-Route besonders gut zu sehen und gedeihen meist an Wasserläufen. Da sie beim besten Willen nicht zu verfehlen sind, zeigen sie dem müden Wanderer als dienstbare Geister die nächstgelege Erfrischung an, ohne auch nur einen Dank dafür zu erwarten. Sie finden auf jeden Fall Beachtung, und sollte ihnen eine gewisse Eitelkeit nicht fremd sein, dürften sie sich rühmen, die meistfotografierten Wesen hier im Hang zu sein.

Als das Verständnis dafür, den halben Tag durch Wolken zu wandern, spürbar nachließ, kam unerwartet hinter einer Wegbiegung die Horombo-Hütte in Sicht. Wie die Mandara-Hütte war auch sie eigentlich ein Hüttendorf. Außerdem ein provisorischer Hubschrauberlandeplatz und ein Campingplatz. Es waren eben doch ein paar Leute mehr unterwegs als nur jene, die in den Hütten übernachten wollten.
    Wir überwanden eine letzte Anhöhe und blickten zu der Siedlung hinüber, die auf der nächsten Anhöhe lag. Zirka zwanzig Holzhütten standen dort, Spitzhütten, in Nordeuropa würde man sie Finnhütten nennen, doch ob man das auch im tiefsten Afrika tat, wusste ich nicht.
Es war unbestritten grandios, den ganzen Tag durch die Berge zu wandern, doch als das Ziel in Sichtweite kam, war für meine Füße Schluss mit lustig. Sie forderten energisch, aus den Wanderschuhen befreit zu werden, und der Wunsch, dass dieser wunderbare Wandertag ewig so weitergehen möge, schmolz dahin wie ein Schneemann in der Frühlingssonne. Ich freute mich auf meine Jesuslatschen und konnte das Ende kaum noch erwarten. Auch bei dieser Ankunft bildete ich eher die Nachhut. Ich werde wohl nur dieses eine Mal in meinem Leben auf den Kilimandscharo steigen, obwohl ich mehr als auf den Geschmack gekommen bin. Doch die Anzahl an Touren, die man in seinem Leben durchführen kann, ist endlich, und die Welt ist groß, und die interessanten Ziele im Verhältnis zu den

Hochkommen

eigenen Möglichkeiten sind unendlich. Also musste ich langsam gehen, um so viele Eindrücke wie nur irgend möglich abzuspeichern.

Horombo-Hütte – An der Rezeption

Dieses Mal erreichten Reinhard und Moritz als erste das Ziel, gefolgt von Konstantin und Odin, dahinter kamen Oliver und Martin, Nicole und ich.

Das erste und größte Haus am Platze war die Hütte, in der die Verpflegung gereicht wurde, ein begehrtes Objekt für alle ankommenden Wanderer, denn sie trug über der Tür das Schild mit der Ankündigung, dass man nun die Horombo-Hütte erreicht habe, und sich auf einer Höhe von 3780 Metern befinde, beziehungsweise: On the altitude of 12340 feet.

Für mich war es zudem ein neuer und vor allem wieder richtiger Höhenrekord. Den alten von etwa 3600 Metern hatte ich inzwischen weit hinter mir gelassen. Zudem hätte ich ihn nicht einmal genau beziffern können. Der lag auf dem Teide, etwa 100 m unterhalb des Gipfels. Dort hatte ich im Jahr 2007 umkehren müssen, weil ich das erforderliche Papier mit dem Stempel der oberen oder unteren Naturschutzbehörde aus Santa Cruz de Tenerife nicht vorweisen konnte, das mich zum finalen Gipfelsturm berechtigt hätte. Zudem hatte ich beim Aufstieg auf den Teide ein wenig geschummelt, war bis auf die Höhe von 2300m mit dem Auto gefahren, um dann bis auf 3500 m die Seilbahn zu nehmen. Nun war der Makel des „unehrlichen" Rekordes ein für alle Mal getilgt. Der heutige Rekord war ehrenvoll erwandert, und weitere Rekorde würden folgen: die höchste Übernachtung, die höchste Mahlzeit, der höchste Sonnenaufgang ... –

und sie alle würden genauso ehrenvoll zustande gekommen sein wie meine Ankunft an der Horombo-Hütte.

Die Rezeption, das winzigste Hüttchen des gesamten Ensembles, war vollgestopft mit einem Funkgerät, einer gewissen Menge Solartechnik und einem Stuhl für den Rezeptionisten. Der Tisch mit dem Anmeldebuch befand sich schon weit außerhalb der Hütte, und ich fragte mich, wie man sich in der Regenzeit bei einem anständigen Wolkenbruch hier angemeldet hätte. Mit wasserfester Tinte in einem Buch aus Polyvinylchlorid?

Unsere Schlüssel wurden uns ausgehändigt und die Hütte zugewiesen, die die nächsten zwei Nächte unsere Heimstatt sein würde: eine Finnhütte für acht Personen, zweigeteilt in zwei Räume à vier Personen, die Nicole kurzerhand in einen Raum für die Schnarcher und einen für die Nichtschnarcher einteilte. Und obwohl ich in der letzten Nacht in der Mandara-Hütte nicht ein einziges Auge zugetan hatte, musste ich mit Oliver, Odin und Martin ins Schnarcherabteil.

Zeit zum Duschen, den Schlafsack auszurollen, die durchschwitzten Sachen auszulegen. 1913 war die Horombo-Hütte als Peters-Hütte errichtet worden. Die Mandara-Hütte war als Bismarck-Hütte ein Jahr zuvor entstanden. Damals hatte das allgemeine Interesse an dem Berg gerade seinen Anfang genommen. Seitdem ist viel modernisiert worden, alles in Handarbeit, wobei jedes Stück einzeln auf den Berg hinaufgeschleppt worden ist. Für uns war das Sanitärgebäude eine riesengroße Überraschung, da es beinahe schon europäischen Ansprüchen genügte. Fließendes Wasser, dank der Solarmodule auf dem Dach manchmal sogar ein bisschen erwärmt, mehrere Waschbecken und eine Dusche. Sieht man einmal davon ab, dass die Toiletten nur nach russischer Art erbaut worden sind – ein Loch im Fußboden, zwei Tritte rechts und links und das unbedingte Vertrauen, nicht seine eigenen Hacken zu treffen.

Manche mochten es trotzdem rustikaler. Konstantin nahm ein Bad im Bach hinter der Hütte, und sein Vater Oliver tat es ihm einige Zeit später gleich.

Gut durchlüftet und mit dem frischen Geruch des eigenen Duschbades um die Nase die Hütte wieder zu betreten, war danach eine sehr spezielle Erfahrung. Es wird davor gewarnt, im Regenwald den Weg zu verlassen, denn wo es Affen gibt, sind auch die Leoparden nicht weit. Auf dem Gipfel des Kilimandscharo ist im Juli 1926 ein toter Leopard gefunden worden, Fotos und Berichte machten seinerzeit davon die Runde. In unserer Hütte roch es inzwischen auch ein wenig wie in einem Raubtierhaus. Denn wohin sollten wir mit den verschwitzten Sachen? Vor der Hütte gab es nur ein paar Steine – darüber trocknete nichts. Innen gab es aber ein paar Nägel, die in die Balken geschlagen waren. Also baumelten all unsere Sachen in der Mitte der Hütte am Nagel und müffelten vor sich hin. Man musste unter ihnen hindurchkriechen, um an die hinteren Betten zu kommen.

Dort, wo die Unerschrockenen hinter der Hütte im Bach gebadet hatten, erstreckte sich ein richtiger kleiner Senezienwald. Gespensterbaum stand an

Gespensterbaum, und wieder strich der Nebel durch die Stämme, dass man auf märchenhafte Gedanken kommen konnte. Diese Pflanzen wirkten so unwirklich, als seien sie aus einem längst vergangenen Zeitalter übrig geblieben und warteten noch immer unverdrossen auf die Rückkehr der Saurier. Doch die Saurier kommen nicht und die Senezien warten weiter bis zum Jüngsten Tag.

Unsere vertraute Schottenkarotischdecke lag in der Dinner-Hütte schon bereit, und wir nahmen nach dem Bad die Einladung zum nachmittäglichen Popcorn nur allzu gerne an. Dafür gab es das erste Gemaule, noch einen und immer noch einen weiteren Liter Tee oder Kaffee trinken zu müssen. Aber wir waren alle brav und wollten auch noch den nächsten und den übernächsten Tag gut überstehen. Und schließlich heißt „brave" im Englischen ja mutig, kühn und tapfer, und niemand hatte vor, sich schon hier, auf schlappen 3700 m die Blöße zu geben. Also rein mit dem Zeug! Und gar nicht daran denken, wie stockfinster und kalt die Nächte sind, wenn man noch einmal vor die Hütte muss, und der Morgen noch lange nicht graut. Weil man nun aber noch ein wenig höher steigen soll, als man letztlich schläft, machte ich mich nach dem Popcorn noch einmal auf den Weg. Anfangs nur etwas halbherzig, um nur mal das Lager von der Seite zu fotografieren oder von ein bisschen höher ... und schon war ich auf dem Weg. Nicht etwa in Wanderschuhen, sondern tatsächlich in den Jesuslatschen, mit denen ich vom Tee aufgestanden war.

Ein Stück oberhalb des Lagers teilte sich der Weg. Linkerhand kam man auf der „Lower Route" zur Kibo-Hütte, dem Ausgangspunkt für die meisten Gipfelstürmer. 9,26 km verhieß der Wegweiser. Überhaupt kein Problem in der Ebene, dreitausendsiebenhundert Meter zu unseren Füßen. Doch hier oben zählte jeder Kilometer doppelt, und weitere eintausend Meter höher würde alles drei- oder vierfach zählen. Rechterhand kam man auf der „Upper Route" nach 3,4 km zu den Zebra-Rocks, einer äußerst markanten, mehrfarbigen Felsformation, nach 5,49 km zur Mawenzi-Hütte, und auch ein Weg zur Kibo-Hütte war ausgeschildert, 10,16 km lang, und auf der oberen Route wahrscheinlich bei einer herrlichen Aussicht auf den Berg unserer Träume.
Bisher hatten wir den ja noch nicht zu Gesicht bekommen. Wenn der Wind die Wolken schon einmal auseinandertrieb, dann stets auf der bergabgewandten Seite.

Ich entschied mich für die Upper-Route, ein Stück zumindest, um vielleicht noch ein schönes Foto von oberhalb des Lagers zu schießen. Zudem ging es hier steiler aufwärts, man hatte die Pflichthöhenmeter schneller bewältigt und könnte wieder zu Tal.
Martin war auch alleine unterwegs und schloss zu mir auf. Und irgendwo geisterte außerdem noch der unverwüstliche Konstantin herum. Der war schon eher vom Tee- und Kaffeetisch aufgebrochen und inzwischen bestimmt schon auf dem halben Wege zum Kibo, um den Gipfel heute auch noch zu schaffen.

Zweite Etappe: Von der Mandara- zur Horombohütte

Welche Chagga-Ahnen auch immer für das Wetter verantwortlich waren – sie waren uns wohlgesonnen, und so wie wir Meter um Meter aufwärts schlappten – ich zumindest in meinen Latschen, immer darauf vorbereitet, mir nun doch irgendwann die Ohren zu brechen – klarte der Himmel auf und gab die Sicht auf den Mawenzi frei. Der war von uns aus praktisch schon in Reichweite. Unten in Moshi hatten wir ihn gesehen, als verschämten, kleinen Bruder des Kibo, dann noch einmal vom Kraterrand des Maundi aus, noch weit entfernt und als Wanderziel etwas unwirklich, und nun türmte er sich plötzlich vor uns auf und prahlte mit seiner atemberaubenden Kulisse. So spitz und hochaufragend macht er unbestreitbar mehr her als der Kibo, der einfach nur abgerundet in der Gegend herumsteht. Mit seinen 5148 m ist er immerhin Afrikas Drittgrößter.

Man soll jeden Tag ein bisschen höher steigen, als man schläft

Die Höhe war nun auch langsam zu spüren. Anfangs schob ich es noch darauf, den ganzen Tag auf den Beinen gewesen zu sein, doch letztlich ließ sich das Keuchen nicht ignorieren. Aber das war zweitrangig. Der Blick, der sich Martin und mir oberhalb des Lagers bot, war einmalig. Der Wind hatte die Wolken aus dem Tal getrieben, das der Bach in den Berghang gegraben hatte, und vor uns stand der Senezienwald in seiner ganzen Pracht. Die Gespensterbäume wirkten nun im Sonnenschein wie antike Säulen und das gesamte Ensemble wie die Überreste eines griechischen Tempels. Und darüber erhob sich der wundervolle Mawenzi so stolz, als sei er der griechische Olymp höchstpersönlich. Ich fühlte mich den alten Göttern ganz nah, und fragte mich, warum ich es noch immer nicht fertiggebracht hatte, den wirklichen Olymp zu besteigen.

Direkt am Weg erhob sich ein paar Meter über die Umgebung ein Fels, den nimmermüde Wanderer mit Steinmännchen vollgestellt hatten. Auch ich gab mein Steinchen dazu, zum Zeichen, dass ich hier gewesen war, zur Erbauung der umhergeisternden Chagga-Vorfahren, auf dass sie mir auf dem Weg zum Gipfel und wieder zurück wohlgesonnen blieben.

Der Steinmännchenfelsen war uns für diesen Tag genug zusätzliche Höhe. Wir lichteten uns gegenseitig mit unseren Kameras ab und traten den Rückweg an. Inzwischen waren die Wolken auch über dem Hüttendorf weggeblasen. Etwa zwanzig Spitzhütten mit schwarzen Dächern waren zu sehen, zwei silbergraue und sieben grüne Dächer, darunter die Mannschaftshütte für die Träger und ein Haufen bunte, vor allem orangefarbene Kleckse: die zusätzlichen Bergzelte.

Bei der Rückkehr hatten wir dann plötzlich noch eine Begegnung der eher unwahrscheinlichen Art. Ein Schakal, oder das, was wir fernseh- und zoogebildet für einen hielten, hatte sich bis in diese Höhe verirrt und schnürte nun wenige Meter vor uns von links nach rechts über den Weg.

Inzwischen neigte sich der Nachmittag seinem Ende entgegen. Das Tageslicht verlor seine grellen Töne. Es tauchte die Umgebung nun in wärmere Farben. Doch die Luft wurde kälter, Pullover waren bald bitter nötig und der kalte Wind zog auch durch die Jesuslatschen.

Wir standen vor der Verpflegungshütte wie auf einem Balkon und schauten auf die Ebene hinab. Unter uns lag Afrika mit seinen unendlichen Savannen. Irgendwo dort unten, so weit entfernt, dass wir es nicht sehen konnten, donnerten Gnuherden durch die Steppe, lagen Löwen auf der Lauer, stritten sich Geier und Hyänen um Gazellenkadaver, wühlten Elefanten und Flusspferde in den Wasserlöchern herum. Und ich stand, wenn auch noch nicht ganz oben, auf dem Berg meiner Träume und konnte es noch immer nicht ganz fassen. Ich machte mir ein ums andere Mal klar, dass es keine Schande wäre, es nicht bis ganz hinauf zu schaffen. Alleine hier zu sein, so hoch wie niemals vorher, war phantastisch, war das Größte, und ich fühlte mich sauwohl und war in bester Gesellschaft, weil unter Gleichgesinnten, denen es genauso ging wie mir. Die Aussicht wurde immer besser, und wir verbrachten einen Gutteil des restlichen Tages einfach nur damit, herumzulaufen und zu gucken. Von hier aus waren ein paar steinalte Lavaströme besonders gut zu sehen, über dem Kifinikahügel, diesem ebenmäßigen Kegel, zu dem ein Weg hinführte, aber keiner mehr zurück, türmte sich eine Wolke so markant auf, als wäre der Vulkan ein zweites Mal ausgebrochen. Einen Moment nur, dann war dieses zufällige Schauspiel der Natur wieder vorbei, doch ich hatte gerade noch Zeit, es mir auf einem Foto zu bewahren. Und als opulente Coda dieser Natursinfonie rissen schließlich auch noch die Wolken über dem Kibo auf, und wir sahen ihn nun zum allerersten Mal, seit wir in Marangu losgelaufen waren.

Am Äquator geht die Sonne stets um 18 Uhr unter. Zeit für das gemeinsame Treffen rund um die Schottenkaros, Herumgeflachse bei ungetoastetem und verbranntem Toast, Teebeuteln und Chilisoße. Und bei jedem Tag einen Liter mehr Kaffee oder Tee. Die Stimmung war bestens. Nicole, die mächtig verschnupft von ihren winterlichen Alpen herabgestiegen war, ging es inzwischen viel besser als noch im Regenwald, Konstantin spendierte uns Karnivoren weitherzig von seinem vegetarischen Gemüse, Assistenzarzt Odin wurde verpflichtet, Luftröhrenschnitte bei uns zu machen, wenn wir auf dem Gipfel nicht mehr genug Luft bekommen sollten, aber Odin weigerte sich, so etwas zu können. Sein Vater Oliver, als Psychiater aus dieser Verantwortung fein raus, feixte sich eins. Wir scannten die Leute an den anderen Tischen. Neben uns saßen Engländer, am Nachbartisch wurde schwerstes Bayrisch geknödelt, weiter hinten Amerikanisch breitgekaut, noch ein Stück weiter waschechtes Weanerisch genäselt. Wir waren also durchaus eine internationale Truppe mit gewissen verständlichen Schnittmengen.

Und dann bin ich aus der Hütte gestürzt, um gerade noch rechtzeitig den Moment mitzuerleben, an dem die rote Abenddämmerung in die tiefschwarze Nacht überging. Noch so ein unbeschreibliches Erlebnis. Eine Lektorin hat mir mal mit sehr viel Nachdruck erklärt, dass das Wort unbeschreiblich das einzige Wort sei, das ein Schriftsteller niemals verwenden dürfe. Jeder andere zu jeder Zeit andauernd, aber kein Schriftsteller. Recht hat sie. Aber unbeschreiblich in Worte zu fassen würde so manchen Text sprengen, auch diesen, und ich hätte Grund genug, es auf dieser Tour alle paar hundert Meter zu verwenden.
Es wurde schlagartig kalt. Richtig kalt. So kalt, dass uns bald nichts mehr in der Dinner-Hütte hielt, und wir unbeholfen zu den Liegeplätzen unserer Schlafsäcke zurückstolperten. Die Notwendigkeit, sich beizeiten mit den Stirnlampen zu bewaffnen, war noch nicht bei allen verinnerlicht, auch bei mir nicht, und ich habe mir auf dem Weg in die Schlafhütte mächtig den linken großen Zeh ramponiert.

Dann kamen die Unbequemlichkeiten der Nacht. Irgendwie schaffte ich es, im Liegen Cervantes' Don Quichotte mit einer Hand in den Lichtstrahl meiner Stirnlampe zu balancieren, aber so richtig amüsieren konnte ich mich in diesem kläglichen Zustand nicht über die Dämlichkeit des Ritters von der traurigen Gestalt.
Außerdem schnarchten natürlich wieder nur die anderen. Ich lag mit diesen hasenwachen Augen in meinem Schlafsack und kam beim besten Willen nicht in den Schlaf, grübelte nach über das apokalyptische Szenario, das mich möglicherweise nach dem Abstieg noch erwartete, denn ich hatte eine Reiseverlängerung nach Sansibar gebucht, aber nicht wirklich etwas Schriftliches in der Hand. Kein Voucher, keine Flugverbindung, ich wusste nicht einmal, ob ich überhaupt dorthin fliegen würde, und sah mich schon in einem vollgestopfen Überlandbus Richtung Dar es Salaam schaukeln. Bei Hausers hatte ich zwar nachgefragt, doch dort war mir lediglich versichert worden, das würde auf jeden Fall klargehen. Ich

67

würde meine Unterlagen vor Ort bekommen. Hatte ich aber nicht. Konnte ich wirklich erwarten, dass hier in der Wildnis die Reiseplanung unseres Veranstalters so reibungslos ablaufen würde wie ein Schweizer Uhrwerk? Die anderen würden mit dem Triumph des bezwungenen Gipfels im Herzen vom Hotel abgeholt werden und wieder auf den Flughafen fahren, ihren Flieger in die Zivilisation besteigen, und ich stünde da wie bestellt und nicht abgeholt, vergessen und unbeachtet, ohne Flug nach Sansibar und erst recht ohne Flug nach Hause. Das könnte ein Abenteuer werden, aber wie viel Abenteuer würde ich vertragen? Keine angenehmen Gedanken, wenn man sich eigentlich noch mit dem Hauptproblem beschäftigen musste, wie man überhaupt auf den Berg kommen wollte. Bisher war die Tour ein Spaziergang gewesen. Ich hatte drei wundervolle Tage erlebt, vollgestopft mit grandiosen Erlebnissen, aber das Glück ist mitunter ein flüchtiger Freund. Wir waren noch immer knapp 2200 Höhenmeter vom Gipfel entfernt, hatten also noch etliche Wanderkilometer vor uns, und ich hatte keine Vorstellung davon, was mich dort oben erwarten würde. Wahrscheinlich nichts Gutes. Was würde zuerst schlappmachen? Die Kondition? Die Beine? Der Wille? – Immerhin machte der Schlafsack wirklich das, was er sollte. Er wärmte mich und brachte mich gut durch die Nacht.

Akklimatisation: Zum Zebra-Rock und zurück

Sonnenaufgang * Kilimandscharisches Laufen * Gruppen-„Cheese!" am Zebrafelsen * Welch grandioses Panorama! * Pudelwohliger Abstieg

Am Äquator geht die Sonne immer um 6:00 Uhr auf. Auch am 7. März. Ich war eine halbe Stunde eher wach, erstaunlicherweise wieder ausgeruht und ohne jeden Gedanken an Don Quichotte und Sansibar, aber letztlich doch froh darüber, dass die Nacht vorüber war. Und ich war so geistesgegenwärtig, mit meiner Kamera auf den „Balkon" zu stürzen.
Den Sonnenaufgang hatte ich trotzdem nicht für mich alleine. Ein paar anderen Sonnenanbetern schien es ähnlich wie mir ergangen zu sein. Der Blick in die Ebene war grandios und uns Nestflüchtern vorbehalten. Ein paar hundert Höhenmeter unter uns ruhte das Wolkenmeer. Noch! Und dann erhob sich die Sonne über den Horizont. Groß und glutrot mit all ihrem Feuer. Sie war augenblicklich auf dem Gesicht zu spüren und kochte die Wolken, die Minuten später zu brodeln begannen und in die Höhe schossen. Nirgendwo sonst war mir deutlicher klargeworden, warum man mitunter von einer Wetterküche redete.

Die eigene Küche dagegen war nicht ein Hundertstel so spektakulär. Der Tag begann für uns wieder mit dem angebrannten Porridge. Wäre dies das einzige Essen gewesen, wäre ich wohl noch auf dem Weg nach oben verhungert. Zum Glück gab es noch Toastbrot mit Melone, Toastbrot mit Avocado, Toastbrot mit

Marmelade und Honig, und Toastbrot mit Toastbrot. Und damit die Marmelade nicht allzu sehr an dem Toastbrot festklebte, kam eine Schicht Margarine dazwischen. Für jemanden, der für sein Leben gerne Butter auf die Stulle schmiert – nach Möglichkeit irische Butter, weil die auf Grund des geringeren Wasseranteils auch bei tiefen Temperaturen viel schmierfähiger ist – war das eine sehr grenzwertige Erfahrung. Die tansanische Margarine ist selbst bei höheren Temperaturen noch so hart wie Stein. In der tropischen Savanne mag das sinnvoll sein, aber hier auf dem Berg, bei den morgendlichen Temperaturen von deutlich unter 10° C meinte man, mit dem Buttermesser winzige Splitter von einem Marmorblock abzuschneiden und diese auf dem Brot zu verteilen.

Auf jeden Fall wurden wir satt. Und es wäre sowieso unklug gewesen, sich maßlos vollzustopfen, also war es in Ordnung so. Zudem sinkt der Appetit in der Höhe immer mehr, und erst recht, wenn man mit diesem rasanten Tempo von eintausend Höhenmetern pro Tag aufsteigt. Zur Not konnte ich ja immer noch aushelfen mit meinen Traubenzuckervorräten, damit ich die nicht nutzlos auf den Berg schleppte, und konnte zehren von immer noch überzähligen Pfunden.

Dieser Tag würde ein Ruhetag werden. Wandern ja, aber nur gemach. Wir würden zur Hütte zurückkehren und bräuchten also unser Gepäck nicht mitzuschleppen. Mit nur dem Nötigsten ausgestattet, stiefelten wir los, und lernten heute unter der sachkundigen Anleitung von Deo das richtige kilimandscharische Laufen kennen. Heute war er nicht mehr die Nachhut, sondern der erste Mann in der Kolonne, der auch tatsächlich keinen an sich vorbeiließ. Alle mussten den Tippelschritt annehmen, mit dem er Tempo und Richtung vorgab, und diese Art zu Laufen ist nun wirklich recht außergewöhnlich.

Deo tippelte und schlurfte mit den Händen in den Hosentaschen den Berg hinauf. Das mit den Händen sah wahrscheinlich cooler aus, als es wirklich war, denn Deo nahm die Sache ab sofort richtig ernst. Keine Ausreißer mehr! Wer auf den Kibo kommen wollte, sollte sich daran halten, und auch an seine Art zu gehen!

Wir schlurften und tippelten also an dem Steinmännchenfelsen vorbei den Upper-Trail entlang, spielten Zeitlupe, setzten maximal einen halben Bergschuh vor den anderen, und fanden die Übung ganz schön lästig. Aber wer auf den Kibo will, muss verständnisvoll und konsensfähig sein.

Und wer langsam läuft, hat mehr Zeit zum Sehen. Vor allem war es wieder die Pflanzenwelt, die mich in ihren Bann zog. Wollgräser, die sicherlich ganz anders hießen, Kilimandscharo-Edelweiß, dessen richtigen Namen ich auch nicht kannte, kamillegelbe Blütendolden an Dornenbüschen, Erikabüsche in allen Formen und Größen, Strohblumen verschiedener Farben, Steine mit prähistorischen Pflanzenabdrücken, aber alles zusammen wurde beherrscht von den majestätischen Riesensenezien, die aussahen, als seien sie von einem anderen Stern. So staunend, wie ich nun den Weg entlangschritt, mussten sich die Kosmonauten in den Science-Fiction-Büchern vorgekommen sein, die ich zu jener Zeit gelesen hatte, als sie bei uns noch wissenschaftlich-phantastische Romane hießen.

Hochkommen

Der Weg führte zügig bergan. Wir hatten ständig den kleinen Bruder des Kibo vor Augen, den deutlich aufregenderen Mawenzi-Gipfel, an dem Hans Meyer auch nach drei Anläufen gescheitert war. Ein Gipfel, heutzutage für den Publikumsverkehr generell gesperrt, da seine Bezwingung zu gefährlich ist. Aus unserer Froschperspektive wirkte er massiv und solide. Aber kann man auf knapp viertausend Metern Höhe überhaupt von Froschperspektive sprechen? Gibt es in dieser Höhe irgendwo noch Frösche? Wir hatten nur noch die Weißnackenraben gesehen, die uns zum ersten Mal auf dem Rastplatz im Regenwald begegnet waren, den Schakal und ein paar Streifenmäuse.

Kam man dann näher an den Mawenzi heran, verlor er seine angebliche Solidität. Da türmten sich schmale, instabile Grate zwischen spitzen Felsnadeln auf, Gestein regnete bei jeder falschen Bewegung auf die Unteren einer Seilschaft herab, Hans Meyer hatte das in seinem Bericht „Ostafrikanische Gletscherfahrten. Forschungsreisen im Kilimandscharo-Gebiet" eindringlich beschrieben.

Doch für uns war der Mawenzi abgesehen von seiner grandiosen Kulisse kein Thema, im Gegensatz zu Hans Meyer, der hier heraufgekraxelt war, um geographisch, naturwissenschaftlich und publizistisch zu arbeiten und der sich ganz andere Grenzen gesteckt hatte. Allerdings hatte er auch sehr viel mehr Zeit für den Berg gehabt als wir. Sein Reisebericht liest sich auch heute noch spannend, und man sollte ihn sich unbedingt zweimal vornehmen. Einmal vor dem Aufstieg, um Respekt vor dem Berg zu bekommen, und ein zweites Mal danach, weil man erst dann richtig wertschätzen kann, was Hans Meyer unter den widrigen Bedingungen des 19. Jahrhunderts zustande gebracht hatte. Dieser Mann hätte sich freiwillig das Genick gebrochen für seine Sache. Wir dagegen waren nur ein Haufen Globetrottel, die ihrem Egotrip hinterherjagten, und insgeheim immer lauter gegen die eigenen Zweifel und Bedenken ansangen, auch wenn der Moment der Bewährung noch in weiter Ferne lag, und wir an diesem freien Tag in unserer freien Zeit einfach nur ein wenig durch die Gegend streiften, im Moment zufälligerweise gerade auf den Mawenzi zu.

Der Weg war breit und eben, einer dieser Parkwege wieder, und führte auf halber Höhe zwischen dem Seneziental und dem nördlich davon gelegenen Höhenzug entlang, linkerhand des Mawenzi auf einen Sattel zu, den der Abhang des Mawenzi mit dem nördlich gelegenen Höhenzug bildete. Dies war der „Upper-Trail", der von den Trägermannschaften weniger gerne begangen wurde, denn er ist auf dem ersten Stück recht steil. In der Literatur wird er allerdings empfohlen, weil er den schöneren Ausblick bietet. Auch wir würden am kommenden Tag den „Lower-Trail" nehmen, bekamen durch diesen Spaziergang aber trotzdem die Möglichkeit, uns an den Vorzügen des Upper-Trails sattzusehen.

Besagter nördlicher Höhenzug war unverkennbar eine Lavazunge, die sich in grauer Vorzeit vom Mawenzi ins Tal gewälzt hatte. Wir überwanden die Höhe, bis zu der die Senezien wuchsen, auch die Heidebüsche wurden nun immer kümmerlicher, alleine Trockengräser breiteten sich noch wie ein Teppich über die Hänge aus, immer wieder unterbrochen von einzelnen großen Gesteinsbrocken, die seit Jahrtausenden hier vor sich hin witterten, von Frost und Wind angenagt zersplitterten, und immer weniger wurden. Manche würden in tausend, größere in zehntausend Jahren verschwunden sein und ihren Liegeplatz für weiteres Trockengras freigeben. Die Natur ließ sich Zeit hier oben. Sie hatte Jahrmillionen gebraucht, um den Berg aufzuschichten, und würde Jahrmillionen brauchen, um ihn wieder einzuebnen. Alleine dass sie es tat, war gewiss. Große Dramen zwischen Pflanzen- und Fleischfressern waren hier oben nicht zu erwarten, und über die Gewalt, mit der die Pflanzen den Steinen die Mineralien aussaugten, über die Gewalt, mit der Eiseskälte und Sonnenhitze an den Felsen zerrten, und sie schließlich zerklüfteten, über die Gewalt, mit der die Winde die Anhöhen abschmirgelten, dichtete kein Sänger jemals ein Lied. Die Natur ließ sich eben Zeit und tat nur Selbstverständliches.

Auch Deo ließ sich Zeit und setzte zeitlupenartig einen halben Fuß vor den anderen. Und wir folgten ihm, begierig, weil wir nicht wussten, was uns erwartete, und abenteuerhungrig, weil jede Sicht auf die Umgebung, die sich uns hinter jeder neuen Wegbiegung offenbarte, völliges Neuland war, das wir mit unseren Augen erobern wollten.

Deo ließ sich Zeit, aber wir kamen erstaunlicherweise gut voran. Schon aus der Ferne war eine Stelle in dem Höhenzug auszumachen, wo die Flanke aufgerissen und ein Teil der Zunge abgebrochen war. Die zutage getretenen Bruchkanten hatten dem Zebra-Rock seinen Namen gegeben. Sie waren tatsächlich abwechselnd weiß und schwarz. Mit etwas Phantasie ließ sich ein riesenhaftes Zebra am Hang stehen sehen. Wahrscheinlich war über viele Jahre hinweg Sickerwasser in den Fels eingedrungen, hatte Mineralien eingeschwemmt, was Verfärbungen verursachte. Und irgendwann hatte das Wasser zusammen mit dem Frost den Felsen auseinandergesprengt.

Unweit des Zebrafelsens befand sich ein ebener Platz, vollgestellt mit Steinmännchen jeder Größe. Hier entledigten wir uns der Rucksäcke, wischten uns den Schweiß vom steilen Aufstieg ab, fragten uns, ob wir die 4000-Meter-Marke schon geknackt hatten, und machten uns über unseren Proviant her. Der eine hatte Kekse, der andere Traubenzucker oder irgendwelches Energiekomprimat, und – wie sollte es anders sein? – Konstantin zauberte eine Plasteflasche mit Chilisoße aus seinem Rucksack. Deo wurde erneut eingeladen, der stets darüber lachte, ein Lachen, das mich irgendwie immer an Louis Armstrong erinnerte: strahlend weiße, makellose Zähne in einem schwarzen, meist fröhlichen Gesicht. ‚Gleich fährt er sich noch einmal mit dem Taschentuch über's Gesicht, und dann setzt er die Trompete an!' ... aber es war doch wieder nur die Chiliflasche.

Von diesem Platz zweigte ein enger Pfad zum Zebra-Rock ab. Wir schichteten also auch unsere Steinchen auf die Steinmänner, und stiegen hinüber zur

Hochkommen

Zebrawand. Ein äußerst fotogener Felsen und ein idealer Hintergrund für ein Gruppenfoto. Nachdem ich meines im Kasten hatte, Rashid Iddi, einer unserer Assistant-Guides war so freundlich gewesen, auf den Auslöser zu drücken, kramte Nicole ihren Apparat hervor, und auch Martin wollte noch ein Foto. Denn Rashid konnte unter Umständen weder mit meiner noch mit Nicoles Kamera klargekommen sein, oder hatte gewackelt, und wir hatten vielleicht nicht richtig gelacht. Aber ein Bild vom Aufstieg, auf dem noch alle Mann lachen, könnte den Daheimgebliebenen beweisen, dass es so schlimm nicht gewesen war. Also riefen wir auch noch ein drittes Mal „Cheese!" und „Fromage!" in die Kamera, und räumten dann das Feld für die nächste Wandergruppe, die schon ungeduldig hinter uns wartete, ihre eigenen Gruppenfotos schießen zu können.

Chili!

Es ging weiter vorwärts auf einem Weg, nicht viel breiter als ein Trampelpfad, erst an der Zebraformation vorbei, dann den Hang steil hinauf über Stock und Stein, um endlich ganz sicher über die 4000 m geklettert zu sein. Das mühseligste Stück dieses Spaziergangs! Martin und Odin tauschten die vollkommen unterschiedlichen Messwerte ihrer Höhenmesser aus, doch wir entschieden, dies gar nicht so genau nehmen zu müssen. Noch nicht! Morgen würde auch dieser Rekord wieder fallen, dahingemeuchelt von der nächsten Höchstmarke mit einer noch kürzeren Halbwertszeit, und das fände erst ein Ende, wenn der Gipfel erreicht sein würde. Alleine dorthin zu kommen zählte, und wir hatten keine Ahnung, wie wir uns bis dorthin fühlen würden. Immer noch energisch und

Akklimatisation: Zum Zebra-Rock und zurück

tatendurstig? Oder schlapp und völlig ausgepowert? Sprachlos vor Rührung oder nur vor Atemnot? Oder so gaga, dass wir überhaupt nichts mehr merkten, weil nicht wir den Berg bezwungen hatten, sondern die Höhenkrankheit uns?
Ebenso hatten wir überhaupt keine Ahnung, was uns am oberen Ende unseres Trampelpfades erwarten würde. Wir konnten uns zwar ausrechnen, dann den Kibo zu sehen, uns in unseren kühnsten Träumen jedoch nicht das Panorama ausmalen, das uns tatsächlich bevorstand. Diesen Anblick ein Superlativ zu nennen, wäre noch arg untertrieben. Erst einmal über den Rücken des Berggrates gekommen, sahen wir den Kibo das erste Mal in seiner vollen Pracht und Größe und konnten doch immer noch nicht erahnen, was uns die kommenden zwei Tage widerfahren würde.
Zwischen uns und dem Kibo lag etwa 200 Höhenmeter tiefer eine kilometerweite Ebene, eben jene Entfernung zwischen den beiden grundverschiedenen Vulkanen Kibo und Mawenzi, die in den abertausend Jahren aufgefüllt, vollgespuckt und zugekippt worden war mit immer neuer Lava und immer neuer Asche aus immer neuen Ausbrüchen, bis sich dieses eine Bergmassiv des Kilimandscharos herausgebildet hatte. Man kann sich wunderbar vorstellen, wie die beiden Vulkane dabei miteinander gewetteifert hatten, natürlich in geologischer Langsamkeit, und mal wird der eine, mal der andere in größerem Zorn ausgebrochen sein. Letztlich haben sie den Raum zwischen sich aufgefüllt bis auf eine Höhe von reichlichen viereinhalbtausend Metern. Dann ging ihnen die Puste aus, und sie erodierten fortan nur noch und schickten den Erosionsschutt auf die Ebene hinunter.

Vor uns lag also der Kibo, rechterhand der Mawenzi, unter uns die Ebene, über uns strahlend blauer Himmel. Wir waren, auch wenn wir das natürlich noch nicht wussten, für den Rest unserer Tour durch die Wolken hindurch und hatten nichts mehr von oben zu befürchten.
Und wir hatten ein weiteres bisschen mehr der Vegetation hinter uns gelassen. Hier oben gediehen nur noch silberblättrige Strohblumen mit gelben Blüten und vereinzelt anderes, wirklich hartes Zeug. Doch das war vor der atemberaubenden Kulisse eher zweit-, wenn nicht sogar drittrangig. Der Kibo allein beherrschte das Panorama. Fast anderthalbtausend Meter erhob sich der riesige Brocken aus der Hochebene, noch einmal ein freistehender Berg auf dem höchsten freistehenden Berg der Welt. Er sah im Gegensatz zum schroffen, spitzen Mawenzi aus wie eine Kreispyramide, der man die obere Hälfte geraubt hatte. Wie ein alter Männerhut, den man achtlos auf die Ebene geworfen hatte. Ja, genau wie der Schlapphut, den Antoine de Saint-Exupéry auf den ersten Seiten des Kleinen Prinzen gemalt und beschrieben hatte, und der sich dann als eine riesige Schlange herausgestellt hatte, die einen Elefanten am Stück verschlungen hatte. Dieser Kibo vor uns war ein wahrhaft alter, mächtiger Elefant. Mit einer steingrauen Haut und einer weißen Decke aus Schnee und Eis. Vor ihm, unter ihm, quer vom linken Gesichtsrand bis auf den Sattel zwischen Kibo und Mawenzi,

war auf der Ebene deutlich der Weg auszumachen, den wir morgen gehen würden. Anscheinend schnurgerade führte er über Stock und Stein, über Geröll und Vulkanasche, immer geradeaus, und doch auch immer noch ein Stückchen höher mit jedem Schritt.

Der Kibo in seiner ganzen Herrlichkeit

In der Mitte des Weges waren zwei Toilettenhäuschen auszumachen, die einzigen menschengemachten Fixpunkte in diesem gewaltigen Naturtheater. Und wenn man das Fernglas bemühte oder ganz genau hinschaute, sah man auch die Wandererameisen, die sich den Pfad entlangquälten, die einen noch aufwärts kletternd, in ihren Gedanken sicher nur noch mit dem kommenden Aufstieg beschäftigt, die anderen schon wieder abwärts kriechend, mit ächzenden Knien und schmerzenden Knochen, vom Berg besiegt oder selber Sieger über den Berg. In einem leichten Anfall von Fernweh sehnte ich mich schon jetzt auf den Weg hinunter, genoss es trotzdem aus vollen Zügen, hier oben auf diesem herrlichen Aussichtspunkt zu stehen. Mein Fernglas ging herum. Ebenso tauschten wir die Fotoapparate aus: Jeder schoss Bilder von jedem aus jedem Blickwinkel vor jedem nur möglichen Hintergrund. Wir diskutierten über den kommenden Weg, wo er denn weiter hinter dem Sattel entlangführen würde, wie weit noch um den Berg herum und den Hang hinauf und an der Kibo-Hütte vorbei, die wir nicht ansteuern würden, weil unsere Matratzen in der School-Hütte auf uns warteten.

Wir überhäuften Deo mit Fragen, die er geduldig beantwortete. Wir suchten den Kibo nach irgendwelchen Anzeichen auf die anderen Aufstiegsmöglichkeiten ab, die sich in dieser Entfernung im Schotter allerdings verloren. Wir mutmaßten, wo genau der Gipfel sein würde, ob wir ihn schon aus dieser Perspektive sehen könnten und schauten, schauten, schauten. Der Mawenzi war hier ganz nahe. Er wirkte noch immer wie ein massiver Fels, obwohl er nichts weiter war als schartiges Schottergestein, so instabil aufgetürmt, dass es verboten war, ihn überhaupt zu betreten. Der rebellische kleine Bruder des großen Kibo hatte gewiss schon etliche sorglose Wanderer auf dem Gewissen, und anders als sein höhenmordender Bruder bevorzugte er eben die rohe Gewalt. Dabei lag er so friedlich da, umschmeichelt vom Sonnenschein, als könne ihm sein schlechter Leumund überhaupt nichts anhaben. Er war der Schöne, der auf jeder Party die Blicke auf sich zog, der eingebildete Herzensbrecher, sich seiner Qualitäten durchaus bewusst, ein Angeber, in den man sich augenblicklich verlieben konnte. Doch wir hatten uns allesamt dem Kibo versprochen, mit Haut und Haar, Trekkingstock und Wanderschuh.

Eine gefühlte Stunde später machten wir uns wieder an den Abstieg. Höher wollten wir heute nicht mehr hinaus, nach dem leichten Training des Kreislaufes war jetzt das Training der Gelenke an der Reihe. Wir wussten nun, was vom morgigen Tag zu erwarten war, und stolperten mit dem gewaltigen Panorama im Kopf zur Horombo-Hütte zurück, vorbei an den Strohblumen, vorbei am Zebra-Rock, hinunter ins Seneziental, in die Vegetation und in die Zivilisation. Die Füße taten ein bisschen weh, doch das störte uns nicht. Das würde morgen und übermorgen noch viel ärger werden. Das wussten wir, das hatten wir so gewollt, und würden auch dann nicht jammern, wenn es kaum noch auszuhalten war. Im Moment ging es uns hervorragend, wir fühlten uns pudelwohl, wie der Mops in der Küche, wie die Sau in der Suhle, waren übermütig und hatten längst wieder sämtliche Ermahnungen Deos vergessen, was das „pole-pole"-Wandern anging. Heute war ein schöner Tag, und zumindest morgen würde es noch schöner werden. Deo ließ uns ziehen, mit seinem fröhlichen Lachen auf dem Gesicht, strahlend weiße Zähne auf schwarzem Grund. Er und seine Assistant-Guides bildeten die Nachhut. Sie waren allesamt mitgekommen, wohl, um uns einzeln hinunterzubegleiten, falls es uns nicht gutgehen sollte und hatten dabei genauso wie wir einen entspannten Spaziergang genossen. Die Träger waren an der Hütte geblieben. Sie würden morgen wieder ihren Knochenjob machen müssen, Zentnerlasten den Berg hinaufbuckeln, und trotzdem für jeden, dem sie begegneten, ein fröhliches „Jambo!" parat haben und wir ein nicht minder fröhliches „Mambo poa!"

Der Rest des Tages war Hüttenalltag. Die Dinge zurechtlegen, die man am kommenden Tag im Tagesrucksack mit sich führen wollte, ein wenig lesen, mit den anderen erzählen, und immer wieder herumlaufen, um in der Zeit, die einem zur Verfügung stand, möglichst viel in sich aufzunehmen. Um später Bergsteigergarn für die Daheimgebliebenen spinnen zu können.

Hochkommen

Zum Popcorn und zur Abendmahlzeit fanden wir uns alle ums Schottenkaro ein, klagten über das viel zu viele Trinken und kippten den nächsten halben Liter Tee in uns hinein. Wir verhandelten mit Deo über den kommenden Morgen, da. wir inzwischen wussten, dass wir auch nach der nächsten scheinbar durchwachten Nacht nichts lieber täten, als unseren Schlafsack zu verlassen, um weiter und weiter und weiter zu wandern. Um neun Uhr wollte Deo starten, aber wir schwatzten ihm eine halbe Stunde ab.

Hüttenalltag

Zum Abendbrot gab es dann Hühnchen – gekochte Beinchen, die überhaupt nichts mit den von daheim gewöhnten Broilerkeulen gemein hatten. Wir kauten auf so etwas Kleinem wie Taubenbeinchen herum. Aber das waren nun einmal die echten Vögel, die Mutter Natur erschaffen hatte, und die waren eben ein ganzes Stück kleiner, fleischärmer und trockener als die Ergebnisse unserer industriellen Massentierhaltung. Dazu gab es Duftreis mit Erbsen, Paprika, Zucchini, die üblichen Dinge wie Toastbrot, die allabendlich auf dem Tisch standen und die satt machten. Es bestand nach wie vor kein Grund zur Klage über das Essen, abgesehen davon, dass in der Höhe immer mehr der Appetit wegblieb, obwohl wir doch reichlich Kalorien verbrauchten, die nachgefüllt werden mussten. Ein Zeichen dafür, dass sich der Körper wohl doch nicht mit den eintausend Metern Höhenzuwachs pro Tag anfreunden wollte, auch wenn er es dennoch tat und uns am nächsten Tag munter weiterwandern ließ. Deshalb ist auch allen kommenden Kibobezwingern dringend anzuraten, wenigstens diesen einen Tag der Ruhe und

Gewöhnung mitzunehmen. Man betreibt sowieso schon Raubbau an seinem Körper, an dem Partner, auf den man sich verlassen können muss, der aber irgendwann nicht mehr so kann, wie der eigene Wille will. Letztlich aber müssen beide rauf auf den Berg.
Was folgte, war die scheinbar dritte schlaflose Nacht. Wir gewöhnten uns langsam daran ...

Dritte Etappe: Von der Horombo- zur School-Hütte

Abnabeln am Frauentag * Zur Hochebene hinauf * Kilimandscharo 1:1000 * Wissenswertes und Unappetitliches über die Höhenkrankheit * Jane – Live At Home * Über die Hochebene zum Sattel * Picknick auf viereinhalbtausend Metern Höhe * Schneegrenze * Ende der Kondition * Die School-Hütte – endlich! * Ausruhen – ohne Erholung * Deos letzte unangenehme Worte * Schlafloses Warten auf die Mitte der Nacht)

... und waren am kommenden Morgen wie an jedem Morgen viel zu schnell für unsere Träger. Als wir gewaschen und mit geputzten Zähnen vom Waschhaus zu unserer Hütte zurückgeschlendert kamen, brachten sie uns Schüsseln mit warmem Wasser, um uns das Aufstehen so angenehm wie möglich zu machen. Als wir frühstücken wollten, deckten sie gerade erst den Tisch, und als wir abmarschieren wollten, kramten sie so lange geschäftig mit dem Gepäck herum, dass unsere Deo abgetrotzte halbe Stunde dahinschmolz und sich rückstandslos auflöste, wie der Schnee auf dem Kilimandscharo. Letztlich waren sie um 9 Uhr fertig, pünktlich auf die Minute nach ihrer Zeitrechnung, und lehrten uns ein weiteres Mal „pole-pole".
So blieb uns die Zeit, entspannt die letzten SMS nach daheim zu versenden. Versehen mit den besten Glückwünschen zum Internationalen Frauentag. Schließlich schrieben wir den 8. März, und die Frauen standen, zwei Stunden in der Zeit zurück, zu Hause gerade erst auf.
Nicole wurde besonders beglückwünscht und war eher überrascht, als geehrt.
Außerdem waren diese letzten SMS ein Abnabeln von denen, die mit uns in der etwa 6500 km entfernten Heimat mitfieberten. An der Horombo-Hütte gab es die letzte sichere Verbindung in die weite Welt. Es war kaum noch wahrscheinlich, weiter oben die eine oder andere Funkwelle zu erhaschen. Bisher waren wir wie durch eine virtuelle Nabelschnur mit unseren Familien verbunden gewesen, doch das würde nun für die nächsten dreißig Stunden vorbei sein. Und wir waren selber diejenigen, die jene Schritte gingen, die unsere Nabelschnüre zum Zerreißen brachten. Ein komisches Gefühl, wenn man es so durchdachte. Aber die Daheimgebliebenen waren instruiert, sich keine Gedanken zu machen, womit die Sache erst einmal erledigt sein musste. Wir hatten hier schließlich viel mehr Probleme, als sich mit dürren hundertsechzig Zeichen funken ließ. Vor allem

dicke Schädel wegen der durchwachten Nächte und flaue Mägen wegen der kommenden Tage.

Dabei empfing uns dieser Tag noch prächtiger als der vorhergehende. Die Kulisse war natürlich dieselbe, ein Hüttendorf auf 3700 m im Abhang eines Berges, gesäumt von mächtigen Felsen und absonderlichen Pflanzen. Die Luft war klarer, die Sonne heller, die Wolkenschicht unter uns dichter, und das Wolkenballett, das bald darauf einsetzte, die ganz große Naturkunst!

Kibo 1:1 und Kilimandscharo 1 : 1000

Der Kibo war wolkenfrei, abgesehen von ein paar kaum sichtbaren Schleierwolken, die sich zudem im Laufe des Tages weitestgehend auflösten. Dementsprechend dick eingepackt machten wir uns auf den Weg, zirka 10 km und eintausend Höhenmeter von der Horombo-Hütte zur School-Hütte, quer durch die nächste Klimazone, eine alpine Wüste. Wir würden so blass aus Afrika zurückkehren, wie wir nach dorthin aufgebrochen waren. In dieser Höhe war lange, alles bedeckende Kleidung inzwischen unerlässlich. Auch der Rest der Haut war auf Grund der starken UV-Strahlung in dieser Höhe sonnenschutzcremeversiegelt. Beim Aufbruch mochten es knapp über zehn Grad gewesen sein, doch die Sonne hatte auch hier oben erstaunliche Kraft. Wir wären ins Schwitzen geraten, hätten wir uns nun nicht mit aller Ernsthaftigkeit an Deos Zeitlupenschrittzahl gehalten. Bergsteigers Langsamkeitsballett!

Der Anstieg jenseits der Horombo-Hütte war bescheiden, aber deutlich. Gut geeignet, um Tritt zu fassen und um ausgeruht die ersten Höhenmeter hinter sich

Dritte Etappe: Von der Horombo- zur School-Hütte

zu bringen. Noch lagen vor uns die „nördlichen" Ausläufer der Heide- und Hochmoorzone, Strohblumen und Erikagesträuch, silbergrüne Vegetationskissen und Disteln und noch einmal beeindruckende Senezien. Der Weg erschien uns erneut wie eine zweitausendjährige, verwitterte Via Appia mit rundgewitterten Pflastersteinen, halsbrecherisch, wenn man sich nicht vorsah, doch für einen trittsicheren Wanderer in ordentlichem Schuhwerk kein wirkliches Problem. Den Problemfällen sollten wir an diesem Tag auf jeden Fall noch begegnen.

Die Sortierung der letzten Tage war schnell wiederhergestellt. Vorneweg die „Black Stories"-Rätsler, hinterdrein die schweigsameren Wanderer, ich selber ziemlich weit hinten, ständig durch atemberaubende Fotomotive ausgebremst, die gesamte Gruppe eingerahmt vom Guide und den Assistant Guides. Nachdem wir mit dem ersten Anstieg einen weiteren Höhenrücken hinter uns gelassen hatten, gewiss auch eine zu Tal geflossene Lavazunge, lag vor uns die Hochebene.

War bis zu diesem Moment der Blick seitwärts ins Tal der ultimative visuelle Kick gewesen, nahm uns von nun an das Panorama der Hochebene gefangen. Kompromisslos und ohne jedwedes verstohlene Schielen nach anderswohin. Vor uns lag in acht, neun Kilometern Entfernung ein wahrhaft riesiger Klotz. Weißbepudert, mächtig aufragend, die Gletscher gut sichtbar, und der Gipfelpunkt irgendwo auf der linken Seite. Wir würden von nun an den gesamten Tag lang unseren Blick nicht mehr von diesem Ziel abwenden können, selbst wenn wir immer wieder nach Osten schauten, zum kleinen Bruder, dem koketten Mawenzi. Der war ein herrlicher Berg, eine Augenweide für alle, die es abenteuerlich oder überwältigend mögen. Der Star eben unter den rar gesäten Gipfeln der Umgebung.

Der Anblick der Ebene suggerierte uns einen Weg ohne jegliche Steigung, obwohl es stetig weiter bergan ging, und jenseits mehrerer Höhenrücken sogar wieder bergab. Was an diesem Tag zählte, war die Kondition. Am Anfang des Tages war das zwar noch kein Thema gewesen, aber der Tag würde verdammt lang werden. Genau darauf waren wir vorbereitet worden.

Die Grenze zwischen den Klimazonen war fließend, natürlich, doch so sehr meine Aufmerksamkeit auch den Bildern um mich herum gegolten hatte, so wenig konnte ich später etwas zu dieser Grenze sagen. Letztlich bin ich zu diesem Zeitpunkt einfach geradeaus gestolpert, abgelenkt durch tausenderlei andere Eindrücke, um hunderte Meter später wahrzunehmen, dass sich um mich herum etwas grundlegend geändert hatte.

An einer Wegbiegung passierten wir einen dreigeteilten, mannshohen Felsen, an dem ich achtlos vorübergegangen wäre, wenn Frederick mich nicht darauf hingewiesen hätte, dass dies ein ganz besonderes Naturdenkmal sei: Der Kilimandscharo, noch ein zweites Mal von Wind und Wetter geformt, doch diesmal eben nur im Miniaturformat. Und tatsächlich! Wenn man sich den Felsen genau anschaute, erkannte man den fast abgetragenen Shira, den mächtigen Kibo und den zerklüfteten Mawenzi, selbstverständlich alle in der richtigen Reihenfolge und in der korrekten Himmelsrichtung angeordnet. Da sage einer, die Natur sei willkürlich! Auch sie scheint auf Althergebrachtes und Bewährtes zurückzugreifen, und Fahrräder, wenn sie denn besonders schön sind, mitunter noch ein zweites Mal zu erfinden. Wie die Flügel von Fledermäusen und Vögeln, wie die Schnäbel von Enten und Schnabeltieren, wie die aalglatte Gestalt von Aalen, Blindschleichen und Schlangen ...

Last Water Point

Es geht einem so manches durch den Kopf, wenn man stupiden Fußes durch die Landschaft stiefelt und mit der ungewohnten Höhe, mit all seinen Erwartungen und Eindrücken kämpft, und zur selben Zeit daheim entspannt auf dem Sofa liegen könnte. Mittlerweile hatten wie die 4000 m über dem Meeresspiegel längst wieder überschritten, näherten uns der 4100'er Marke und stiegen noch einmal in eine markante Senke ab. Hier stießen wie auf die Toilettenhäuschen, die wir am Vortag von den Zebra-Rocks aus gesehen hatten. Hier befand sich ein Picknick-Platz, ein mit Steinen markierter Hubschrauberlandeplatz und – „The Last Water Point" – die allerletzte Möglichkeit, noch einmal für den Weg nach oben Wasser zu fassen. Ein winziges Wasserloch nur, ein Tümpel, umstanden von Gräsern und Strohblumen, und nicht sehr lecker anzuschauen. Unser Trinkwasser kam zum Glück aus den Kanistern, die Jodos Didas, Jumapil Mtinangi oder Nicolous Tem den Berg hinauftrugen. Wo es unsere Träger allerdings herhatten, haben wir lieber nie hinterfragt. Es war laut Hauser gefiltert und abgekocht. Tee und Kaffee waren in Ordnung gewesen und hatten keinem von uns Probleme bereitet, abgesehen davon, dass die gewaltigen Mengen ständig im Wanst hin- und herschwappten und uns nachts in die kalte, sternenklare Nacht hinaustrieben. Wir nahmen uns die Zeit für eine kurze Rast, aber dies war noch nicht der Punkt, an dem wir unsere Lunchpakete plünderten. Im Moment waren wir noch guter Dinge, auch wenn uns inzwischen die ersten Wanderer entgegenkamen, die es eindeutig nicht geschafft hatten.

Dies war also der Zeitpunkt, an dem das Gespenst, von dem wir die ganze Zeit gehört und gelesen hatten, endlich sein Gesicht zeigte. Wir sahen zum ersten Mal die Auswirkungen der Höhenkrankheit, die uns in unseren Vorbereitungen, in unserem Verhalten die ganze Zeit beschäftigt hatte. Wir hatten unsere faulen Witze darüber gerissen, doch nun blickten wir der Realität in die abscheuliche Fratze. Kein schöner Anblick. Da wurden Leute den Berg heruntergeleitet, rechts und links von Trägern oder Guides untergehakt, die nicht mehr Herr oder Frau ihrer Sinne waren. Leute, die nicht mehr ohne fremde Hilfe geradeaus laufen konnten, denen der Gleichgewichtssinn fehlte, denen speiübel war, die vor rasenden Kopfschmerzen nicht mehr richtig sehen konnten ... Ich habe auf der Tour so ziemlich alles fotografiert, was mir vor die Linse gekommen ist. Von diesen Leuten aber habe ich aus Anstand kein einziges Foto gemacht, sondern mir nur schaudernd vorgestellt, dass ich in vierundzwanzig Stunden ganz genau so aussehen könnte. Adaption, Akklimatisation und Höhenkrankheit war, was hier über Wohl oder Wehe, über Erfolg oder Niederlage unserer Wanderung entschied.

Die Adaptation oder verkürzt auch Adaption genannt, ist die Anpassungsfähigkeit des Körpers auf sich ändernde äußere Begleitumstände, sozusagen die augenblickliche Reaktion des Körpers auf die freiwillige Schinderei. Wenn ich einen Berg hinauflaufe, fange ich an zu keuchen, weil der Körper mehr stoffwechseln muss, und also mehr Energie verbrennt und dafür mehr Sauerstoff verlangt. Wenn ich fit bin, ist das kein Problem, ansonsten muss ich langsamer laufen. Pole-pole!

Die Akklimatisation ist die langfristige Anpassung eines Organismus an die sich ändernden Umweltfaktoren. Wenn ich also meinem Körper die Zeit gebe, darauf zu reagieren, dass in der Höhe die Luft dünner wird und die Sauerstoffmoleküle seltener sind, wird mein Körper darauf reagieren, indem er mehr rote Blutkörper bildet, um den eben noch vorhandenen Sauerstoff effektiver abtransportieren zu können. Doch dazu braucht er Zeit. Deutlich mehr, als ihm auf solchen Touren zugebilligt wird. Empfohlen wird, nicht mehr als dreihundert Höhenmeter am Tag aufzusteigen. Die Abenteurer der früheren Jahrhunderte, die antraten, die weißen Flecken von den Landkarten zu tilgen, waren auch nicht schneller vorangekommen. Sie hatten sich durch Landschaften kämpfen müssen, die überhaupt noch nicht erschlossen waren. Keine Parkwege durch friedvolle

Regenwälder. Keine Brücken über zu Tal schießende Wildbäche. Keine Drahtseilbahnen über unpassierbare Schluchten.

Manche der damaligen Forscher hatten schon bei zwei-, dreitausend Metern aufgeben müssen, andere kamen bis auf viertausend Meter. Richard Thornton, Baron Carl Claus von der Decken, Charles New, Gustav Fischer, Harry Hamilton Johnston und etliche andere seien zum individuellen Nachschlagen genannt. Und letztlich natürlich Hans Meyer und Ludwig Purtscheller, die es am 6. Oktober 1889 tatsächlich als erste bis auf den Gipfel schafften.

Sie alle hatten viel mehr Zeit zur Verfügung gehabt. Auf niemanden wartete damals sechs Tage nach der Ankunft das fix und fertig gebuchte Flugzeug zum Rückflug.

Wir Touristen dagegen erobern eintausend Höhenmeter pro Tag im Sturm und bezahlen schlimmstenfalls dafür mit unserer Gesundheit.

Die Höhenkrankheit ist zwar unter den Bergwanderern und Bergsteigern in aller Munde, aber ihr Mechanismus ist noch immer nicht bis ins Allerkleinste erforscht. Sie entsteht aus dem Zusammenspiel von zu schnell gewonnener Höhe und dem in dieser Höhe immer geringeren atmosphärischen Druck und daraus resultierendem Sauerstoffmangel. Der Körper, der für diese Höhen nicht geschaffen ist, reagiert mit Funktionsausfällen: Kopfschmerzen, Appetitlosigkeit, Atemstörungen, plötzlichem Leistungsabfall, Herzrasen, Schwindelgefühlen, Übelkeit, Halluzinationen. Auch die vermeintliche Schlaflosigkeit, die uns seit der Mandara-Hütte begleitete, zählte mit dazu. Flüssigkeitsansammlungen unter der Haut, in der Lunge, im Gehirn ... die unappetitliche Aufzählung ließe sich noch eine ganze Weile fortsetzen. Etwa ein Drittel der Menschen ist davon betroffen, wenn sie schneller als 2500 m am Tag aufsteigen. Nun sind die Etappen am Kilimandscharo zwar so gestrickt, dass man selten mehr als eintausend Höhenmeter am Tag aufsteigt, aber in der doch schon ziemlich heftigen Höhe von vier-, fünf, sechstausend Metern sind auch Faustregeln nichts mehr wert. Man kann sich nur in gewissen Maßen vorbereiten, durch Konditionstraining den Körper fit machen, aber es erwischt auch immer wieder muckibudengestählte Durchreißer, die Kraft ihrer Selbstüberschätzung ein paar hundert Höhenmeter vor dem Gipfel schwer auf die Nase fallen. Letztlich handelt es sich eben nicht nur um ein Schwindelgefühl. Wer von der Höhenkrankheit heimgesucht wird – sie kommt, wenn sie kommt, mit einem Schlag – der muss runter vom Berg! Ein Ausruhen reicht nicht, Weiterlaufen, auch wenn es nur noch ein Viertelstündchen bis zum Gipfel ist, kann tödlich sein. Es sterben nach wie vor jedes Jahr am Kilimandscharo mehrere Menschen, Touristen und Träger, an Lungen- oder Gehirnödemen, verursacht von der Höhenkrankheit. Und der Tod durch Selbstüberschätzung wäre nun wirklich der blödeste, der sinnloseste aller Urlaubstode.

Mediziner haben herausgefunden, dass eine intakte Nierenfunktion den Ausfällen in gewisser Weise entgegensteuern kann. Das ist ein Grund für die über-

Dritte Etappe: Von der Horombo- zur School-Hütte

mäßige Wassertrinkerei am Berg. Doch auch das funktioniert wohl nur bis in 7000 Metern Höhe.

Letztlich kommt es auf jeden selber an, wie er das Trinken und „pole-pole" praktiziert. Doch auch damit hat er noch immer nicht die Garantie, Gipfelkönig zu werden. Frederick hatte uns zwar versprochen, uns alle bis ganz nach oben zu bringen, doch nach dem Anblick der ersten Höhenkranken konnten wir ihm das noch weniger glauben als an jenem Abend unten in Moshi im Impala-Hotel.

Der andere Grund für die übermäßige Wassertrinkerei ist ganz einfach der rabiate Flüssigkeitsverlust, dem man in diesen Höhen ausgesetzt ist. Die Luft ist so trocken, dass sie die Flüssigkeit, die man abgibt, nicht nur aufsaugt wie ein trockener Schwamm, sondern wie gieriges Löschpapier. Wer läuft, schwitzt auch und gibt Wasser ab. Je dünner die Luft wird, je mehr die Anstrengung zunimmt – und sie nimmt zu! – umso mehr erhöht sich die Atemfrequenz, und man gibt weiteres Wasser ab. Alleine über die Atemluft verliert man am Tag mehrere Liter. Wir bestehen zu 50-65 % aus Wasser und funktionieren nur dann richtig, wenn ihm dieser Anteil erhalten bleibt. Also noch einen Tee, noch einen Becher Kaffee, noch eine Flasche Wasser. Trinken, trinken, trinken, als wäre dies die einzige Hauptbeschäftigung des unermüdlichen Wandersmanns.

Über den Mawenzi-Berggrat auf die Hochebene

Dafür die Pausen! Um an eine der vielen Wasserflaschen zu gelangen, die man glucksend mit sich im Rucksack herumschleppt. Wandern auf dem Kilimandscharo ist nun einmal anders als in den österreichischen Alpen, wo man alle paar Kilometer in die nächste Berghütte auf die nächste Maß Zipfer-Pilsner einkehren kann.

Der einzige von uns, der davon unberührt blieb, war Martin, der einen Wassersack in seinem Rucksack verborgen hatte, mit einem Trinkschlauch, der ihm direkt in den Mund ragte.

Zurück zur Hochebene! Zurück zum 8. März 2012, etwa zwölf Uhr mittags. Jenseits des Picknickplatzes, stieß auf dem Buckel des nächsten Höhenzuges von rechts her ein schmaler Trampelpfad auf unseren Weg. Eine Tafel verriet uns, dass dies der Mawenzi-Ridge sei, der Mawenzi-Berggrat, beziehungsweise der unbedeutende Trampelpfad, der dorthin führte. Jemand hatte mit einer Spraydose eine große 13500 auf einen Fels gesprüht, was wir als eine Höhenangabe in Fuß deuteten. Dort stand also Gelb auf Braun, dass wir uns 13500 Fuß mal 0,3048 in 4114 Metern Höhe befanden. Martin und Odin zückten ihre Höhenmesser, die jeweils andere Ergebnisse anzeigten, tauschten sich über Sinn, Unsinn, Genauigkeit und Unzuverlässigkeit der Geräte aus, und fachsimpelten über Funktionsweisen und Eichungen. Jenseits des Buckels lag die Pflanzenwelt nun endgültig hinter und die Steinwüste vor uns. Ab nun gab es außer den Steinen nur noch Moose und Flechten und das überwältigende Panorama.

Die Hannoveraner Krautrockband Jane hatte 1976 ein vielbeachtetes Live-Doppelalbum veröffentlicht, das über dunkle Kanäle bis in die DDR gekommen war, und, tausend Male auf Spulentonbänder und Kassetten kopiert, seinen Weg zu den Fans und also auch zu mir gefunden hatte. „Live at Home" hat ein beeindruckendes Cover: eine braune, öde Steinwüste und sonst gar nichts. Warum illustriert eine niedersächsische Rockband ihre Musik mit so einem absonderlichen Motiv, hatte ich mich damals gefragt, aber keine Antwort gefunden. Immerhin hatte das Cover Fernweh in mir ausgelöst. Eines von den vielen Fernwehs, mit denen ich mich bis auf den heutigen Tag so gerne herumschlage. Wo war das Bild aufgenommen worden? Lohnte es sich, dorthin zu wollen? Zweimal auf meinen Reisen hatte ich die unbedingte Gewissheit, endlich das Original der Schallplattenhülle entdeckt zu haben. Zum einen in der Caldera des Teide, und zum anderen hier auf der Hochebene des Kilimandscharo. Um jedes Mal nach der Heimkehr die Fotos mit dem Plattencover zu vergleichen und festzustellen, dass dies wohl doch nur Einbildung gewesen war. Ich weiß bis heute nicht, wo das Bild gemacht worden ist, und will es vielleicht auch gar nicht wissen. Es immer wieder in neuen, öden, trostlosen Steinwüsten zu finden, ist viel spannender, als das Rätsel ein für allemal zu lösen. Zumindest begleitete mich an jenem Nachmittag in meinen Gedanken die Musik von Jane über die wundervolle, alpine, afrikanische Steinwüste.

Man stelle sich die Farbtöne vor! Kein Grün mehr, es sein denn, ein grüngekleideter Träger käme einem entgegen. Nur noch rote, braune und schwarze Töne. Allerdings in einer so unglaublichen Vielfalt, dass dieses Bild alles andere als

Dritte Etappe: Von der Horombo- zur School-Hütte

öde wirkt. Dazu die Weite der Hochebene zur Linken, die Mächtigkeit des Kibo geradeaus und die Eleganz des Mawenzi zur Rechten. Mit jedem Schritt wuchs der Kibo weiter zu einem Ungetüm heran, mit jedem Schritt betrachtete man dieses Ungetüm bangeren Herzens, weil das, was man in der Nacht noch vor sich hatte, sich eben immer mehr bedrohlich näherte.

Kein schlimmer Weg!

Dort, wo Kibo und Mawenzi aus der Ebene aufragten, waren die ersten Schneefelder auszumachen. Bis dorthin war es immer noch ein weiter Weg. Kein schlimmer Weg, entgegen der Behauptungen vieler anderer in ihren Reiseberichten. Für uns war es definitiv kein „Tal der Tränen", verspottet von „Unermüdlichen, die noch genügend Puste dazu hatten". Doch wir hatten auch mit keinerlei Widrigkeiten zu kämpfen, weder mit unverhofften Wetterumbrüchen und undurchdringlichen Nebelfeldern, noch mit Regen, Schnee oder Hagel. Lediglich der Wind wurde straffer und mit zunehmender Höhe kälter. Also nichts, was wirklich überraschte. Wir wurden geradezu unanständig verwöhnt von einer strahlenden Sonne und einem beinahe wolkenlosen, tiefblauen Himmel. Das sorgt sicher auch dafür, dass dieser Abschnitt einer der schönsten der gesamten Tour wurde, wenn man natürlich von dem fantastischen Regenwald und unzähligen anderen, ganz besonderen Eindrücken entlang des gesamten Weges absieht.

Und trotzdem zog sich die Strecke. Auf dem Sattel, am tiefsten Punkt zwischen Kibo und Mawenzi, hielten wir endlich unsere Mittagsrast. Und so, wie wir zur

Hochkommen

Ruhe kamen, meldeten sich die strapazierten Knochen und die dicken Füße doch. Das Lunchpaket wurde geplündert, das traurige, kleine Hühnerbeinchen mit der Toastbrotscheibe vermengt, Käse wurde gegen Saft getauscht, Limettenviertel gegen Kekse. Wir lagerten zwischen großen Steinblöcken, von Wind und Frost rundgeschliffen, und waren hier, auf viereinhalbtausend Metern unglaublicherweise immer noch bester Dinge. Wir erklärten Nicole, wie man den Müll, kunstfertig in die Lunchtüte eingedreht, formvollendet durch die Botanik schleuderte, und Nicole, die das einen Moment lang für bare Münze gehalten hatte, fürchtete um ihre Alpen und dass wir dort eines Tages aufschlagen könnten. Wir machten rüde Scherze, auch über die Verpeilten, die man vor unseren Augen den Berg heruntergeführt hatte, und waren uns sehr wohl über die Unfairness unseres Galgenhumors im Klaren. Aber das Wetter war phantastisch, ganz einfach weitaus besser, als wir erwarten durften. Jeder weitere Schritt würde ein weiterer Höhenrekord werden, den wir genießen konnten, weil es tatsächlich etwas zu sehen gab. Mit dem Eintritt in die Zone, in der Schneefelder liegen geblieben waren, gab es auch wieder ein paar Pflanzen zu sehen. Vornehmlich Seggen, Gräser also, die in kalten und klimatisch gemäßigten Zonen vorkommen, zum Beispiel an der Nord- oder Ostsee. Mir ist unklar, wie sie den Weg von der Nordsee bis nach Afrika jenseits des Äquators gefunden hatten, aber sie waren da und profitierten davon, dass in dieser Kälte der Niederschlag etwas länger liegen blieb als andernorts, und die Pflanzen sich seiner hemmungslos bedienen konnten. Leicht hatten sie es trotzdem nicht, da sie ständig gegen eine natürliche Entwurzelung ankämpfen mussten. In der Nacht gefriert das dünne Erdreich, in dem sie wurzeln. Das darin enthaltene Wasser dehnt sich aus und die Eiskristalle hebeln die Wurzeln aus dem Boden. Anderntags nach der Schmelze müssen sie sich dann schnell wieder festkrallen, weil sie sonst gnadenlos vom Wind fortgeblasen werden. Ab einer gewissen Höhe halten nur noch Flechten das mörderische Spiel aus, die wie festgeklebt an den Felsen siedeln und die Umgebung gelb, grau oder schwarz verfärben, und maximal ein, zwei Millimeter im Jahr wachsen.

Wir hatten es aber auch nicht leicht. Nach der Rast wieder hoch und vor allem erneut in den Tritt zu kommen, bedeutete doch eine gewisse Überwindung. Ein unbestimmtes Gefühl von Schlappheit hatte sich eingestellt. Der Weg war noch immer weit. Erst über den Sattel und dann noch ein ganzes Stück auf die Kibo-Hütte zu. Doch an dieser großen Hütte würden wir vorüberziehen. Die kleinere School-Hütte war unser Tagesziel. Beide Hütten waren hochbetagt. Die Kibo-Hütte war noch vor dem Ersten Weltkrieg von den Deutschen geplant worden, dann aber erst 1932 vom East African Mountain Club errichtet worden. Sie liegt auf 4700 m Höhe direkt am Fuße des Kibos und ist somit der ideale Ausgangsort für die finale Gipfelbesteigung. Die School-Hütte liegt zirka dreißig Minuten weiter entfernt und zirka fünfzig Meter höher im Hang. Sie hieß ursprünglich mit vollem Namen „Outward Bound Mountain School Hut", war eine kenianische Kletterschule, doch da sie etwas abseits der Marangu-Route liegt, und eigentlich

Dritte Etappe: Von der Horombo- zur School-Hütte

nur interessant für die Wanderer war, die von Kenia auf der Rongai-Route den Berg bezwingen wollten, verfiel sie im Laufe der Zeit und wurde erst in den letzten Jahren, auch mit Unterstützung von Hauser Exkursionen, wieder instandgesetzt. Sie war somit die exklusivste Unterkunft in der Gegend. Für etwas mehr Exklusivität muss man dann auch mit etwas mehr Schweißtropfen und Muskelschmalz bezahlen.

Seit der Steinwüste hatten wir unsere Rucksäcke immer weiter erleichtert und ein Kleidungsstück nach dem anderen herausgeholt. Den Sonnenhut mit der Pudelmütze vertauscht, Pullover II über Pullover I gezogen ... Für mich war es eine besondere Erfahrung, mit dick gefütterten Skihandschuhen noch ganz gut fotografieren zu können. Ob ich es irgendwann auch mal mit Boxhandschuhen probieren sollte?

Jenseits des Sattels zwischen Kibo und Mawenzi, auf der Bergflanke, die nordwärts nach Kenia abfiel, bot sich uns ein vollkommen anderes Bild. Die reine Steinwüste wurde über weite Strecken verdeckt von verharschten, abtauenden Schneeflächen. Was von der Sonne freigelegt wurde, war im Prinzip derselbe Untergrund wie auf der großen Ebene: kleinteiliger Splitt, Schotter und Geröll, doch so durchtränkt vom Schmelzwasser und so matschig bis zur teilweisen Unpassierbarkeit, dass es eine Plage wurde, darüber hinwegzulaufen. Dekoriert wurde das Gesamtbild von zahllosen runden Steinen und Felsblöcken, die scheinbar willkürlich, aber doch irgendwie regelmäßig über den gesamten Hang verteilt waren. Ein pittoresker Anblick, irgendwie unwirklich. Er wirkte unglaublich, weil die Lava nur hier am Kilimandscharo zu Kugeln verwitterte, das Auge somit keine Vergleichsbilder hatte und unser Verstand dieses Bild nicht als normal einordnen konnte.

Als die Kibo-Hütte in Sichtweite kam, bog Deo kurzerhand mit uns nach rechts ab, querte ein Stück die Ebene und hielt sich dann wieder bergwärts. Immer noch ein Kilometer geradeaus und immer noch einhundert Meter bergan. Den Weg über die Hütte zu nehmen, wäre ein Umweg gewesen, und wir waren heute schon genug gewandert. Die dünne Luft war jetzt schon deutlich zu spüren. Sie taugte nicht mehr recht zum Atmen. Außerdem war sie eiskalt und wir waren ziemlich erschöpft. Wir hatten, da wir den Kibo den ganzen Tag lang anschauten, eine ungefähre Vorstellung davon, wie weit wir noch laufen mussten. Das Ziel schien lange schon zum Greifen nah, aber es war zum Verzweifeln, wie langsam wir trotzdem vorankrochen. Und der Matsch tat sein Übriges. Die jungen Kerle, Konstantin, Odin und Moritz, stürmten unbeeindruckt vorneweg, ich dagegen legte immer öfter einen Stehschnaufer ein, schoss meine Fotos und bemäntelte damit ein wenig meine schwindende Kondition.

Dies war nun das zweite Mal, dass ich nach Kenia hinabschaute. Das erste Mal war auf dem Flug hierher gewesen, vor nicht einmal fünf Tagen, doch war das schon so lange her und von so vielen anderen Eindrücken verschüttet wor-

den, dass ich manchmal Angst bekam, mir nicht alles genau merken zu können, um es später niederschreiben zu können. Im Nachhinein haben mir vor allem die Fotos geholfen, Dinge wieder aufleben zu lassen.
Der Blick nach dort unten war nicht sehr spektakulär. Es war recht diesig. Bemerkenswert war die Perspektive. Man konnte aus dieser Höhe zwei Luftschichten ausmachen, die untere feuchte und die obere trockne, voneinander getrennt durch einen Wolkenkranz. Unten Dunst, oben klarer, blauer Himmel. Unten Kenia, und hier oben Atemlosigkeit.

Der Mawenzi – Kibos kleiner, schöner und grausamer Bruder

Die letzten paar hundert Meter zur School-Hütte bereiteten dann überhaupt keine Freude mehr. Die Felsen, die wir überwinden mussten, wurden immer größer, die Anstiege steiler, und jeder Schritt fing an, weh zu tun. Von einem Moment auf den anderen hatte ich die Faxen dicke, war frustriert über meine Schlappheit, und hatte Angst, einfach aufzugeben. Oliver sah aus, wie ich mich fühlte. Und Reinhard hatte damit zu tun, seinem Sohn gut zuzureden. Moritz ging es gar nicht gut. War das normal? Wir hatten zehn, elf, zwölf Kilometer in den Beinen. Im Tiefland wäre so eine Entfernung überhaupt kein Problem gewesen. Die Strecke hätte man in zwei, zweieinhalb Stunden heruntergerissen und nicht mehr darüber geredet. Doch hier war diese Strecke eine Tagesaufgabe, an der man immer noch scheitern konnte. Selbst noch einige hundert Meter vor dem Ziel.

Die Wasservorräte waren längst geleert, mehrere Rollen Traubenzucker weggelutscht. Eigentlich konzentrierte Sekundenpower, hatten sie doch keine

Dritte Etappe: Von der Horombo- zur School-Hütte

wirkliche Besserung bewirkt. Die Zunge hing mir sprichwörtlich aus dem Halse heraus. Ich turnte schicksalsergeben durch das nächste Geröllfeld und stellte mich darauf ein, dies für den Rest meines Lebens und auch in der Zeit danach zu tun. Ich war Sisyphos!

Nicht, dass mein Säckel immer wieder zu Boden gerollt wäre. Es ging auch weiter bergan, aber es war nur noch mit antiker Schicksalsergebenheit zu ertragen. So hätte ich es auch weiter hingenommen, Schritt für Schritt, immer noch einen Stunde geradeaus, wenn sich nicht wie aus dem Nichts plötzlich – die School-Hütte vor uns erhoben hätte. An einem Abhang, wo man sie nie vermutet hätte, zwischen ein paar mächtige Felsen gequetscht, vor Wind und Wetter in einer Falte des Berges verborgen. Eigentlich ein Hüttchen nur und überhaupt nicht das, was ich erwartet hatte. Die letzten Meter lief ich wie auf Eiern zwischen Trägerzelten hindurch, geradewegs in die Hütte hinein ...

... und dann warf Sisyphos seinen Rucksack ab und war endlich erlöst für diesen Tag.

Wir waren alle angekommen. Mehr oder weniger gut. Eigentlich weniger als mehr gut. Aber wir waren da, auf 4750 Metern, nachmittags am achten März, Popcorn passte gerade noch in uns hinein, Tee oder Kaffee auch, aber nicht viel mehr.

Die School-Hütte war eine solide Holzkiste, zusammengeschraubt aus Brettern, Balken und Bohlen, die so stark waren wie die Arme der heidnischen Riesen aus dem frostigen, nebligen und weit entfernten Utgard am anderen Ende der Welt. Wir waren in einer Eisriesenwelt angekommen. Noch nicht auf dem Dach der Welt, aber zumindest an der Dachtraufe von Afrika. Die Hütte sollte uns nun Schutz bieten vor der Unwirtlichkeit, mit der solch grobe Gesellen wie Eisriesen aufzuwarten pflegten.

Allerdings stand uns nach einer derartigen Weltsicht im Moment überhaupt nicht der Sinn. Wir wollten nur noch unsere verquollenen Füße aus den Wanderschuhen ziehen, die müden Glieder auf das nächste Toilettenhäuschen schleppen, und vor allem unter keinen Umständen zugeben, wie mies es uns ging. Bei Moritz war die Sache offensichtlich. Oliver hatte als Arzt einige Mittelchen dabei, aber gegen eine tatsächliche Höhenkrankheit würden die nicht helfen. Moritz indes beteuerte selber, dass es ihm schon wieder viel besser gehe. Wir waren wahrscheinlich einfach viel zu knülle, um eine Höhenkrankheit von einer ganz normalen Erschöpfung zu unterscheiden.

Also zurück zu Deos Hausmittel. Trinken! Viel trinken! Und noch einen Liter mehr! Ich trinke für mein Leben gerne Tee. Ohne Zucker, ohne Sahne, ohne Zitrone. Der schwarze Tee hat einen so wandelbaren Geschmack, dass man, vernünftiges Teewasser vorausgesetzt, an Hand des Geschmacks seine Herkunft bestimmen kann. Ist es ein grasiger, frischer Chinese? Oder eher ein zarter, blumiger Darjeeling? Bei hartem Wasser macht sich ein indischer Tee am besten. Und die grusinische Bahndammmischung, eigentlich nur mit reichlich russischer Marmelade genießbar, habe ich immer noch mit einer gewissen pelzigen Note in Erinnerung. Tee ist ein wundervolles Getränk. Jederzeit an jedem Ort, aber nicht mehr in knapp fünftausend Metern Höhe, wenn einem ein leerer Rucksack schon zu schwer wird und man ihn dann noch mit mehreren Litern Wasser vollpacken soll.

Irgendwie kamen wir nach einer Zeit des Verschnaufens alle wieder am Gemeinschaftstisch zusammen. Die Hütte war beengt, in der Mitte abgetrennt, so dass die vordere Hälfte den Touristen vorbehalten blieb, und in der hinteren Hälfte die Träger und Köche rumorten. Zugegebenermaßen war auf der anderen Seite mehr Leben in der Bude. Die Einheimischen waren die Höhe gewöhnt, und für sie war dies schon der Gipfel. Weiter aufsteigen würden mit uns nur noch die Guides. Der Koch und sein Assistent hatten auch beinahe so etwas wie einen freien Tag, denn nach Essen war uns kaum noch zumute. Dabei war es – abgesehen von den nur am Rande wahrgenommenen Steigungen und den daraus folgenden eintausend Höhenmetern – eigentlich immer nur geradeaus gegangen. Waren wir also Jammerlappen?

Nicht wirklich! Um uns das zu bestätigen, mussten wir nur aus der Hütte treten und den Berg hinuntersehen. Mitten in Afrika am helllichten Nachmittag im Schnee zu stehen, bedeutete, tatsächlich schon ganz schön weit oben angekommen zu sein. Unter uns lag Kenia mit seinem Amboseli-Nationalpark und mehr als achthundert Elefanten, uns gegenüber in der schönsten Pracht der Mawenzi, von der Nachmittagssonne angestrahlt ein echter Hingucker.

Nein, wir waren keine Jammerlappen. Wir hatten uns unsere Wehleidigkeit redlich verdient und schluckten sie nun bei einer Tasse Tee tapfer hinunter. All die Monate der Vorbereitung hatte ich mir immer wieder einzureden versucht, es sei schon etwas ganz Großes, überhaupt bis auf die Hänge des Kilimandscharo zu gelangen, das Hinaufsteigen wäre nur noch zweitrangig und den Gipfel zu erreichen, überhaupt das Unwichtigste. Und nun saß ich auf der School-Hütte – weiter, als ich mir jemals zugestanden hatte – und wollte unbedingt noch auf den Gipfel hinauf. War dieses Unbedingt schon Unvernunft? Ab einer gewissen Nähe zum Gipfel schwindet möglicherweise jede Vernunft.
Eine Weile ergingen wir uns in Smalltalk und Nebensächlichkeiten, schnürten dann an unseren Rucksäcken herum, packten ein und aus und nach reifer Überlegung noch einmal neu und wieder um. Morgen würden wir die richtig dicken Sachen brauchen. Würden wir? Würde es so kalt sein da oben? Würden wir es überhaupt bis ganz hinaufschaffen?

Deo kam von nebenan herüber und schwor uns auf die letzte und mit Abstand mühseligste Etappe ein. Kurz vor Mitternacht würden wir aufbrechen und in tiefster Dunkelheit den Kibo besteigen. Gegen Sonnenaufgang würden wir am Gillman's Point stehen, 5681 m über dem Meeresspiegel. Damit gelte der Berg erstiegen. Wer wollte, könne dann noch weiter zum Uhuru-Peak, zur höchsten

Dritte Etappe: Von der Horombo- zur School-Hütte

Stelle des Kraterrandes. Das seien dann noch einmal zweihundert Höhenmeter und noch einmal anderthalb Stunden Schinderei. Aber die wenigsten würden das noch wollen. Es werde nämlich so schon schwer genug werden und auch wehtun. Wir würden die ganze Nacht lang, abgesehen von ein paar winzigen Pausen gehen, gehen, gehen, und es werde uns mit jedem Schritt schwerer fallen. Wenn uns schlecht werden sollte, sei es besser, aus der Reihe zu treten, um zu kotzen. Einmal kotzen – kein Problem. Im Gegenteil, das sei vollkommen normal und nur der Anstrengung geschuldet. Zweimal kotzen – genau so normal. Kein Problem. Aber dreimal zu kotzen sei schlimm. Dann müssten wir einem Guide Bescheid sagen, und zwar auf der Stelle!

Wir würden Kopfschmerzen bekommen, und auch das sei normal. Uns würde sowieso vieles weh tun, keine Ursache, darüber zu reden. Es würden vielleicht schlimme Kopfschmerzen sein, das sei vollkommen normal. Aber wenn sich schlimme, schlimme, wirklich schlimme Kopfschmerzen einstellen würden, dann sei das nicht normal, sondern gefährlich. Dann müssten wir einem Guide Bescheid sagen, und zwar auf der Stelle!

In diesem Ton ging es weiter. Und das sonst stets so fröhliche Gesicht war bitterernst. Da war kein Schelm mehr in den Augenwinkeln und kein Louis-Armstrong-Lachen.

Wichtig wäre, so viel wie möglich zu trinken. – Wir konnten es nicht mehr hören!

Und nachdem er uns dermaßen taktvoll die Verhaltensregeln des kommenden Tages beigebracht hatte, verkündete er, uns auf jeden Fall dort hinaufzubringen. Konnte man ihm wirklich noch glauben?

Als Deo gegangen war, schauten wir uns erst einmal fragend an. Hieß „vomit" wirklich kotzen? Ja natürlich, zweifellos. Wir imitierten unseren Guide, wie, um mit dem Gesagten klarzukommen. Was für eine reizende Art, seinen Schutzbefohlenen Mut für den Aufstieg zu machen. Aber ums Mutmachen ging es wohl schon lange nicht mehr. Das war unten in Moshi gewesen. Und daran, dass wir jetzt hier waren, trugen wir allesamt selber Schuld.
Wir warteten die Nacht gar nicht erst ab, sondern krochen so zeitig wie nur möglich in unsere Schlafsäcke. Abgesehen vom Ausblick von der Türschwelle gab es hier oben nichts Reizvolles zu sehen. Die School-Hütte war nur ein Zwischenhalt für eine Nacht, und diese Nacht würden wir nicht besonders aufregend finden. Immerhin hatten wir ein Dach über dem Kopf und lagen auf dicken Matratzen von der Art, wie sie daheim in Turnhallen ausgebreitet werden. Wir lagen in Doppelstockpritschen, Konstantin, Oliver, Odin und ich in der oberen Abteilung, Nicole, Moritz, Reinhard und Martin in der unteren.

Es wurde natürlich die nächste schlaflose Nacht, was sonst? Die Gelenke pochten, obwohl mit schmerzstillender Salbe eingerieben, die Gedanken rumorten und ließen sich durch gar nichts mehr ruhig stellen. Wie auch? Ich war meinen Problemen schließlich Tag für Tag entgegengewandert. So hörte ich sie nachts umso lauter, wenn sie mir unschmeichelhaft zuriefen: ‚Bist du dir sicher, ob du hier oben überhaupt etwas zu suchen hast? Werden deine überstrapazierten Gelenke das tatsächlich mitmachen? Wird deine Pumpe durchhalten? Was, wenn dich der Schlag trifft, hundert Meter vor dem Ziel? Hast du nun genügend trainiert oder dich nur ohne Sinn und Verstand abgehetzt? Was erwartest du eigentlich von dem Augenblick, an dem du dort oben stehen willst?'

Es war vollkommen egal, ob ich meine Augen schloss, die Augenlider regelrecht zusammenpresste oder einfach nur die Decke anstarrte. Der Schlaf ließ sich durch solche Spielchen nicht überlisten. Er war beleidigt und stellte sich nun erst recht nicht ein.

Die meisten meiner Bedenken waren sowieso irrational. Die Pumpe hatte noch nie Probleme gemacht, warum sollte sie es diesmal tun? Würden die überstrapazierten Gelenke nicht mehr mitmachen, dann müsste ich wohl ein Taxi zurück in die Horombo-Hütte nehmen. Aber wozu jetzt schon darüber nachdenken? Deo würde das Taxi besorgen müssen.

War ich in den letzten Nächten doch irgendwann weggedämmert, lag ich dieses Mal tatsächlich vollkommen wach und starrte in die Dunkelheit. Mein Freund Raimund, dem es vor ein paar Jahren genau so ergangen war, hatte mich darauf vorbereitet. Also lauschte ich in mich hinein, spürte, wie die geschundenen Knochen, die ächzenden Gelenke und die strapazierten Muskeln zur Ruhe kamen, registrierte, dass die allgemeine Hüttenschnarcherei in dieser Nacht bedeutend gemäßigter ausfiel, was wohl bedeutete, dass es den anderen genauso erging wie mir, und ich neben sieben weiteren stillen Lauschern lag und des Endes harrte.

Vierte Etappe: Gipfelsturm

Menschliche Matroschkas * Aufbruch um Mitternacht * Nichts als eintöniges, trancehaftes Vor- und Aufwärts * Am Ende aller Kräfte * Gillman's Point * Der Berg ist bestiegen, der Gipfel aber noch lange nicht * Sonnenaufgang auf dem höchsten Berg Afrikas * Atemlosigkeit und Erschöpfung – jeder weitere Schritt eine Qual * Der Gipfel

Ich dachte über so ziemlich alles nach, auch über Einstein, und wie relativ die Zeit sein konnte. Sogar hier in der Hütte, wenn auch ganz anders, als von Einstein gemeint. Nach gefühlten sechs Wochen, in denen ich mich an die tausend Male hin- und hergewälzt hatte, und ein Rascheln produziert hatte, dass die anderen garantiert aus ihrem hellen Schlaf gerissen hatte, fingen die Träger im Nachbarraum an, herumzurumoren. Die Kellner kamen und deckten den Tisch für ein ganz bescheidenes Nachtmahl. Für uns war das endlich die Erlösung von der Übung, sechs Stunden still im Dunkel herumzuliegen. Munter waren wir nicht, aber leidlich ausgeruht. Ich kann mich nicht mehr erinnern, was es zu essen gab. Nichts Gescheites, nehme ich an, irgendwelche Süßigkeiten, Schokoriegel, Müsliriegel, kleine Energiebomben für den Start. Klebriges Zeug, nach dem mir nicht der Sinn stand. Wichtig war, die Wasserflaschen zu füllen, zwei, drei Liter, ein paar Teebeutel in die Thermoskanne, um das Trinken erträglicher zu machen. Doch auch beim Tee war die Höhe deutlich zu spüren. Wasser siedet auf Meeresniveau bei hundert Grad Celsius. In dieser Höhe von fast fünftausend Metern allerdings schon bei etwas über 80 °C. Das ist zwar ausreichend, um irgendwelchen Teegeschmack aus den Teebeuteln zu spülen, aber nicht genug, damit sich das perfekte Aroma entfalten konnte.

Irgendwann war der Tee getrunken, die Sachen waren sortiert, die Schlafsäcke und Packsäcke auf dem einen Haufen, die Träger würden sie zur Horombo-Hütte zurückbringen, die Rucksäcke in der anderen Ecke. Es war an der Zeit, uns für den Abmarsch fertigzumachen. Wir verwandelten uns in Zwiebeln und schichteten Haut über Haut. Erst ein T-Shirt, dann noch ein T-Shirt. Ein Pullover, eine Thermojacke, eine Wattejacke ... obenauf eine Wollmütze, über die Wollmütze die Stirnlampe ... waren die Ersatzbatterien für die Lampe noch in Reichweite? Also wieder die Handschuhe auszuziehen und in die Hosentasche gefasst. Doch die Jeans war nur die mittlere Haut zwischen Slip und Wattehose und an die Hosentasche war kein Herankommen mehr. Das Licht war aber überlebenswichtig. Und die aktuellen Batterien in der Lampe waren vielleicht schon zur Hälfte verbraucht durch die nächtlichen Klogänge und die Streifzüge von der Dinnerhütte zu den Schlafhütten? Am Äquator ist es nach achtzehn Uhr immer stockfinster. Nicole hatte ihre Stirnlampe bereits nach der ersten Nacht an einem Bettgestell der Marangu-Hütte hängenlassen und den Verlust erst einen Abend später bemerkt. Sie hatte an Umkehr gedacht und das zu Recht. Deo hatte ihr eine Lampe organisiert, und ihr damit den Gipfelsturm gerettet. Guides sind eben nicht nur Führer, sondern auch Mütter für alles.

Gegen 23:30 Uhr waren wir endlich abmarschbereit. Menschliche Matroschkas, außen eine Puppe aus Stoff, innen ein armes Würstchen, das nun nicht mehr auskneifen konnte. Vor der Hütte dann Aufstellung, kurzes Durchzählen, acht Wanderer, vier Guides, und los! Mir war mulmig zumute. Ich kam mir vor wie ein kleiner Feigling, der plötzlich Angst vor seiner großen Courage bekam. Aber nichts war mehr zu ändern. Ich hätte sicherlich mit den Trägern absteigen können, aber doch eigentlich nicht wirklich, oder? Ich hätte mir nie mehr in die Augen schauen können. Also nahm ich im Gleichschritt mit den anderen den Tritt auf, den Deo vorgab, einen halben Schuh vor den anderen, „pole-pole", schön in Zeitlupe und schon zehn Meter hinter der Hütte ging es den Hang hinauf, zuerst etwa anderthalb Stunden lang nur mäßig ansteigend zurück in Richtung School-Hütte, danach in Serpentinen. Endlose Serpentinen, Stunde um Stunde, ein Pfad, den man nur mit Schicksalsergebenheit antreten und nur mit stoischer Geduld ertragen konnte.

Hochkommen

Zu Beginn kurz vor Mitternacht waren es etwa fünf Grad unter Null. Wir froren, weil wir übernächtigt waren, aber das ließ nach, sobald wir in den Tritt kamen. Der Frost hatte indessen auch sein Gutes. Wir bewegten uns über ein gefrorenes Terrain, das einst unter den Gletschern gesteckt hatte. Der Untergrund war also nichts als loser Schutt, den der Gletscher in Jahrtausenden vom Berg abgehobelt hatte. Man mag sich einen Kieshaufen vorstellen, den man schwer bepackt mit Wanderklamotten zu erklimmen versucht. Man sticht mit den Wanderstöcken hinein, sinkt mit den Schuhen ein, füllt sich die Schuhe voll Dreck und kommt doch kaum einen Meter hinauf. Wir dagegen liefen über festes Eis. Das war zwar rutschig, aber es war ja ordentlich mit Kies gestreut. Eigentlich perfekt und einer der Gründe, warum die Wandergruppen in der tiefsten Nacht starteten. Ein weiterer, weil vor allem frühmorgens freie Sicht vom Gipfel herrschte, bevor die Sonne die Wolken aus dem Regenwald in die Stratosphäre hinaufpumpte und dem müden Wanderer die Belohnung für den Aufstieg raubte.

Aber alle guten Gründe sind drei. Frühmorgens der Erste zu sein, für den in Afrika die Sonne aufgeht, ist ein umwerfendes Erlebnis. Sonnenaufgänge gibt es unzählige auf der ganzen Welt und darunter auch etliche spektakuläre. Aber dieser eine würde doch ein ganz besonderer sein. Wenn wir es denn bis zum genau richtigen Zeitpunkt auf den Kraterrand schaffen würden. Und dafür hatten wir Deo. Er musste das Tempo so langsam wie möglich angeben, damit wir alle heil auf den Gipfel kamen, und er musste doch so schnell wie nötig sein, um genau den richtigen Moment unserer Ankunft abzupassen. Man hält sich in solchen Höhen nicht eine Minute länger als nötig auf. Und stundenlang auf den Moment zu warten, an dem sich der Feuerball über den Horizont bequemt, würde einem der eigene Körper verbieten. Noch 935 Höhenmeter bis zum Gillman's Point, und weitere 210 bis zum allerhöchsten Uhuru-Peak. Inzwischen rutschten großer und kleiner Zeiger langsam über die Zwölf, wir schrieben den 9. März, und dieses Datum würden wir uns auf immerdar merken als das Datum unseres größten Erfolges oder der größten Niederlage.

Ganz vorn marschierte Deo, dann Nicole, danach ich, hinter mir die anderen, der gesamte Gänsemarsch, doch in welcher Reihenfolge, vermag ich aus der Erinnerung nicht mehr zu sagen. Das Wichtigste in diesen Stunden war der Blick nach vorn auf den Lichtklecks, den die eigene Stirnlampe warf. Um dem Vordermann nicht in die Hacken zu treten, um nicht zu stolpern, nicht umzuknicken. Das wäre das Ende gewesen, und von dort wäre es beinahe unmöglich, den Verunfallten ordentlich wieder vom Berg herunterzuschaffen.

Zu meiner Überraschung war es nicht allzu schwer, vorwärts zu kommen. Deos Tempo hatte etwas Magisches. Man fiel nach einer Weile in eine Art Trance und marschierte vollkommen automatisch. Ich war ein Roboter und lief ohne nachzudenken, ohne etwas mitzubekommen, ohne zu jammern und ohne zu klagen. Ich funktionierte einfach und schaffte so Meter um Meter. Vielleicht habe ich auf diesem Stück Weg sogar im Laufen geschlafen, so müde und ausge-

Vierte Etappe: Gipfelsturm

powert wie ich war. Gewisse Erinnerungslücken über diese Stunden wären so zu erklären. Zwischendurch war man aber auch immer wieder hellwach, genau dann, wenn man den Blick vom Lichtklecks löste, den Kopf hob und in die Weite schaute.

Über dem Kibo leuchtete der Mond und goss sein Licht auch über den Mawenzi aus. So prahlte der Schönling auch noch in der finsteren Nacht mit seiner allerbesten Seite. Schauten wir auf, so schauten wir vor allem zu ihm hinüber. Und schätzten dabei ab, wie hoch wir schon gekommen waren. Hatten wir das Niveau seines Gipfels erreicht, hatten wir die ersten vierhundert Meter geschafft. Ein Drittel zumindest. Aber wie schwer war es, genau das abzuschätzen. Es war dunkel, beide Berge lagen etwa zehn Kilometer auseinander, und ob einer von uns noch vernünftig geradeausschauen konnten, war auch mehr als ungewiss. Außerdem verloren wir das Gefühl für die Zeit. Einzig der Rhythmus der Schritte, mit denen wir uns vor- und aufwärts schleppten, zählte. Und dieser Rhythmus war endlos. Sein Anfang war längst aus unserer Erinnerung gefallen, und sein Ende war ungewiss. Ich kann mich nicht mehr daran erinnern, über irgendwelche Dinge nachgedacht zu haben. Während der ganzen Tour hatten mich meine ungebetenen Gedanken beschäftigt. Sie hatten mich wachgerüttelt, wachgehalten und genervt, doch in den Stunden des letzten Aufstiegs waren sie allesamt verschwunden. Als wären sie in der School-Hütte geblieben, hätten sich über den Narren scheckig gelacht und wären schon mal zur Kibo-Hütte vorausgegangen, um dort auf den „Helden" zu warten.

Nichts als ein monotones Vorwärts und Aufwärts. Auch wenn es weh tat, auch wenn die Kräfte nachließen, wenn sie gar aufgebraucht waren, einfach weitergehen. Es waren nur ganz kleine Schritte, die benötigten keine Kraft, nur Ausdauer. Einfach weiterlaufen, so lange auch die anderen das noch taten. Die nächste Pause herbeisehnen, den nächsten Schluck Wasser. Wir sollten doch trinken. Und solange wir tranken, konnten wir rasten. Alles Bisherige war ein Kinderspiel gewesen, doch dies hier war Mist. Es war weder kalt noch warm, also eigentlich doch kalt, aber so verpackt drang die Kälte nicht zwischen die Zwiebelschalen. Man schwitzte auch nicht. Es waren ja nur ganz kleine Schritte. Im Ausruhen ging immer wieder der Blick nach oben. Dort war das Ziel. Und es ging noch immer weiter und weiter und weiter hinauf. Der Gipfel war noch immer hinter dem Rand verborgen, den man gerade noch aus der Froschperspektive erblicken konnte, und er würde es auch noch eine halbe Ewigkeit sein. Das Bild allerdings war ergreifend. Der Vollmond tauchte den Berg in sein silbrigblaues Licht, und ameisenstraßengleich sah man andere Wandergruppen den Hang hinaufkriechen, lauter winzige Lichtpunkte, jeder Punkt eine Stirnlampe, jeder Lichtwurm eine Wandergruppe, alles zusammen eine unendlich lange Serpentine. Dieses Bild habe ich nur im Kopf, nicht auf der Festplatte. Man hätte ein Stativ dorthinauf buckeln müssen, um es zu fotografieren. Doch wozu? Es ist die Belohnung alleine für diejenigen, die ihren müden, geschundenen, ausgepowerten Leib auf den Berg geschleppt haben. Sie alleine dürfen das Bild in ihren Herzen mit nach Hause nehmen, diese Schönheit des Berges, der Ameisengruppen und des elfengleichen Mondlichtes, und nur sie können fassungslos seufzen: ‚Auch noch bei Vollmond dort hinauf! Was haben wir für ein Glück gehabt!'

Dann wieder den Blick nach unten und weiterwandern. Noch eine Stunde und noch eine! Ich habe eine Nacht lang Nicoles Hacken angestarrt und kann mich trotzdem nicht mehr an die Farbe ihrer Schuhe erinnern. Ich schaute mich auch nicht nach den anderen um. In der einen oder anderen Serpentinenkurve registrierte ich, dass wohl noch alle da waren, aber dann fiel ich wieder für Minuten oder Stunden in den mechanischen Trott, bei dem sich das Denken einfach ausschaltete.

Man sollte meinen, die Zeit würde überhaupt nicht mehr vergehen, jetzt und bis in alle Ewigkeit nur noch endloses Tippeln wie in einem Hamsterrad. Doch irgendwann änderten sich die Farben am Horizont, weit hinter dem Mawenzi, was bedeutete, dass der neue Tag endlich graute. Alles verlief doch noch immer nach dem Ganz Großen Plan, doch das war noch lange kein Grund zum Jubeln. Wenn man den Berg hinaufschaute, bot sich dasselbe Bild wie seit Stunden. Wir krochen im Zickzack im Hang entlang, würden es aber niemals bis dort hinauf schaffen. Jedenfalls nicht zur rechten Zeit, wenn es nun schon hell wurde. Oder doch? Die Antwort lautete natürlich 42.

Immerhin wich mit dem Licht auch die Bedrückung. Das mobilisierte noch die letzten Kräfte, wo schon lange keine mehr waren. Noch ein Stück weiter, obwohl mir die Zunge schon lange zum Halse heraushing. Nicht nur im übertragenen Sinne, sondern irgendwie auch tatsächlich.

Irgendwann war auch damit Schluss. Ich konnte nicht mehr. Obwohl ich mich trotzdem weiterschleppte. Aber ich war nicht mehr in der Lage, meinen Platz in der Reihe zu halten, sondern wurde langsam nach hinten durchgereicht. Der lockergetrampelte Weg hatte sich inzwischen in eine Kletterpartie zwischen Felsen hindurch verwandelt, etwas, das ich nun überhaupt nicht mehr gebrauchen konnte. Keine Übelkeit, nicht einmal der Gedanke daran, auch keine Kopfschmerzen. Ich hatte nur keine Kraft mehr. Allerdings war es auch nicht so, dass mir alles egal wurde, dass ich nicht mehr weiter wollte, die Realität verlor und mich hängen ließ wie ein von der Höhenkrankheit Überwältigter. Bis hierher war ich gekommen, und es wäre gelacht, wenn ich nicht auch noch den Rest schaffen würde. Also weiter, auch ohne Kraft, noch eine Kurve, noch ein Felsen, noch eine Rast im Stehen. Hätten ich mich gesetzt, wäre ich nicht mehr auf die Beine gekommen. Ich machte mir Sorgen, doch der Blick in die Gesichter der anderen beruhigte mich zumindest ein bisschen. Die sahen nicht viel besser aus, als ich mich im Moment fühlte.

Ich schnappte nach Luft wie nach einem Marathonlauf. Ich war zwar in Marathon losgelaufen, doch in Athen noch lange nicht angekommen. Und würde es wohl kaum noch schaffen.

Vierte Etappe: Gipfelsturm

Doch dies war keine gewöhnliche Rast. Wir hätten längst weiterstolpern müssen. Etwas war anders, und ich brauchte Zeit, um zu begreifen, dass es nicht mehr höher gehen würde. Ich konnte über den Rand des Kraters hinwegsehen. Wir hatten es tatsächlich geschafft, und zwar, als ich es am wenigsten erwartet hatte. Wir waren sagenhafte 5681 Meter hochgekrochen, standen nun am Gillman's Point und hatten somit den Kilimandscharo bestiegen. Und ich war viel zu erschöpft für euphorische Gefühle. Aber ein großes grünes Schild begrüßte uns mit den unzweifelhaften Worten:

CONGRATULATIONS
YOU ARE NOW AT
GILMAN'S POINT
ALT. 5681 M   A.M.S.L.
TANSANIA

Die Stelle ist benannt nach Clement Gillman, einem Ingenieur und Geographen schweizerischer und deutscher Herkunft, der über ein Vierteljahrhundert im damaligen Tanganjika gearbeitet hatte, der den Kilimandscharo als erster in britischer Kolonialzeit bestiegen, und der die Höhe des Berges als erster mit der Siedepunktmethode bestimmt hatte. Und auch, wenn es auf dem Schild und anderenorts falsch geschrieben steht: der Gilman's Point muss Gillman's Point heißen, mit zwei „l", aber Geschichtsschreibung ist nun einmal wie die Stille Post, und in ein paar hundert Jahren wird man wahrscheinlich überhaupt nicht mehr wissen, wer der Gute überhaupt gewesen ist, ihn für einen Engländer halten – oder für eine Legende? Erreicht man den nach ihm benannten Punkt, so gilt der Berg als bestiegen. Wir konnten uns also in die Arme fallen, vor allem aber Deo und Frederick, die uns tatsächlich bis hier hinauf gebracht hatten. Und wir schauten uns endlich um und zählten durch. Sie hatten uns tatsächlich, wie versprochen, alle heraufgebracht. Und zwar auf die Minute genau! Es war 6 Uhr morgens am 9. März 2012. Über dem Uhuru Peak stand groß der Vollmond, links vom Mawenzi ging die Sonne auf. Die Sonne warf dem silbernen Mond ihr rotglühendes Licht entgegen, Mond und Sonnenlicht spielten miteinander über den blauen Gipfelgletschern. Hinter uns lag das sonnenwarme Afrika, vor uns eine winterweiße Landschaft. Der Krater war voller Schnee und Eis, soweit man schauen konnte und erinnerte uns an die weiße Pest, die sich vor ein paar Wochen daheim ausgetobt hatte. Wie lange das schon wieder her war.

Wir standen da, japsten weiter nach Luft und ließen unsere Blicke schweifen, genossen den Anblick der wunderschönen, stillen Landschaft. Erst von hier aus offenbarte sich der Klotz, den wir seit Tagen von unten angestarrt hatten, als Vulkan. Auf der Kraterinnenseite ging es wieder steil bergab, und wenn man den Beschreibungen Anderer Glauben schenken konnte, roch es an einigen Stellen noch nach Schwefel. Ich habe nichts gerochen. Mir war nicht danach, mit meiner Nase auf Entdeckungstour zu gehen. Ich war froh, überhaupt Luft zu bekommen.

Hochkommen

Deo fragte uns, ob wir weitergehen wollten. Ich fühlte mich hundsmiserabel, fast alles in mir schrie „Umkehren!", aber wir waren doch noch immer nicht auf dem Gipfel! So etwas macht man nicht, einfach ein paar hundert Meter vor dem Ziel aufgeben! Meine Lunge fühlte sich an, als sei sie voller Schleim, als ließe sie die Luft überhaupt nicht mehr an sich heran. So wie Schnupfen, allerdings nicht in der Nase, sondern im gesamten Brustkorb. Und bis zum Gipfel waren es noch immer 214 Höhenmeter! Man konnte ihn sogar schon sehen. Die Entfernung wäre ein Klacks in der Ebene. Aber hier? Deo fragte uns, er überließ uns die Entscheidung. Also konnten wir allesamt nicht so mies aussehen, wie ich mich fühlte. Ich hatte Angst davor, dass Deo, der für unsere Unversehrtheit verantwortlich war, entscheiden würde, dass ich umkehren müsste, und diese Angst beflügelte meine Entscheidung, weiterzumarschieren. Außer mir machten sich nur noch Nicole und Martin bereit. Reinhard und Moritz, Oliver, Odin und Konstantin entschieden sich, wieder abzusteigen. Also diejenigen, die nicht alleine unterwegs waren, sondern aufeinander Rücksicht nehmen wollten oder mussten. Keine Viertelstunde, nachdem wir Gillman's Point erreicht hatten, trennten wir uns. Man vertrödelt in dieser Höhe keine Minute, und wir, die weitergehen wollten, hatten noch etliche Minuten vor uns.

Deo fragte mich, ob ich o.k. sei. Ich nickte und erklärte ihm, ich hätte den Fehler begangen, die meiste Zeit durch den Mund und nicht durch die Nase zu atmen. Stundenlang eiskalte Luft bis in die allerletzte Bronchie. Und ich hätte es nicht einmal gemerkt, erst jetzt, kurz vor dem Ziel. Aber ich sei trotzdem o.k.. Diesen Gipfel zu erreichen, wäre mein Lebenstraum, ich würde dort hochgehen, notfalls auch ohne Luft, vielleicht ein wenig langsamer, aber ich würde es schaffen. Deo nickte, lächelte ernst, und dann gingen wir los. Er vorneweg, gefolgt von Nicole, Martin und mir, und als Nachhut Rashid Iddi, der aufpassen musste, dass keiner von uns zurückblieb, sich verirrte oder in den Krater fiel.

Es war ein wunderbares Gefühl für die geschundenen Knochen, beinahe wieder geradeaus laufen zu können. Immer den Grat entlang und für den Rest des Aufstiegs das Ziel vor Augen. Die Ungewissheit in der Nacht hatte uns zunehmend demoralisiert, doch nun erlebten wir das genaue Gegenteil. Blanke Euphorie tobte durch unsere Herzen. Wir hatten die Pflicht bestanden, genossen nun die Kür, wir konnten weit blicken, das Licht genießen, und vor allem wieder staunen. Hier oben war alles riesig: der Krater, die Aussicht, die Gletscher ... Mit jeder Minute stieg die Sonne höher und flutete Gipfel und Krater mit ihrem roten Morgenlicht, der blasser werdende Mond stand weiter über dem Uhuru-Peak. Die Farben änderten sich von Minute zu Minute, vom ersten blassen Schein zur Morgenröte, dann vom glutroten Aufleuchten bis hin zum grellen Tageslicht, das man zwischen Eis und Schnee nur noch mit einer Gletscherbrille ertragen konnte. Die Gletscher waren anders als in den Alpen keine gefrorenen Ströme, sondern riesige Eisblöcke, schätzungsweise zwanzig Meter hoch, was allerdings täuschen konnte, denn wir waren auf Grund der besonderen Umstände sicher nicht mehr vollständig Herr unserer Sinne. Es waren faszinierende Eisblöcke von weißblauer Farbe, in Jahrhunderten zusammengepresst vom Gewicht des Schnees, der auf den Gipfel gefallen war. Und zwar so sehr, dass beinahe jegliche Luft, die an dem Schnee haftete, herausgetrieben worden war. Dadurch dieses typische Gletscherblau.

Rebmann-Gletscher

Es waren mächtige Gletscher, imposante Gletscher, und doch nur noch die Reste von dem, was Hans Meyer zu Gesicht bekommen hatte. Es macht betroffen, zu wissen, dass diese Schönheiten in ein paar Jahren vollkommen verschwunden sein werden. Dann wird auch der Kibo, der „Helle", nur noch ein Mawenzi, ein „Dunkler" sein.

Um Dreiviertelsieben passierten wir den Stella-Point, die Stelle, an der die Wanderer der Rongai-Route und vom Southern Circuit den Kraterrand erreichten – benannt nach einer gewissen Estella Latham, die 1925 mit ihrem Mann bis hierher gekommen war – und hatten die nächsten 58 Höhenmeter geschafft. 58 Höhenmeter in 45 Minuten! Aber es ging einfach nicht mehr schneller. Weder mit noch ohne „pole-pole", dabei verblieben immer noch 156 Höhenmeter. Wir waren den Gletschern jetzt ganz nahe und sahen die horizontalen Schichtungen im Eis. Rührten die dunklen Bänder von Saharastaub her, den mächtige Winde bis in diese Höhen hinaufgetragen hatten? Oder waren immer wieder Aschewolken von anderen Vulkanen über dem Gipfel niedergegangen? Aus dem Morgendunst tauchte der Mount Meru auf, 65 km entfernt bei Arusha gelegen. Auch er ein Vulkan wie etliche andere Berge im Great Rift Valley, wo Afrika derzeit auseinanderbricht.

Der 4562 m hohe Meru schien zum Greifen nahe. Er erhob sich als vollkommen ebenmäßiger Kegel aus der Ebene, so schön wie der Fujijama, die ägyptischen Pyramiden oder die Kupferschieferabraumhalden im Mansfelder Land. Alleine dieser Meru war schon eine Augenweide. Doch die Kulisse, die die Gletscher als wuchtigen Rahmen abgaben, verlieh dem Bild etwas vollkommen Barockes. Dort, jenseits des Merus, begannen die großen Nationalparks, Arusha, Ngorongoro und Serengeti. Dort lag das Afrika, das wir aus dem Fernsehen kannten, und es lag uns im Moment zu Füßen. Wir hätten wie griechische Götter auf die Welt herabblicken können, doch in unserer Atemlosigkeit und Erschöpfung waren wir dazu gar nicht mehr in der Lage. Das unterscheidet uns von den Unsterblichen. Wenn wir uns aberwitzig in ihre Gefilde vorwagen, machen sie uns unsere mangelnde Größe auf schmerzhafte Weise bewusst. Wir sollten das auch in der Ebene beherzigen. Wir sind und bleiben winzig. Nähme man die Erde als einen Organismus an, wären wir nichts weiter als die zahllosen, ungesunden Bakterien auf ihrer Haut.

Jenseits des Stella-Points, dort, wo auf dem Grat der Schnee stellenweise abgeschmolzen war, verbreiterte sich der Pfad zu einem wahren Zieleinlauf, und der war zu dieser Tageszeit mit den Finalisten der vielen Routen so bevölkert wie die Promenade eines Ostseebades. Irgendwann kam der Uhuru-Peak nicht nur in Sichtweite, sondern auch in Reichweite. Irgendwann ging es nur noch die allerletzten einhundert Meter lang den allerletzten Hang hinauf. Zehn Schritte, stehenbleiben, ausruhen, zehn Schritte, stehenbleiben, ausruhen, acht Schritte, stehenbleiben, ausruhen ...

Der Gipfel wird, wie auch Gillman's Point und Stella-Point, seit einiger Zeit dominiert von einer riesigen, grünen Schilderwand. Auf dieser steht zu lesen:

CONGRATIOLATIONS
YOU ARE NOW AT UHURU PEAK
5895 M   A.M.S.L.
TANSANIA
AFRICA'S HIGHEST POINT
WORLDS HIGHEST FREE STANDING MOUNTAIN
WORLD HERITAGE SITE
WWW.TANZANIAPARKS.COM

Die marktschreierischen Ankündigungen waren schon aus vielen Metern Entfernung zu lesen. Sie verliehen mir auf den letzten hundert Metern ungeahnte Kräfte: Acht Schritte, stehenbleiben, ausruhen, zehn Schritte, stehenbleiben, ausruhen, zwölf Schritte, stehenbleiben, ausruhen, zwölf Schritte, zehn Schritte ...

Vierte Etappe: Gipfelsturm

Vor dem Gipfelschild mussten wir letztlich sogar noch warten. Und brauchten selber so viel Zeit für unsere Fotos, dass diejenigen, die nach uns kamen, Rücksicht auf uns nehmen mussten.

Das ist der Gipfel!

Wir haben es also wirklich geschafft. Am 9. März um 07:45 Uhr haben wir die Freiheitsspitze, den Gipfel des Kibos und des gesamten Kilimandscharos erreicht. Fünf Minuten später haben wir das erste einer Serie von Gipfelfotos geschossen, alles in allem einhundertundzehn Minuten nachdem wir den Kraterrand erreicht hatten und die Sonne für uns aufgegangen war. Wir hatten unser schweres Gepäck, das auf den letzten Metern Tonnen gewogen hatte, von uns geworfen und haben die Luftsprünge machen können, die uns tatsächlich bis in die Höhe von 5895 Meter beförderten. Auf den Fotos sehen wir einfach nur glücklich aus, keine Spur von der Erschöpfung, nur lachende Gesichter. Diese Minuten waren ungemein befreiend. Falls später irgendetwas schieflaufen sollte, würde es nach dem Aufstieg geschehen. Dieser Erfolg ist uns nicht mehr zu nehmen. Wir fünf sind uns ein weiteres Mal in die Arme gefallen. Für Deo und Rashid war es sicherlich „Bergführerroutine", aber für Martin, Nicole und mich war dieser Gipfelsturm der Lohn für eine unglaubliche Schinderei. Es war das Höchste, was jeder von uns erreicht hatte. Ob es auch das Größte sein wird, sei noch dahingestellt. Für den Moment waren alle Schmerzen vergessen, alle Strapazen, alle Entbehrungen. Die Schmerzen würden wiederkehren, und das nur allzu bald. Doch im Moment waren wir einfach nur im siebenten afrikanischen Himmel, die Sonne schien über dem Berg und vor allem in unsere Herzen. Sicherlich ist auf dem Kilimandscharo vor allem der Weg das Ziel – aber ohne den Gipfel zu erreichen, wäre der Weg eben nur das halbe Ziel gewesen.

Down-Under – Wunschland vieler Auswanderungswilliger

Dieses Buch ist weit mehr als ein trockener Auswandererratgeber. Die Autorin, seit Jahren als Auslandskorrespondentin auf dem fünften Kontinent ansässig – wendet sich an alle, die in Australien leben und reisen wollen, ob nun vorübergehend oder auch auf Dauer.

Auswanderungswilligen verrät sie alles Wissenswerte zu Visumsfragen, Umzug und Anfangszeit (mit Wohnungssuche, Auto, Job, Kindern, Gesundheitssystem, Versicherungen, Rente, Steuerfragen etc.).

Neu ist im Vergleich zu anderen Büchern über dieses Thema, dass auch die Möglichkeit eines „Auswanderns auf Zeit" behandelt wird.

Viele Tipps, Weblinks und Adressen, Besonderheiten des australischen Englisch samt Slangs sowie Witziges und Nützliches.

Traumland Australien - Auswandern leicht gemacht
Ratgeber zu Arbeit, Leben, Alltag und Menschen

interconnections-verlag.de, > Katalog
Auch im Buchhandel.

Runterkommen

Immer noch vierte Etappe: Zurück zur Horombo-Hütte

Ein Blick in den Krater * Die Spannung ist raus * Rutschpartie zur Kibo-Hütte * Kilimandscharothon * Die letzten Kilometer – so lang wie eine Woche * Nach 15 Stunden raus aus den Wanderschuhen * „It's Kili-Time!" * Endlich schlafen!

Deo verlangte schneller, als uns lieb war, dass wir wieder umkehren sollten. Doch er war die uneingeschränkte Autorität in diesen unwirtlichen Höhen. Der Rückweg würde immerhin einfacher zu laufen sein, wir hätten mehr Muße zum Beobachten, Verinnerlichen und Genießen, und nun auch mehr Aufmerksamkeit übrig für die Dinge am Wegesrand. Die mächtigen Gletscher waren schon auf dem Hinweg nicht zu übersehen gewesen. Nun sahen wir auch eine einzelne stecknadelkopfgroße Person darauf herumkraxeln. So wirkten die mächtigen Eisblöcke nur noch gewaltiger. Und nun zog uns vor allem der Anblick des Kraters in den Bann. Ein Pfad führte durch den Krater. Er war deutlich im Schnee zu sehen. Martin meinte von einem Reiseanbieter gehört zu haben, der dort im Krater Übernachtungen anbieten würde.

Der Kibo-Kraterkessel hat eine Ausdehnung von etwa 1900 mal 2400 m. Auf seinem Grund, 180 m unter dem Niveau des Gipfels, ein zweiter, der Reusch-Krater. Dieser ist vollkommen rund und besitzt einen Durchmesser von etwa 820 Metern. Im Inneren wiederum erhebt sich der nächste Kraterkegel, Ash Cone, mit noch einem weiteren, noch 180 m tieferen Auswurfkrater, der Ash-Pit oder Aschengrube. Also immer wieder ineineindergeschachtelte Krater. Wie weit mochte man dort hinuntergelangen? Stammten die Fußspuren von wagemutigen Forschern? Jules Verne hätte seine blanke Freude daran gehabt. Allerdings sollten von dem Zeitpunkt, als er seine „Reise zum Mittelpunkt der Erde" verfasst hatte, noch fünfundzwanzig Jahre vergehen, bevor der erste Mensch in den Kibo-Krater hinunterblicken konnte. So hat er eben den isländischen Snæfellsjökull für sein Buch auserkoren und nicht den Kilimandscharo.

Leider kann man weder vom Uhuru-Peak noch vom Gillman's Point über den Rand des Reuschkraters hinwegschauen und schon gar nicht in die höllische Tiefe der Aschengrube hinein. Vom Uhuru-Peak liegt der Reuschkrater zu weit entfernt. Am Gillman's Point ragt er sogar noch 130 m über die Augen der Neugierigen. Dort meint man lediglich, die andere Seite des Kraters zu sehen. Für den Rückweg bis zum Gillman's Point benötigten wir noch einmal eine Stunde. Alles in allem haben wir uns etwas über drei Stunden auf dem Gipfelpla-

Runterkommen

teau aufgehalten und hatten nun noch den Rückweg bis zur Horombo-Hütte vor uns.

Es war neun Uhr morgens bei Verlassen des Kraterrands. Tröstlich war, dass es ab nun nur noch bergab gehen würde, zwei volle Tage lang bis hinunter zum Marangu-Gate. Untröstlich konnte einen der Gedanke stimmen, dass nun die Spannung raus war aus dem Abenteuer. Der Rest der Tour würde nur noch ein danach sein, den Triumph hatten im Rücken. Wir sahen ihn nicht mehr und verwendeten unsere Kraft nur noch darauf, um wegzugehen.

Dass dem nicht so war, musste ich mir Minuten später eingestehen. Denn die nächste Herausforderung wartete schon auf uns, und auf die hätte ich liebend gerne verzichtet. Die Sonne hatte nun drei Stunden lang den Hang des Kibos beschienen. Der gefrorene, solide Untergrund war längst wieder aufgetaut und entpuppte sich als der blanke Knochenschund. Der Weg war nichts als die gedachte Linie vom Gillman's Point hinunter zur Kibo-Hütte und führte nur noch über einen Haufen Kies.

Mawenzi –schönstes Panorama dieses mörderischen Berges

Was einem die Wegbeschaffenheit verdarb, machte die Optik wieder wett: Beim Abstieg vom Kibo hatten wir den Mawenzi gleich vor uns, diesmal im strahlenden Morgenlicht, aus der Vogel- und nicht nur aus der Froschperspektive, so dass wir das vielleicht schönste Panorama dieses mörderischen Berges genossen. Zumindest das trügerischste. Nur zur Erinnerung: die tansanische Regierung hat

Immer noch vierte Etappe: Zurück zur Horombo-Hütte

verboten, ihn zu besteigen, weil zu viele Wagemutige an seinen Hängen umgekommen sind. Vom Kibo aus mutet er an wie ein mächtiger, jedoch sehr sanfter Hügel, dem lediglich eine zerklüftete Felsformation als Spitze aufgesetzt worden ist. Doch die hat es in sich.

Der Sattel zwischen Kibo und Mawenzi war vom Schnee nur weiß bepudert; alleine die Spitze des Mawenzi war richtig verschneit, zudem zerklüftet und scharfkantig. Die scheinbar sanften Hänge dazwischen lagen in vollkommener Ruhe als unverkennbare grau-braun-rote Steinwüste. Dahinter im Dunst die Ebene, geradeaus und links Kenia, rechts Tansania. Man hätte ausrufen wollen *„Zum Augenblicke dürft' ich sagen: Verweile doch, du bist so schön! Es kann die Spur von meinen Erdentagen nicht in Äonen untergehn."* – Im Vorgefühl von solchem hohen Glück genieß' ich jetzt den höchsten Augenblick". Allerdings lag der höchste Augenblick nun schon über eine Stunde hinter uns. Um unsere Spuren zu verwischen, brauchte es nicht Äonen, sondern nur Augenblicke. So, wie wir einen Schritt vorwärts taten, sanken wir ein in Schotter und Kies, Frostschutt und Gletschermehl, rutschten dabei bergabwärts, unsere Kraft darauf verwendend, das Gleichgewicht zu halten. Kraft, die immer weiter schwand. Der Kies kam ins Rutschen, rechts und links kullerten die Steine an uns vorbei. Bei der Vorstellung, dass jedes Jahr an die zwanzigtausend Personen auf dem Kibo herumtrampeln, wird er wohl bald nicht mehr das Dach von Afrika sein, sondern nur noch eine breitgelatschte Hochebene ohne jeden Reiz. Und auch meine Füße würden Schuld daran haben, doch ich musste nun einmal hier entlang, wenn ich wieder in die Zivilisation zurückwollte.

Erschwerend kam hinzu, dass ich mich hundeelend fühlte. Die Lunge war noch immer so verrotzt, dass ich kaum Luft bekam, die Knie waren so wackelig, dass ich mich kaum im Kies halten konnte, und der unbedingte Ehrgeiz, den Gipfel zu erreichen, war ja nun auch verpufft. Nicole und Martin waren mir einfach zu schnell. Sie schossen im Schotter wie auf Skiern abwärts, und es schien ihnen Freude zu bereiten. So ließ ich sie ziehen, rutschte in meinem eigenen Tempo den Berg hinunter, immer den anderen hinterher, immer weiter auf die Kibo-Hütte zu, die anfangs nur zu erahnen, sich immer deutlicher tief unten am Sattel abzuzeichnen begann.

Doch selbst, als die Kibo-Hütte schon zum Greifen nahe schien, hatte es noch lange kein Ende mit der Kiesrutscherei. Aus der Entfernung sah, ich wie drei Farbkleckse – Deo, Nicole und Martin – die Hütte erreichen, der vierte Farbklecks – Rashid Iddi – bummelte in einiger Entfernung vor mir her, da die Guides niemanden zurücklassen dürfen, später lösten sich zwei weitere Farbkleckse von der Hütte und kamen mir entgegen. Es waren zwei Träger, die mich mit Saft und Wasser aufmuntern sollten, denn nichts ist so wichtig wie das Trinken am Berg.

Sechs Stunden haben wir von der School-Hütte bis auf den Kraterrand gebraucht, etwas über zwei Stunden von dort oben bis zur Kibo-Hütte hinunter, aber diese beiden Stunden empfand ich als wesentlich schlimmer als den gesamten Aufstieg. Zum einen, weil ich nun wach war und die Schinderei deutlich mitbekam, zum anderen, weil der Abstieg eine einzige Knochenmühle war.

Die Kibo-Hütte war der rettende Hafen, in dem Nicole und Martin auf mich warteten, ebenso ein warmer Tee, eine kräftigende Suppe, vor allem aber eine Bank, auf der ich mich ausstrecken konnte, um meine müden Knochen für eine Weile zu entlasten. Das Schlimmste des Weges war hiermit geschafft, der Rest des Weges würde zwar noch einmal unendlich lang werden, aber ich wusste zumindest, was mich erwartete.

Ich hatte keinen Grund zur Klage, denn ich hatte vorher gewusst, dass dieser eine Tag mörderisch werden würde. Und konnte den Kilimandscharothon – immerhin 21 km von der School-Hütte über den Uhuru-Peak bis zur Horombo-Hütte – bei bestem Wetter absolvieren, in den Bergen alles andere als selbstverständlich. Ansonsten zählte auch hier nur das olympische Prinzip: Dabei sein ist alles, und wenn's irgendwie geht, sollte man zum Schluss auch wieder zu Hause ankommen.

Wir löffelten unsere Suppe, tranken unseren Tee und sortierten noch einmal die Rucksäcke um. Einige Träger unserer Karawane waren noch auf der Hütte geblieben, diejenigen, die das Küchenzeug und unsere Packsäcke tragen sollten. Denen konnten wir nun aufbürden, was wir tausend Meter unterhalb des Gipfels nun wirklich nicht mehr brauchten: Wattejacke, Filzhosen, Skihandschuhe ...

Dann teilten wir uns auf. Nicole und Martin stürmten mit Deo im vierten Gang zur Horombo-Hütte hinunter, Rashid und ich spazierten im ersten Gang hinterdrein, hielten immer mal wieder zum Luftholen an und inspizierten die Umgebung. Der Weg war zwar derselbe wir am Vortag, doch da wir ihn in der Gegenrichtung abschritten, waren die Eindrücke vollkommen andere. Gestern hatten wir nur das eine Ziel vor Augen gehabt, den Kibo, der vor unseren Augen immer größer geworden war, und mit seinem Bruder Mawenzi um unsere Aufmerksamkeit gebuhlt hatte. Die Kamera hatte ich nun trotzdem in den Rucksack gepackt. Zum einen war ich erschöpft, zum anderen hatte ich keine Lust auf Gegenlichtaufnahmen. Doch als ich mich noch einmal zum Kibo umdrehte und über dem Gipfel eine wunderschöne Lenticularis-Wolke sah, (oder was ich dafür hielt), schoss ich noch ein letztes Bild an diesem Tag. Diese Wolken haben eine ganz prägnante Linsenform – vom englischen Wort „lens" wie Linse – und einen Moment sah es tatsächlich so aus, als ob ein UFO über dem Gipfel schwebte. Sind wir doch etwas zu voreilig von dort aufgebrochen? Nachmittags wissen sich die Ufos auf dem Gipfel vollkommen alleine und unbeobachtet. Wer aufsteigt, steigt in der Nacht auf, zwischen sechs und neun ist am Uhuru-Peak die tägliche Massenkundgebung mit Fotoshooting und Blitzlichtgewitter, und dann sind sie alle wieder fort bis zum nächsten Morgen.

Immer noch vierte Etappe: Zurück zur Horombo-Hütte

Lenticularis-Wolken sind auf Grund ihrer Form recht stabile Wolken, aber irgendwann war auch diese verweht, und nur noch die Horombo-Hütte lockte. Also endgültig zurück. Durch die Wüste. Durchs wilde Geröll. Von Kibo nach Horombo. In die Schluchten unterhalb des Mawenzi. Durch das Land der Senezien ... Wenn die Luft reichte, hatte ich mit Rashid geplaudert. Über seine Familie, seine Kinder, die inzwischen studierten. Rashid hatte nicht ganz so viele englische Vokabeln zur Verfügung wie Deo und Frederick, und ich war nach wie vor ziemlich atemlos. Keine tiefschürfenden Dialoge also. Immerhin nette Unterhaltung. Zu zweit wandert es sich nun einmal besser als alleine. Unsere Wandergruppe war seit sechs Uhr in der Frühe ziemlich zerrupft worden und im Laufe des Tages in immer kleinere Bestandteile zerfallen.
Die letzten drei Kilometer waren so lang wie eine Woche. Inzwischen hatten wir die Steinwüste verlassen, den Last Water Point passiert, waren eingetaucht in die spärliche Vegetation der Kräuter und Heidesträucher, die ersten Gespensterbäume waren längst wieder in Sichtweite gekommen, so dass ich hinter jeder Wegbiegung den Anblick des friedlich in der Nachmittagssonne schlummernden Hüttendorfes erwartete, aber schmerzhaft feststellen musste, dass der Weg viel mehr Wegbiegungen bereithielt, als in meinem Gedächtnis Platz gehabt hatten.

Die Indizien waren eigentlich eindeutig: ein Pärchen, das uns ohne Gepäck entgegen spaziert kam, also nur mal eben so zum Höhenmetergewinnen vor der nächsten Nacht, ein einzelner Sonnenhungriger, der auf einem Felsen UV-Strahlen erhaschte, und am folgenden Tag dafür bitter bezahlen würde, Senezien, die immer zahlreicher rechts und links des Weges Spalier standen ...
Und noch eine Kurve, noch ein Hohlweg, noch mehr rundgelatschte Steine, noch eine Via Knochenbrecher. In dem Moment, als die ersten Dächer der Horombo-Hütte auftauchten, kam mir vollkommen entspannt Konstantin entgegengeschlendert, warf ein lässiges „Alles klar?" in die Runde und schnappte sich meinen Rucksack. Der Gute!

Unsere Frühumkehrer hatten längst wieder eine Hütte in Empfang genommen, nicht dieselbe wie vor zwei Tagen, aber bei der ursprünglichen Schlafplatzverteilung war es dennoch geblieben. Mein Packsack lag schon in der südwestlichen Ecke des Schnarcherabteils und Konstantin hatte meinen Rucksack danebengestellt. Nach etwa 15 Stunden kam ich endlich aus den Wanderschuhen heraus. Und so gerne, wie ich sonst in ihnen über Berge laufe – nun war ich froh, sie zum Auslüften weit, weit vor die Hütte stellen zu können.
Oliver beobachtete die Szenerie vollkommen entspannt von seinem Schlafplatz aus und attestierte mir ein schweres Asthmaproblem. Wäre er nicht sechs Jahre älter als ich und Arzt, hätte ich ihm bestimmt einen Vogel gezeigt. So hustete ich ihm was und ging duschen.

Der Rest des Tages war Ausruhen. Ausgestreckt auf dem Schlafsack liegen, dem Pochen im Inneren des eigenen Körpers lauschen, vor allem den Klopfgeistern in den eigenen Füßen, und langsam feststellen, dass es wieder besser wurde. Nun endlich konnte ich den Gedanken, dass ich es geschafft hatte, auch genießen. Ab und zu grinste jemand um die Ecke, dann grinste ich zurück. Triumphierend. Wir hatten es schließlich geschafft, alle zusammen, als eine Gruppe, in der einer den anderen mitgezogen hatte. Und bei dieser Gruppendynamik waren wir gegenüber einer Wandergruppe mit der Mindestanzahl von zwei Teilnehmern klar im Vorteil gewesen. Davon bin ich überzeugt.

Dendrosenecio kilimanjari

Nun endlich konnte ich auch die alle interessierende Nachricht nach Hause simsen: „Ich hab's geschafft! 5895 m!" Und nach kurzem Erinnern an die Knochenbrecherschotterpiste setzte ich hinzu: „Nie wieder!" Was kein schlechtes Urteil über den Kilimandscharo sein sollte. Ich bin froh, dort hinauf- und wieder heruntergekommen zu sein. Diese dünne Luft dort oben macht süchtig auf mehr. Und es gibt noch etliche andere Berge.

Als die Klopfgeister in den Füßen ihren Auftritt beendet hatten, und allerhand Lebensgeister in mich zurückkehrten, mochte ich auch wieder aufstehen und noch ein bisschen herumlaufen. Ja, tatsächlich. Doch diesmal nur in leichten Jesuslatschen und mehr so zum Spaß. Wer rastet, der rostet. Noch einmal den Berghang hinunterschauen. Morgen früh würden wir für immer von hier weggehen, wenn die Horombo-Hütte begann, nach drei Übernachtungen heimelig zu werden.

Immer noch vierte Etappe: Zurück zur Horombo-Hütte

Unter dem Schleppdach eines der Haupthäuser waren ein paar der Eisenungetüme geparkt, mit denen man die Problemfälle den Berg herunterbringen konnte. Diese Tragen mit dem einen luftbereiften Rad, von denen wir oberhalb der Marangu-Hütte eine gesehen hatten. Damals hatten wir noch faule Witze gerissen, doch nun waren wir froh, dass niemand so eine Karre gebraucht hatte.

Das Popcornessen am Nachmittag hatte ich verpasst, doch zu unserem letzten Abendmahl auf dem Berg war ich wieder da. Acht strahlende Gesichter. Und Odin hatte bei keinem von uns einen Luftröhrenschnitt machen brauchen. Natürlich ging nun das große Auswerten noch einmal von vorne los. Schließlich konnte erst hier jeder jedem alles erzählen. Moritz hatte nach den Schwierigkeiten vom Vortag die Tortur mit Bravour überstanden, ich erklärte noch einmal, wie dusselig man sich anstellen konnte, wenn man mit weit aufgerissenem Schnabel die frostkalte Nachtluft aufschnappte, als wolle man Sieger im Speiseeiseinatmen werden. Martin erzählte von dem Wassersack in seinem Rucksack. Der war all die Tage „echt super" gewesen. Und „echt super" war dann auch die Überraschung in der letzten Nacht. Bei den frostigen Temperaturen war ihm nämlich das Wasser im Schlauch eingefroren. Zumindest in dem Teil, der aus dem Rucksack herausragte. Sicherheitshalber hatte er sich noch eine Thermoskanne Tee eingesteckt. Die rettet ihn dann geradeso über die Gipfeltour. Erst in Höhe der Kibo-Hütte war der Schlauch wieder aufgetaut. Wie sich herausstellte, hatten wir alle auf die eine oder andere Art einige ausgefallene, wundersame Erlebnisse gehabt und deutlichen Erfahrungen gemacht. Einer berichtete von Sprachfindungsstörungen, die sich bei ihm kurz vor dem Kraterrand eingestellt hatten, also etwa zu der Zeit, als ich auch nicht mehr recht weitergekonnt hatte. Da habe er mit seinem Nebenmann reden wollen. Blöderweise waren wir die ganze Zeit im Gänsemarsch gegangen. Der Nebenmann, der trotzdem nebenher gelaufen war, hatte eine Schiebermütze getragen und seltsam durchscheinend und wie Lenin ausgesehen. Auf dem Kraterrand sei er allerdings wieder verschwunden gewesen.

Zu den Anekdoten gab es leckeren Klebreis mit Erbsen und Paprika, noch ein zu Herzen rührendes Hühnerbeinchen, die üblichen verdächtigen Speisen eben. Einerseits waren wir wieder soweit hergestellt, dass wir schlingen konnten wie die Wölfe. Andererseits mochten wir den angebrannten Broten und der Steinmargarine langsam gar nichts mehr abgewinnen. Tee und Kaffee waren so lecker und so flüssig wie immer, aber die eigentliche Erfüllung wäre eigentlich ein schönes, kellerkühles Kilimandscharobier gewesen! Nun, wo wir es uns auch wirklich verdient hatten. Oder? Es war tatsächlich am Tisch davon die Rede gewesen, aber worüber redet man nicht alles. Die Worte über die lange Tischplatte flogen hin und her, wer die Dachschräge im Kreuz hatte, und sich weiter über den Tisch beugen musste, bekam natürlich mehr mit. Denn es war brüllend laut in der Dinnerhütte, wie stets, wenn die vielen Wandergruppen sämtliche Tische besetzt hatten, und jeder jedem aber sofort etwas ganz Wichtiges erzählen musste. Inzwischen ging es um die nächsten Pläne nach dem Abstieg. Reinhard und Moritz wollten noch auf eine Safari, ich nach Sansibar – als plötzlich tatsächlich Kilimandscharo-Büchsen auf dem Schottenkaro standen – und eine strahlende Nicole und ein strahlender Deo saßen daneben. Wahrscheinlich hatte sie es so ganz nebenbei unserem Guide aus dem Vorrat abgeschwatzt?

So konnten wir an diesem Abend also auch noch „It's Kili-Time!" ausrufen und uns ein kilimandscharowarmes Büchsenbier munden lassen. Wer wusste schon, wo es den ganzen Tag über in der Sonne gelegen hatte. Begleitet wurde das Schauspiel von den begehrlichen Blicken unserer Tischnachbarn.

Als Deo sich von uns verabschiedet hatte, wurde es wieder ernst. Am nächsten Morgen würden wir unseren Trägern Adieu sagen. Hier, an diesem Ort war das am besten möglich, weil wir nur noch hier alle auf jeden Fall zusammenkommen würden. Es war üblich, ihnen mit einem Trinkgeld zu danken. Die Arbeit der Träger ist ein Knochenjob. Jedes Jahr kommen auch Einheimische am Berg zu Tode, vor Erschöpfung, bei Wetterumschwüngen, durch Auswirkungen der Höhenkrankheit. Eine offizielle Statistik darüber existiert nicht. Der Berg ist für viele die einzige Verdienstmöglichkeit. Zu Hause wartet meist eine vielköpfige Familie auf das Geld, das die Träger mitbringen werden. Sie gehen ein- bis zu zweimal im Monat die Tour, in der Regenzeit entsprechend weniger oder unter Bedingungen, die sich kein Freizeitwanderer antun würde. Ihr Lohn ist bescheiden, also sollten wir, die wir es uns leisten können, sie vernünftig dafür entlohnen, dass sie uns so viele Lasten auf dem Weg nach oben und wieder zurück abgenommen haben. Das Gepäck, die Lebensmittel, die Orientierung, auf den anderen Routen zudem noch die Zelte ... Ohne sie wären wir sicher schon auf halbem Wege zusammengebrochen.

Unser Veranstalter hatte uns in den Reiseunterlagen eine Aufschlüsselung der üblichen Höhe an Trinkgeldern für „guides", "assistant guides", cooks, waiters und carriers mitgegeben, und nun setzte, lange herausgezögert, weil wir bisher mit uns selbst zu kämpfen gehabt hatte, ein Überlegen an, wie wir die Übergabe bewerkstelligen sollten. Jeder jedem mit einem warmen Händedruck? Wir würden Stunden brauchen! Acht mal zwanzig Trinkgelder überreichen, einhundertundsechzigmal Hände schütteln und Dankesworte aussprechen? Wir einigten uns darauf, jedem einen Briefumschlag mit dem Geld von allen vorzubereiten. Oliver hatte die Umschläge in die Runde geworfen. Was die Leute heutzutage so alles mit auf den Berg schleppen! Reinhard zog daraufhin noch mit einer Liste von Mann zu Mann und Frau und koordinierte die Aktion. Der geborene Manager. Und da er sich mit so viel Enthusiasmus in die Aufgabe gekniet hatte und als leitender Angestellter eines großen Unternehmens in solchen Sachen ohnehin firm war, beschlossen wir, ihn am nächsten Morgen auch noch die Dankesrede halten zu lassen.

Und dann – konnten wir endlich gut schlafen. Man soll immer ein paar Meter höher steigen, als dorthin, wo man seinen Schlafplatz wählt. Das hilft, aus welchem Grund auch immer. In unserem Falle waren es diesmal ungefähr 2115 Meter! Und die Nacht war phantastisch! Weder quälenden Gedanken noch üble Träume, weder schlafloses Umherwerfen noch Schnarchkonzert der anderen. Nur noch die Augen zu, das Licht aus ... Augen auf, Guten Morgen! Es war einfach wunderbar und wie im Garten Eden gewesen.

Fünfte Etappe: Horombo-Hütte, Marangu-Gate & Arusha

Abschied von den Trägern * Zurück durch Hartlaub und Heide – diesmal bei Sonnenschein * Rast an der Mandara-Hütte * Noch einmal durch den Regenwald * Angekommen * Letzte Umarmungen * Ein Schweizer Uhrwerk im afrikanischen Dschungel * Mit dem Jeep nach Arusha * Wieder in der Zivilisation

Man hätte am nächsten Morgen am liebsten liegenbleiben können. Andererseits hatten wir doch eine gewisse Routine des Aufstehens entwickelt, so dass der von Hauser anempfohlene Reisewecker, den keiner von uns mithatte, wirklich nicht nötig war. Nur Odin musste Morgen für Morgen von seinem Vater aus dem Bett gepredigt werden, wenigstens eine halbe Stunde lang, denn ansonsten wären wir schon ab dem zweiten Tag nur noch zu siebent unterwegs gewesen. Odin pflegte das nur mit einem Stöhnen und einem anschließenden Kichern zu quittieren, und sein eigenes Tempo eisern beizubehalten. Ich habe keine Ahnung, ob er außer am Gillman's Point jemals einen Sonnenaufgang am Kili miterlebt hatte. Das wäre bedauerlich, denn die Sonnenaufgänge waren allesamt etwas Wunderbares und der beste Start in den Tag.
Ein letztes Porridge, ein letztes geräuchertes Toast. Und zum Abschied ein Lunchpaket für unterwegs. Hühnerbeinchen, Saft, Käse ... Wir hatten abschließend noch einmal 20 km vor uns. Nur noch bergab und immer geradeaus – für solche wie uns, die den Kibo bezwungen hatten, natürlich keine Schwierigkeit. Aber Hunger bekommt jeder, und außerdem hatte man etwas zum Tauschen. Saft gegen Käse, Käse gegen Hühnerbeine, Hühnerbeine gegen Saft.
Meine Stimmung war – seltsam. Einerseits wollte ich nach wie vor jede Minute genießen, andererseits war mir schon klar, dass wir uns seit gestern nur noch rückwärts bewegten. Zurück an den Start, was bedeutete, dass die Abenteuer vorüber waren. Immerhin hatte ich noch Sansibar vor mir – wenn ich es jemals erreichen sollte. Die Zeit war viel zu rasch vergangen. Leider gab es keine Chance, die Zeiger der Uhren zurückzudrehen. Wenigstens hatten wir noch diesen einen wundervollen Tag vor uns, denn wir würden nun den Abstieg durch die Heidezone und den Regenwald ohne jede seelische Bürde genießen können.

Ein paar Minuten vor acht fanden wir uns mit unseren Rucksäcken abmarschbereit vor der Dinner-Hütte ein. Nicole, Oliver und ich waren mit Kameras bewaff-

net, Reinhard mit Olivers Briefumschlägen und mit unserem gesamten Trinkgeld.
Die Schatten waren noch lang an jenem Morgen. Unsere Träger fanden sich ein, alle noch gut verpackt in warmen Sachen, alle mit ernsten Gesichtern und so ganz anders anzuschauen als tagsüber auf dem Wanderweg, wenn sie uns locker vom Hocker mit einem strahlenden Lachen überholt hatten, das übliche „Jambo" oder „Mambo poa" auf den Lippen. Weil es diesmal um Geld ging? Weil es für sie von existenzieller Bedeutung war, wie viel Geld in den Umschlägen steckte? Ob es oft vorkam, dass sie leer ausgingen? Wir wussten eigentlich so gut wie gar nichts von ihnen, nur, was unser Veranstalter uns mit auf den Weg gegeben hatte, was wir aus Reiseführern gepickt hatten, und was Deo und Frederick bereit gewesen waren, preiszugeben. In der Summe nicht viel, und so abgesondert, wie sich die Träger von Anfang an gehalten hatten, hatten wir ein wenig versäumt, außer dem Land auch noch die Leute kennenzulernen. Weil wir mit uns selber beschäftigt gewesen waren? Weil sie uns aus dem Weg gegangen und weil wir ihnen nicht gefolgt waren?

Da standen wir uns nun gegenüber wie beim Fahnenappell, Reinhard hielt eine Dankesrede, der zwar wir folgen konnten, jedoch sichtlich nicht jene, an die sie gerichtet war. Anschließend rief Reinhard jeden einzelnen Träger mit Namen auf, überreichte ihm seinen Umschlag, und der Aufgerufene schritt die Front ab. Hände wurden geschüttelt und Dankesworte gemurmelt, und dann kehrte der Ausbezahlte wieder in die rettende Gemeinschaft seiner Kameraden zurück. Die Zeremonie hatte etwas so furchtbar Steifes an sich, dass einem unmöglich wohl dabei sein konnte. Immerhin zeigten uns die Träger, dass es auch anders ging. Sie wiederum dankten uns mit dem Kilimandscharoträgerlied. Nun tanzten, pfiffen und lachten sie auch wieder.

„Kilimanjaro, Kilimanjaro, Kilimanjaro, Kilimanjaro, mlima mrefu sana.
Na Mawenzi, na Mawenzi, na Mawenzi, na Mawenzi, mlima mrefu sana.
Ewe nyoka, ewe nyoka, ewe nyoka, ewe nyoka, mbona wanizungukaa.
Wanizungukaa, wanizungukaa, wanizungukaa, wanizungukaa, wataka kunila nyama.
„unila nyama, kunila nyama, kunila nyama, kunila nyama, mlima mrefu sana ..."

Sie waren nicht nur Aktivisten der ersten Strophe wie wir Deutschen im Allgemeinen, sondern sie hatten sogar noch mehr Strophen für uns parat, als landläufig im Internet unter „Trägerlied Kilimandscharo" zu finden sind. Und was machten wir? Wir standen steif daneben und lächelten. So waren wir eben. Also noch einmal von hieraus: „Vielen Dank, liebe Träger!"
Dann ein letztes Gruppenbild und ein letzter Blick auf den Kibo. Gegen 8:30 Uhr verließen wir die Horombo-Hütte, ein wenig wehmütig, doch immerhin guten Mutes. Wir hatten zwar eine weitere, richtig lange Strecke vor uns, etwa 20 km bis hinunter zum Tor, doch was sollte eigentlich noch schiefgehen? Selbst wenn

sich jemand beide Beine brechen sollte, wäre er doch vorher noch auf dem Kibo gewesen.

Kifinikahügel – Dort führt ein Weg hin, aber keiner mehr zurück

Mein „Asthma" hatte ich in der letzten Nacht weitestgehend wieder ausgeschnarcht. Mir ging es gut und ich hatte mich wie immer im letzten Drittel des Gänsemarsches eingereiht, um in aller Ruhe nach Busch und Baum, Berg und Tal, Stock und Stein schauen zu können. War der Aufstieg eine Wanderung gewesen, glich der Abstieg nun eher einem zügigen Spaziergang. Es ging vorbei am Kifinikahügel, dem ebenmäßigen Vulkankegel, zu dem ein Weg hin- aber keiner mehr zurückführte, weiter über einige Täler und Brücken hinweg und die inzwischen allbekannte Via Knochenschund hinunter. Das Wetter war deutlich besser als auf dem Hinweg, als wir uns auf diesem Teilabschnitt durch die Wolken hindurchkämpfen mussten. Der Himmel war so blank geputzt wie ein preußischer Rittmeisterstiefel, erst zweieinhalb Stunden später zeigten sich weit, weit über uns die ersten Schönwetterwolken. Wir kehrten zurück auf die weitläufigen Berghänge voller Hartlaubgewächse und Heidekräuter, Zuckerbüsche, Lobelien und Strohblumen. Die Sicht auf die Ebene war ein wenig getrübt durch den Dunst in der Luft, doch wenn man sich vor Augen hielt, dass es in spätestens zwei, drei Wochen hier wie aus Kannen regnen würde, die Fredericks Chagga-Götter über den Köpfen der Wanderer ausgossen, dann war die leicht getrübte Sicht ein echtes Geschenk.

Die Ausblicke waren bergabwärts vollkommen andere. Man nahm mehr die Weite wahr als auf dem Hinweg, als man vollkommen auf den Berg, den Nebel und die darin herumstehenden Gespensterbäume fixiert gewesen war.

Eine Stunde später war der Rastplatz erreicht, wo wir schon auf dem Hinweg unsere Lunchpakete geplündert hatten. Zeit, die Füße hochzunehmen. Konstantin reichte Nüsse herum, Haselnüsse, die er in einen schweineschweren Beutel die ganzen Tage mit sich herumgeschleppt hatte. Die waren möglicherweise als Energienahrung gedacht gewesen, falls das Chili ausgehen sollte, als Ballast, um nicht vor Glückseligkeit abzuheben, oder – weil es Konstantin war, der sie mitschleppte – als Jonglierkügelchen, um im Urlaub nicht aus der Übung zu kommen?

Jambo! – Mambo poa!

Eine weitere Stunde später waren wir dann endlich am Kifinikahügel vorbei, grüßten den Gegenverkehr geflissentlich mit einem coolen Jambo und strahlten vor allem die bergauf schnaufenden Wanderer so optimistisch wie möglich an, um ihnen das Gefühl zu vermitteln, dass machbar war, wovon sie noch träumten.

Zwischen die Hartlaubgewächse mogelten sich mehr und mehr Gräser und übernahmen schließlich wieder kniehoch das Regiment. Bald darauf kam die Baumgrenze in Sicht. Hier war die interessanteste Pflanze ein Gewächs, das Blätter besaß wie in unseren Breiten der Löwenzahn. Allerdings wuchsen diese Pflanzen hier brusthoch. Mit ihrer Gestalt imitierte sie die Senezien. Die abgestorbenen

Fünfte Etappe: Horombo-Hütte, Marangu-Gate & Arusha

Blätter fielen nicht vom Stamm, sondern hüllten ihn ein wie einen Mantel. Der Plan war der selbe, es ging darum, die Nachtkälte zurückzuhalten. Doch wenn man so eine Butterblumen Palme spielen sah, dann mutete das einfach nur komisch an.

Hier gab es wieder mehr Dinge, an denen man seine Erinnerungen festmachen konnte. Ein Wäldchen verbrannter Bäume, eine Weggabelung, die den Wanderer auf den Holzweg und wieder zurück führte, ein Abhang, bewachsen mit toskanischen, schirmartigen Bäumen ...

Im Abstand einer Viertelstunde kamen uns zwei Einheimische mit Karren entgegen, die auf der Route zur Notbergung von Verletzten und den Opfern der Höhenkrankheit benutzt wurden. Sie brachten die Karren wieder den Berg hinauf, was bedeutete, dass vor nicht allzu langer Zeit ihr Einsatz bergabwärts nötig gewesen war. Das brachte uns noch einmal ganz deutlich in Erinnerung, wie gut unsere Tour gelaufen war. Schlechtes Wetter, Notfälle durch Erschöpfung oder Schlimmeres wären durchaus auch vollkommen normal gewesen.

Das Auftauchen von Baumheide, mit meterlangen Flechten behangen, zeigte uns an, dass wir bald wieder die Hochmoorzone verlassen würden. Für eine „polepole"-Wanderung ein rasantes Tempo. Kurz darauf kamen die ersten Baumriesen in Sicht und gegen halb zwölf erreichten wir die Mandara-Hütte. Wir hatten also die Tagestour des Aufstiegs in der Gegenrichtung in etwa drei Stunden hinter uns gebracht.

An der Mandara-Hütte hielten wir Rast. Zur Mittagszeit war hier überhaupt nichts los. Der Ansturm der zukünftigen Gipfelaspiranten würde in etwa drei Stunden einsetzen, und am Abend würde in der Dinner-Hütte wieder der Kampf um die limitierten Sitzplätze ausbrechen. Doch dann wären wir längst vom Berg. Zwei Personen einer Miniwandergruppe trampelten mir ziemlich heftig auf den Nerven herum, da sie ihre neunmalklugen Weisheiten in einer Lautstärke austauschten, als müssten sie den ganzen Berg unterhalten. Ich versuchte mit aller Kraft, wegzuhören und schwieg, damit niemand Fremdes mitbekam, dass ich mich derselben Sprache bediente, in der sie herumkrakeelten. Was tun in einer solchen Situation außer Fremdschämen? Hingehen und den Krawalltüten unter die Nase reiben, „dass man das jetzt gar nicht wissen wolle?" Sie würden es in ihrem übersteigerten Selbstbewusstsein nicht einmal verstehen und würden weiter akustische Umweltverschmutzung betreiben. So beglückwünschte ich mich im Stillen nur dafür, wie gut ich es mit meinen Wanderkameraden getroffen hatte, und nahm bald wieder Reißaus von der Mandara-Hütte.

Zweieinhalb Stunden später hatten wir dann auch die Zone des Regenwaldes hinter uns gelassen. Zweieinhalb Stunden, die noch einmal voller Staunen über die wunderbaren, riesigen Bäume gewesen waren, vollkommen überwuchert von Epiphyten, von blinden Pflanzenpassagieren wie Farnen, Moosen, Schlingpflanzen, Bartflechten, Lianen, Würgefeigen. Unseren ersten Rastplatz, an dem sich die Affen getummelt und wo wir zum ersten Mal die Weißnackenraben gesehen hatten, ließen wir links liegen. Wir quälten uns an mehreren Busladungen von Pfadfindern vorbei und fragten uns, ob die wie die Mamas der präsidialen Frauentagsveranstaltung nur bis auf die Marangu-Hütte wollten, oder darüber hinaus auch den Gipfel erstürmen würden. Und wir taxierten die Pfadfinder und Pfadfinderinnen nach ihrer Erfolgschance, Sieger über den Berg, sich selbst und die Höhenkrankheit zu werden. Ein paar Chaggakinder standen am Wegesrand. Sie streckten uns ein Chamäleon entgegen, mit dem wir uns für Geld fotografieren sollten, und zeigten uns so an, dass die Zivilisation nun wirklich nicht mehr weit war. Und zu guter Letzt erreichten wir die Lichtung, auf der wir vor ein paar Tagen unserem allerersten Affen begegnet waren. Nun war die Lichtung leer. Entweder war der Affe doch nur ein wildes Tier gewesen, das inzwischen anderes zu tun hatte als Touri-watching, oder aber man hatte ihn nach den Pfadfindern wieder abgepflockt und in sein Gehege zurückgebracht.

Heißgelaufen!

14:38 Uhr posierte ich mit Frederick unter dem Ausgang des Nationalparks für ein letztes Foto – 5 Tage, 3 Stunden und 53 Minuten, nachdem ich das Tor zum ersten Mal durchschritten hatte. „EXIT MARANGU ROUTE CONGRATULATION AND WELCOME AGAIN" stand dort geschrieben. Die Glückwünsche habe ich gerne angenommen. Das „welcome again" will ich gerne beherzigen. Wie gesagt, die dünne Luft macht süchtig, doch es gibt noch so viele andere

Fünfte Etappe: Horombo-Hütte, Marangu-Gate & Arusha

Berge auf der Welt, die mit ihren ganz eigenen Außergewöhnlichkeiten locken, dass ich nicht damit rechne, in diesem Leben noch einmal hierher zurückzukehren. Eigentlich schade.

Fünfzig Meter weiter, im Schatten der Nationalparkverwaltung, zeigte unsere Wandergruppe deutliche Auflösungserscheinungen. Die Angekommenen lagen der Länge nach auf den Holzbohlen, keiner hatte mehr die Wanderschuhe an den Füßen und das Gepäck war auch weit verstreut. Ich warf meine Klamotten daneben, entledigte mich genauso meiner Schuhe und tippelte die ersten barfüßigen Schritte durch die Zivilisation. Auf dem Hinweg hatte ich listigerweise darauf verzichtet, mich mit Postkarten und einer Wanderkarte als Andenken einzudecken. Nun stand ich vor dem verschlossenen Souvenirladen und machte ein langes, enttäuschtes Gesicht. Dumm gelaufen! Na dann eben in Moshi!

Wir hatten nun Zeit, unsere geschundenen Knochen zu pflegen, solange Deo die Formalitäten erledigte und wir stolze Besitzer von Urkunden wurden. Es gibt dreierlei: die bronzene für diejenigen, die es bis zum Gillman's Point schaffen (5685m), die silberne für die Stella-Point-Eroberer (5756m) und die goldene für die Gipfelstürmer (5895m). Meine Urkunde weist mich als den 163635. Bezwinger des Uhuru Peaks aus. Deo, mein Guide, der Chief Park Warden des Kilimanjaro National Parks und der Director General aller Tansania National Parks haben das mit ihren Unterschriften beglaubigt.

Das war's dann. Wir umarmten Deo und Frederick ein letztes Mal, wünschten ihnen alles Gute, wohlwissend, dass sie nun nach Arusha zurückfahren würden, um in den nächsten Monaten vielleicht vergebens auf den nächsten Job als Tourguide zu warten. Die Regenzeit stand bevor, wobei Tourguides wie auch die Köche, Kellner und Träger keinen festen Arbeitsvertrag haben. Sie wurden angeheuert, wenn Bedarf bestand, und hockten ansonsten zu Hause, um Tag für Tag vielleicht vergebens auf den nächsten Job zu warten. Sie hatten den besten Job gemacht, den man sich hier am Berg vorstellen konnte. Sie hatten die ganze Mannschaft trotz aller Zweifel heil hoch und wieder runter gebracht. Danke Deo, danke Frederick!

Dann klaubten wir unsere Habseligkeiten zusammen und wankten zum Parkplatz hinunter. Dort warteten die Träger mit dem Rest unseres Gepäcks und Mr. Mohamed Chembera mit den beiden Jeeps, die uns ins Hotel zurückbringen sollten. Im Hotel würden wir duschen, ein letztes Festmahl einnehmen und dann würden fünf von uns in die Heimat entschwinden, zwei sich zur Safari verabschieden und ich stünde ohne Flugticket nach Sansibar mitten in Tansania herum und fände die Szenarien meiner schlaflosen Kilimandscharonächte noch immer nicht witzig. Den schlaflosen Nächten würden zweifelhafte Tage folgen, niemand würde sich noch für mich zuständig fühlen, und von Moshi bis nach Daressalam zur deutschen Botschaft wären es zirka 450 km Luftlinie

Runterkommen

Nachdem wir unser Gepäck und uns selber auf die Jeeps verteilt hatten, trat Mr. Mohamed Chembera an mein Fenster und fragte mich, ob ich derjenige sei, der nach Sansibar weiterreisen wollte. Er überreichte mir mein Ticket und einen Briefumschlag an Mr. Salim Ali Islam, an jenen Herrn, der mich auf dem Stonetown-Flugplatz in Empfang nehmen würde. Alle meine tage- und nächtelangen Sorgen waren vollkommen umsonst gewesen. Die Organisation klappte mitten im afrikanischen Dschungel so reibungslos wie ein Schweizer Uhrwerk, so perfekt, dass man hysterisch, misstrauisch und hochgradig alarmiert einen Haken herbeiargwöhnte, wo es einfach keinen gab. Ich konnte mich tatsächlich zurücklehnen und Herrn Mohamed Chembera einfach machen lassen. Und das tat ich dann auch.

Goodbye and thanks!

Als die Jeeps vom Parkplatz rollten, winkten wir unserer Trägermannschaft ein letztes Mal zu. Sie winkten zurück, und anders als am Morgen waren sie nun nicht mehr angespannt ernst, sondern wieder so fröhlich wie an all den vorangegangenen Tagen. Doch das war natürlich nur der äußere Eindruck. Wie es in ihren Herzen aussah, haben wir in den paar Tagen nicht einmal ansatzweise herausbekommen.

Auf der Fahrt vom Gate hinunter nach Marangu, weiter über Himo nach Moshi drückte ich mir die Nase an der Scheibe platt. Ich konnte den Rest der Reise genießen! Ich konnte mir Land und Leute anschauen, ohne mir Sorgen machen

Fünfte Etappe: Horombo-Hütte, Marangu-Gate & Arusha

zu müssen! Ich war sooo happy! Was eine Stunde später folgte, war ein wunderschönes Beispiel von kollektiver Umnachtung. Doch bis dahin schaute ich auf Bananenplantagen, beobachtete die Leute am Straßenrand, wunderte mich über all die roten Kreuze an den Häusern, schaute auf weitläufige Felder roter Erde, auf denen nun zum Beginn der Regenzeit das erste Grün spross, und entdeckte ein paar Baobabs, von denen die Einheimischen behaupten, der Schöpfer habe sie aus dem Boden gerissen und verkehrt herum wieder eingepflanzt, weil die Bäume nach der Schöpfung ständig auf ihren Wurzeln davongelaufen seien. Ich schaute, staunte und fotografierte, und dann sind wir nach Moshi eingefahren. Quer durch die Stadt führt die Überlandstraße, die Arusha-Himo-Road, und wird an einem ganz markanten Kreisverkehr gekreuzt von einer weiteren Hauptstraße, der Kilimanjaro-Road. Der Kreisverkehr ist nicht zu verfehlen. In seiner Mitte erhebt sich ein großes Soldatendenkmal mit den Worten „Water of Life" auf seinem Sockel. Zu unserem Impala Hotel in der Lemo-Road hätten wir rechts abbiegen müssen, doch die Jeeps fuhren einfach geradeaus weiter. Also machte ich mir meine Gedanken über Einbahnstraßen und fand noch nichts Schlimmes dabei. Doch irgendwann wurden die Häuser immer kleiner, dann hatten wir die Stadtgrenze passiert und donnerten allradgetrieben weiter westwärts. Zehn Minuten, eine halbe Stunde, irgendwann kam uns das allen faul vor. Jeder von uns, und darin bestand der kollektive Wahnsinn, hatte die Beschreibung von Hausers zwar bis zum Ende gelesen, doch nicht wirklich verinnerlicht. Wir waren alle davon ausgegangen, in unser Hotel nach Moshi zurückzukehren. Doch O-Ton Hauser: „Hier verabschieden wir uns von unserer Begleitmannschaft, steigen ins Auto und fahren nach Arusha ins Hotel. Endlich wieder eine warme Dusche." Die warme Dusche hatte jeder gelesen, und Arusha dabei völlig ausgeblendet und durch Moshi ersetzt.

Irgendwann waren wir am Abzweig zum Flughafen vorbei, der Tag verging, wir waren es leid, weiter im Jeep durchgeschüttelt zu werden, denn auch auf der Rücktour mussten wir ja vor jedem schildkrötenbuckelartigen Zebrastreifen, der wie ein Krokodil über der Straße lag, von Fünfzig auf fast Null abbremsen. Was bedeutete, dass einhundert Meilen auf tansanischen Landstraßen unendlich viel länger waren als einhundert Kilometer Landstraße von Laleburg bis nach Schilda.

Allerdings wurde jenseits der Abzweigung zum Flughafen die Landschaft interessanter. Die Vegetation wurde üppiger, die Bananenplantagen wurden größer und grüner, und vor allem kamen wir dem Mount Meru immer näher. Wir hatten ihn ja schon vom Kibo aus gesehen, diesen ebenmäßigen Kegel, der sich über den Gletschern aus dem Dunst erhob. Nun sahen wir ihn anstelle aus der Vogelperspektive aus dem Blickwinkel von Fröschen, Geckos und Autofahrern. Und so, wie er sich nun über Plantagen, Ödland und Kulturland erhob, war er nicht ein bisschen weniger sehenswert als vom Dach von Afrika.

Runterkommen

Wir fuhren an mehreren Wahlveranstaltungen vorbei, an Massenaufläufen, die wir nicht recht deuten konnten, weil wir als Pauschaltouristen nichts weiter als Zaungäste waren, und langten endlich nach zwei Stunden und zwanzig Minuten in Arusha an. Natürlich auch wieder in einem Impala Hotel.

Das Impala-Hotel von Arusha ist ohne Zweifel eines der ersten und höchsten Häuser am Platze. Und das fällt auf bei einem elfstöckigen Gebäude, das sich über eine Stadt von Ein- Zwei- und Dreigeschossern erhebt. Da wir von unseren eigenen Erwartungen aufs Glatteis geführt worden waren, kletterten wir reichlich irritiert aus den Jeeps und hielten Ausschau nach unserem Gepäck. Wir würden also 80 km weiter westlich den Tag beenden, als wir erwartet hatten. Aber warum auch nicht? Wir waren schließlich ausgezogen, um die weite Welt zu entdecken.

Was für ein Luxus!

Arusha ist die Gebietshauptstadt der Region südwestlich des Kilimandscharos und Hauptstadt des tansanischen Safaritourismus. Es ist eine Stadt im Grünen. Soweit wir sie mit den Jeeps durchquert hatten, machte sie einen ländlichen Eindruck. Aus dem Flugzeug bemerkte man zuerst das Gewimmel unzähliger kleiner Häuser und Hütten. Doch die Einwohner und Pendler, die tagsüber in die Stadt kommen, machen schätzungsweise eine halbe Million Menschen aus. Da Arusha immer wieder auch auf der politischen Bühne eine bedeutende Rolle gespielt hat, verfügt es über mehrere erstklassige Hotels, eines davon besagtes

Impala-Hotel, das wir nun verdreckt bis über die Ohren durch manns- und übermannshohe Makonde-Schnitzereien betraten. Alles war aus Marmor und Tropenholz, weitläufig und wuchtig. An der Rezeption Computer und Internet! Wir waren ohne Zweifel endgültig in die Zivilisation zurückgekehrt. Die Anmeldung verlief so reibungslos wie alles von Hauser Organisierte. Minuten später erhielten wir unsere Zimmerkarten. Die Reisetaschen, in Moshi zurückgelassen, wurden auf einem Wägelchen in die Empfangshalle gefahren, wobei Herr Mohamed Chembera versprach, mich am nächsten Morgen um halb acht Uhr abzuholen und zum Flughafen zu fahren.

Ich teilte mir erneut mit Konstantin ein Zimmer. Konstantin würde kaum Gelegenheit haben, den Luxus von Room 230 zur Genüge auszukosten, denn jene, die nach Deutschland zurückkehrten, würden schon kurz vor Mitternacht wieder abgeholt werden. Doch nach der einwöchigen Wanderschaft waren die warme Dusche und das weiche Himmelbett ein durchaus willkommener Luxus.

Gut anderthalb Stunden später trafen wir uns nach Seife und Duschbad duftend in einem der vier Restaurants des Hotels wieder, um auf Hausers Kosten noch ein allerletztes, gemeinsames Mahl einzunehmen. Wir tauschten die Adressen aus, lobten uns gegenseitig, weil wir so wunderbar miteinander ausgekommen waren, und gelobten, uns nicht aus den Augen zu verlieren. Wir ließen uns aufs Vortrefflichste von den Kellnern verwöhnen und hatten doch auch eine Träne im Knopfloch, weil dies nun unser Abschied sein würde.

Während Konstantin danach auf dem Himmelbett entspannte, um Schlaf für den Rückflug zu tanken, hatte ich mich inzwischen auch vom Kilimandscharo verabschiedet – vorerst, denn loslassen wird er mich wohl nie mehr – um endlich mit dem Sansibar-Reiseführer in der Hand den Rest der Reise vorzubereiten. Dann kam das allerletzte Abschiednehmen des Tages, Nicole und Martin, Oliver, Odin und Konstantin traten die Heimreise an, ich verzog mich unter das Moskitonetz meines Himmelbettes und malte mir aus, den nächsten Morgen zu verschlafen. Doch noch vor dem Alptraumende war ich eingeschlafen. Es klappte ja alles so gut.

Auslandsaufenthalt, Bildung, Jobben

Tausende von Möglichkeiten, kostengünstig oder gar umsonst die Welt anzusehen. Ratgeber zu den Themen Aupair, Freiwilligendienste, Jobs, Praktika, Working Holiday

interconnections-verlag.de, > Katalog

Ab an die Zanzi-Bar

Von Arusha nach Sansibar

Arusha von oben * Mutterseelenallein * Plauderei mit einem tansanischen Zöllner * Ankunft auf Sansibar * Zu Salim Ali Islam nach Hause * Quer über die Insel – Friedhöfe, Daladalas und Rote Colobus-Affen * Ein Ausflug in meine Kindheit

Ich hatte nicht die leiseste Chance, zu verschlafen. Am Äquator geht die Sonne immer um sechs Uhr auf, und ich war heiß auf Sansibar und wahrscheinlich der erste von allen Gästen, der an diesem Morgen unterwegs war. Das Impala-Hotel ist ein Elfgeschosser mit einem Fahrstuhl, der mich bis unter das Dach trug, wohin eigentlich kein Tourist mehr kommt, und wo nur noch zerbrochene Makonde-Schnitzereien neben zusammengebrochenen Bettgestellen abgestellt waren, Teppichreste neben Kachelresten, Satellitenschüsseln neben den Resten von althergebrachten Antennen. Von dort aus hat man wunderbare Ausblicke auf die Umgebung, auf die Dächer von Arusha und den Mount Meru. Arusha ist aus dieser Perspektive herrlich grün, sehr hügelig und versteckt sich weitgehend hinter Bäumen und Sträuchern. Ein paar großformatige Plakate ragten aus dem Grün hervor und priesen die Vorzüge von „Tabasamu"-Zahncreme und „Mountain Dew"-Limonade. Witzigerweise ist Mountain Dew eine ziemliche Zuckerbombe, und Tabasamu versucht zu retten, was noch zu retten ist.
Der Mount Meru schlummerte derweil noch hinter den Wolken.

Ich war ein wenig behindert an jenem Morgen. Eine Blase am Hacken, so groß wie ein Zwei-Euro-Stück, bremste mich genauso gewaltsam aus wie der mordsmäßige Muskelkater, den ich mir beim Abstieg erlaufen hatte. Sich den Gipfel hinaufzuquälen hatte keinerlei Probleme bereitet, aber danach hinunterzuspazieren war einfach zu viel gewesen. Das Absteigen hatte ich nicht trainiert, und das war nun die Quittung.

Der weitläufige Frühstücksraum war beinahe leer. In dem einen Ende saßen zwei ältere Asiatinnen, in dem anderen ein älterer Herr, augenscheinlich ein Europäer oder Amerikaner, mit seiner blutjungen Begleiterin. Es gab an diesem verschlafenen Morgen nur gedämpfte Geräusche zu hören, ein verstohlenes Räuspern, ein wenig Teelöffelgeklapper, sonst nichts. Das lärmende Arusha schlief noch, oder das Hotel war hinter seinen Palmen und Mangobäumen bestens abgeschirmt. Das Essen ließ keine Wünsche offen. Alleine ein Dutzend Sorten Brot, Weißbrot, Farmerbrot, Schwarzbrot, ... ja, auch Toastbrot, und die Möglichkeit, es vollendet zu toasten. Richtige Butter gab es auch und nicht nur die steinharte Marmormargarine, Wurst, Fleisch, was immer man begehrte. Als ich mir die zweite Tasse Tee zubereitete, kamen Reinhard und Moritz, beide genauso halbwach wie ich und genauso tatendurstig. So entspann sich eine Morgenplauderei zwischen Gähnen und Plänen, zwischen Safari und Sansibar, und zusammen dachten wir noch ein wenig an die anderen unserer Gruppe, die nun schon längst über Nordafrika hinwegflogen, vielleicht bei wolkenfreiem Himmel die Sahara bestaunten, die Wüste nach Karawanen absuchten und den Himmel nach fliegenden Teppichen.

Doch eigentlich waren wir jeder schon auf unserer eigenen Reise. So machten wir es letztlich kurz, wünschten uns viel Spaß und eine gute Heimkehr und brachen zu unseren ganz verschiedenen Abenteuern auf.

Herrn Mohamed Chembera war so pünktlich wie ein preußischer Beamter. Ausgeschlafen, freundlich und zuvorkommend beim Gepäckeinladen. Nun fuhr ich die Straße von Arusha nach Moshi also zum dritten und letzten Mal, klebte erneut mit der Nase an der Scheibe, um mich später an so viel wie möglich erinnern zu können, und Herr Chembera erteilte mir bereitwillig Auskunft. Die meisten Häuser entlang der Straße trugen große, rote Kreuze. Diese Häuser seien illegal, erfuhr ich. Nach einem erst vor einigen Jahren verabschiedeten Gesetz standen sie nun zu dicht an der Straße. Ob sie abgerissen werden würden, fragte ich. Herr Chembera lächelte vielsagend. Dann zeigte er mir Polizisten, die Geschwindigkeitskontrollen durchführten. Also auch hier! Er erklärte mir, dass die Strafen teuer seien. Aber jeder kenne hier jeden, und man könne ja auch miteinander reden, nicht wahr? Ich lächelte wissend zurück und glaubte zu erahnen, was er meinte.

Wir verabschiedeten uns nach einer holprigen Fahrt über bucklige Zebrastreifen vor dem winzigen Flughafengebäude. Ich checkte Minuten später ein, da ich fast die einzige Person im Flughafengebäude war, und machte mich auf die Suche nach den Andenkenläden. Eine Wanderkarte vom Kibo für die heimatliche Wand und ein paar Postkarten waren alles, was ich erstehen wollte. Doch die Läden waren genauso geschlossen, wie der Flughafen verwaist war, und ich bedauerte meine Listigkeit, mit der ich vor Tagen am einzig offenen Wanderkartenladen von Tansania vorübergegangen war.

Nun war ich also mutterseelenallein. Noch ein letztes Kilimandscharo vor dem muslimischen Sansibar? Die Flughafenbar befand sich zwar im Inneren des Gebäudes, war aber nur an den Rändern überdacht. Aus der Mitte des Innenhofes erhob sich ein Baum, der mit seinem Blätterdach den Rest des Atriums abdeckte. Also sinnierte ich über die Zweckmäßigkeit dieser Architektur zur Regenzeit, doch wenn es hier Schusterjungen regnete, hatten die Leute vielleicht gar keinen Bedarf an geistigen Getränken? Dann vertrieb ich mir die Zeit damit, meinen Erinnerungen an die letzten Tage nachzuhängen. Die großartigen Augenblicke waren alle noch vorhanden, doch die Schinderei begann bereits zu verblassen. Der famose Gipfelsieg hatte dem elenden Gipfelsturm längst den Rang abgelaufen, und ich würde mich zu Hause sofort an den Schreibtisch setzen müssen, um keine fürchterlich verklärte Version von der Bezwingung des Kilimandscharos zu Papier zu bringen. Anschreiben gegen das eigene Vergessen.

Punkt zehn Uhr begann das Boarding. Ich würde das erste Mal in meinem Leben mit Precision Air fliegen: mit einer privaten tansanischen Fluggesellschaft, die erst vor ein paar Jahren aus einem Lufttaxi-Unternehmen für private Rundflüge hervorgegangen ist. Ebenfalls eine Premiere: ich würde in einer Propellermaschine fliegen. Eine französisch-italienische ATR72 mit 74 Sitzplätzen für regionale Kurzstrecken. Ich verließ den Flughafen genau so, wie ich gekommen war: zu Fuß über das Rollfeld, mit einem interessierten Blick auf die bunte Flughafenbepflanzung rund um die mächtige Araukarie.

Mein schmaler Sitz befand sich gangwärts an der Seite eines mächtig beleibten Einheimischen. Der Mann hatte eindeutig ein paar Kochbananen zu viel auf den Rippen. Ich fügte mich in mein Schicksal, nicht aus dem Fenster schauen zu können, packte meinen Sansibar-Reiseführer aus und stellte mich auf eine Stunde ungestörte Lektüre ein. Doch mein Nachbar machte genau so lange Augen zu meinem Buch herüber, wie ich, als ich auf dem Flug von Frankfurt nach Addis Abeba meiner Nachbarin ins englischsprachige Biodiversitäten-Powerpoint geschielt hatte. Er hatte bemerkt, dass es sich um einen deutschsprachigen Reiseführer handelte, so dass es ihm wichtig erschien, mir mitzuteilen, dass er in Arusha wohne, aber Zöllner in Dar es Salaam sei. Er tat es in erstaunlich fließendem Deutsch. Ich stellte mich als Tourist vor, tat es auf Englisch, weil ich seit Tagen mit den Tansaniern nur Englisch geredet hatte, doch mein Nachbar protestierte. Er wollte Deutsch reden. Er sei mehrere Male zur Ausbildung in Duisburg gewesen, komme nun aber nur noch selten dazu, seine deutschen Sprachkenntnisse zu pflegen. Ich lächelte verstehend. Daheim kämpfe ich schließlich am Schreibtisch so sehr mit meiner eigenen Muttersprache, dass ich wiederum nicht dazu komme, mein Englisch auf dem Laufenden zu halten.

Die Propeller drehten durch, das Flugzeug hob ab in Richtung Sansibar und Dar es Salaam, und wir kamen ins Plaudern. Er erzählte mir von seinen Aufenthalten in Deutschland, von Köln und Duisburg, von München, anscheinend alles Orte mit großen Flughäfen, auf denen er gearbeitet hatte. Dass ihm das Wetter dort gefiele, weil es so anders sei, und ich nickte verständnisvoll, hatte ich doch vor kurzem eine Fernsehsendung über Japaner gesehen, die so gerne nach Deutschland reisten, weil es dort so herrlich exotisch sei. Es kommt eben nur auf die Sichtweise an. Überall ist es exotischer als daheim. Deshalb war ich ja auf dem Kilimandscharo gewesen und befand mich nun auf dem Flug nach Sansibar. Er erzählte mir von seiner Frau und von seiner einen Tochter, und so stolz, wie er es tat, und dabei in seinem feinen Anzug im Flugzeugsessel saß, gehörte er eindeutig zu den Bessergestellten seines Landes.

Die Stewardess kam vorbei und bot uns Drinks an. Mein Nachbar empfahl mir ein „Safari". Es gebe drei große Biermarken in Tansania, das „Kilimandscharo", das „Serengeti" und das „Safari". Ersteres sei ein Helles, die beiden anderen kräftiger im Geschmack.

Da man in der Fremde gut gemeinte Ratschläge niemals ausschlagen sollte, wagte ich mich also an ein „Safari" und kann es durchaus weiterempfehlen. Es ist kräftiger als das Kili, enthält etwas mehr Stammwürze und ist süffig vom ersten bis zum letzten Tropfen.

Dem Zöllner gefiel sichtlich, dass ich mit seiner Empfehlung zufrieden war, und so genoss ich seine kurzweilige Unterhaltung. Der Flug währte ohnehin nicht lange. Die Entfernung vom Kilimandscharo- zum Sansibar-Airport beträgt lediglich 390 km, und kaum war die vorgesehene Flughöhe erreicht, setzten wir schon wieder zum Landeanflug an. Wir überflogen hauptsächlich flaches Land, eine ziemlich gleichförmige Steppenlandschaft, doch das nächste Abenteuer lag nun unmittelbar vor mir: das märchenhafte Sansibar, diese Mischung aus Afrika und Orient, aus Gewürzen und Tausendundeiner Nacht, aus Sklaven und Sultanen, deutscher Kolonie und britischer Popmusik.

Ich verabschiedete mich, dankbar für diese eine Stunde Kurzweil, von meinem kurzfristigen Bekannten und wünschte ihm einen guten Weiterflug nach Dar es Salaam. Mit meinen Gedanken war ich längst schon woanders.

Der „Abeid Amani Karume International Airport", benannt nach dem ersten Präsidenten der Volksrepublik Sansibar, ist unter den internationalen Flughäfen dieser Welt ein echter Winzling, und wie sich ein paar Tage später herausstellen sollte, eine ganz besondere Blume in Afrikas bunter Landschaft. Ähnlich wie am Kilimandscharo Airport ging man zu Fuß quer über das Rollfeld und steuerte dabei auf einen winzigen Flachbau zu. Die Impfausweiskontrolle blieb uns zwar erspart, schließlich befanden wir uns auf einem Inlandsflug, beim Rest des Geschehens aber ging es genauso zeitraubend gemütlich und umständlich zu wie am Kili. Ich hatte Zeit, ein wenig die Werbeplakate zu mustern, die mir nichts sagten, ein paar einheimische Mamas zu beobachten, wie sie ihren halbwüchsigen, zahlreichen Nachwuchs in Schach hielten, und aufs Kofferkarussell zu starren, das sich beim Ausspucken von Koffern und Reisetaschen alle Zeit der Welt zu lassen schien. Ein Endfünfziger sprach mich an, ein deutscher Tourist wie ich, der ein paar Reihen hinter mir in der Propellermaschine gesessen hatte. Er hatte gehört, dass ich auf dem Kilimandscharo gewesen war. Respekt und so, und ob ich es bis ganz hinauf geschafft hätte. Ich bejahte und wurde vor Stolz drei Zentimeter größer.

Er hätte es mit seiner Frau vor ein paar Tagen immerhin bis auf den Mount Meru geschafft. Doch die Aussicht auf den Kili war ihm von den Wolken der beginnenden Regenzeit versperrt geblieben, und nun fehlte ihm das eigentliche I-Tüpfelchen des ansonsten grandiosen Urlaubs. Er deutete auf meine Spiegelreflexkamera, die mir vor dem Bauch baumelte. Ob ich nicht zufällig ein schönes Bild des Berges geschossen hätte, von unten aus der Froschperspektive?

Ich vermutete es, hatte aber bisher nur ungefähre Vorstellungen von der Qualität meiner Aufnahmen. Den Berg hinauf hatte ich meinen Monitor so wenig wie möglich benutzt. Den wertvollen Akkustrom mit so einem Stromfresser zu teilen, verbietet einem die Vernunft, wenn man genau weiß, dass man zwischen Moshi und dem Gipfel an keiner 230V-Steckdose mehr vorbeikommt. Dabei war ich gut bestückt. Mit Akku und Wechselakku kommt man normalerweise um die halbe Welt, doch Akkus verlieren in der Kälte reichlich Kapazität. Und in der Gipfelregion zwischen eindrucksvollen Gletschern zu stehen und kein Bild mehr machen zu können, wäre ziemlich dramatisch gewesen. So hatte ich den Wechselakku stets in der warmen Hosentasche verstaut, und als eiserne Reserve für die Kälte noch einen Batterieneinschub mit, um notfalls die Kamera mit sechs herkömmlichen R6-Batterien zu betreiben.

Wir tauschten also unsere E-mail-Adressen aus und versprachen hoch und heilig, uns gegenseitig ein paar schöne Bergbilder zu schicken. Auf diese Art bin ich eine Woche nach meinem Urlaub noch in den Besitz einiger schöner Bilder vom Mount Meru gekommen, den ich wiederum nur aus der Froschperspektive gesehen hatte.

Nun war ich also auf Sansibar angekommen. Der Name steht für vielerlei. Einerseits heißt so die Inselgruppe, die vor der Küste Tansanias im Indischen Ozean schwimmt, zum zweiten ist es der Name der Hauptinsel selber, die man allerdings auch Unguja nennt, und zum dritten kann auch die Hauptstadt des Archipels den Namen für sich beanspruchen. Hätte mich nachts jemand aus dem Bett gerüttelt und von mir verlangt, herunterzuspulen, was mir über Sansibar in den Sinn käme, hätte ich schlaftrunken geantwortet: ehemalige deutsche Kolonie, Gewürzinsel (obwohl damit eigentlichen die benachbarte Insel Pemba bezeichnet wird), Badeparadies im Indischen Ozean, Geburtsstadt von Freddie Mercury, Palmen, Sonne, Tausendundeine Nacht ... Der Orient und die sagenhaften Länder, die Sindbad der Seefahrer bereist hat, liegen von hier aus gleich um die Ecke. Wenn ich die Augen schließe, kann ich die Dhaus sehen, die um das Horn von Afrika herum ihren Kurs auf Madagaskar nehmen und auf dem Weg dorthin auch vor Sansibar ankern, um auf dem Basar von Stone Town türkischen Honig und persischen Safran, chinesische Seide und indischen Hanf feilzubieten. Es wird Zeit, die Augen zu öffnen und zu schauen, wie Sansibar wirklich aussieht.

Vom Flughafen holte mich ein älterer Herr ab – Mr. Salim Ali Islam. Ein arabischer Typ, angegraut, zur Fülligkeit neigend, dem Anzug nach nicht ganz unvermögend, doch Kleider machen ja bekanntlich Leute und der Schein bestimmt das Sein. Er begrüßte mich freundlich, ich übergab ihm den Brief von Mr. Mohamed Chembera, und wurde nun sichtlich stolz zu seinem Jeep geführt.

Ob es mir etwas ausmachen würde, einen winzigen Umweg in Kauf zu nehmen, um seine Familie abzuholen? Er könnte mir auf diesem Wege gleich ein paar schöne Ecken seiner Stadt zeigen.
Natürlich machte es mir nichts aus. Im Gegenteil! Ich war ja hier, um Land und Leute kennenzulernen.
Ob ich das erste Mal auf Sansibar sei und ob ich gerne hier sei?

Ein leicht verstörender Gedanke kam mir in den Sinn: ‚Wenn sie dich jetzt weghaschen, so mutterseelenallein, wie du siebentausend Kilometer von zu Hause entfernt durch die Fremde streifst, dann findet dich kein Mensch mehr wieder.'

Selbst die „schönen" Ecken von Sansibar-Stadt sind gewöhnungsbedürftig für einen Mitteleuropäer mir einer gewissen Vorstellung von Raumordnung. Straßen ohne Belag und ohne Fußgängerwege, alles fährt und läuft durcheinander, ohne sich über den Haufen fahren oder laufen zu lassen. Die flachen Hütten, wie vom Festland bekannt, standen hier zwischen mehrstöckigen Betonpfeilerbauten, deren untere Etagen bereits fertig und bezogen waren, deren obere Etagen aber noch völlig fehlten und nur als rostige Stahlarmierungen in den Himmel ragten. Alles sah unfertig und wie Baustelle aus, doch das Drumherum ließ vermuten, dass immer nur dann gebaut wurde, wenn mal wieder Zeit oder Geld oder Zement vorhanden war ...

Das Haus von Mr. Islam war ein fertiggestellter, schmucker, minzefarbener Zweigeschosser hinter bedrückend grauen Betonziegelmauern. Man erreichte es über eine schlaglöcherige Schotterpiste voller Wasserpfützen, die letzten Meter auf einen Trampelpfad über Schutt und Scherben. Auf das Haus konnte er stolz sein, auf das Umfeld nicht. Doch da er es nicht anders kannte, wäre er irritiert gewesen, hätte ich auf seine Frage, wie es mir gefiele, nur mit „Interessant" geantwortet.

Seine Familie zwängte sich mit Sack und Pack, Picknickzeug und Badesachen auf die hinteren beiden Reihen des Jeeps. Die Frau, die Töchter und der Schwiegersohn starrten mich erwartungsvoll an. Die Frauen waren unverschleiert, auf Sansibar wird eine sehr liberale Form des Islams praktiziert. Ich sagte höflich Hallo, man antwortete mir, und dann ging's weiter auf die traditionelle Art. Nun übernahm wieder das Familienoberhaupt die Regie. Mr. Islam erklärte mir, dass heute sein achtundvierzigster Geburtstag sei, und eine wunderschöne Gelegenheit, mit der Familie an den Strand zu fahren. – So viel also zum Thema älterer Mann, der mich vom Flugplatz abholte. Er war sogar noch jünger als ich. Aber meine Wahrnehmung war äußerst ungenau.

Ich hatte natürlich schon vor Antritt meiner Reise nach dem Hotel gegoogelt, in das ich nun gefahren werden sollte, und hatte mir einen Überblick über die Insel verschafft, auf der ich mich nun befand. Aber tausend hochgeladene Bilder fremder Leute können nicht die Eindrücke ersetzen, die man mit seinen eigenen Sinnen einsammelt. Fremde Bilder riechen nicht, sie schmecken nicht, man verspürt bei ihrem Anblick selten den Schauer der Kälte oder der Wärme. Man behauptet mitunter, „überwältigt" zu sein. Doch das ist oft nur die halbe Wahrheit.

Ich wurde ostwärts über die Insel chauffiert, wobei mein Fahrer sich als geduldiger Erklärer entpuppte. Da waren zunächst noch im Stadtgebiet der muslimische und der christliche Friedhof, beide einträchtig nebeneinander, denn das Nebeneinander der vielen Religionen war den Sansibaris eine Herzensangelegenheit. Darauf folgte eine lange Ausfallstraße aus der Stadt hinaus, gesäumt von mächtigen Bäumen. Dies war einst die Mangoallee des Sultans gewesen, und sie hieß nicht nur so, sondern die riesigen Bäume waren nach Bekunden meines Fahrers allesamt Mangobäume, und nur der Sultan wäre dazu berechtigt gewesen, die Früchte zu ernten. Nun ja, ernten zu lassen ... Aber das sei ja nun vorbei.

Ich hatte niemals vorher in meinem Leben bewusst Mangobäume gesehen, und dann gleich solche Prachtexemplare. Sie werden, wie mir das weltweite Netz versicherte, bis zu 45 m hoch, was zum Beispiel der Höhe eines Turms aus 4320 CD-Hüllen oder irgendwie 34 übereinandergestapelten 911'er Porsches entspricht. Das Brandenburger Tor in Berlin ist 26 m hoch. Zwei Stück davon übereinander wären also nur etwas mehr als die Höhe eines ausgewachsenen Mangobaumes. Vielleicht ist das eine hilfreichere Angabe.

Wir überholen zahllose Daladalas. Auf Sansibar gibt es kein öffentliches Nahverkehrssystem. Etliche Fuhrunternehmer haben Kleintransporter zu Minibussen umfunktioniert, indem sie auf die Ladeflächen ihrer Pickups Kabinen für den Personentransport montierten. Diese Daladalas verkehren zwar auf fest nummerierten Routen, jedoch ohne Fahrplan. Los geht es erst, wenn das Fahrzeug voll besetzt ist, und unterwegs dürften ständig noch einige Reisende dazukommen. So ist der Anblick eines Daladalas für europäische Augen meist sehr abenteuerlich, und die Exemplare, die ich zu sehen bekam, beanspruchten tatsächlich meine volle Aufmerksamkeit.

Jenseits des Stadtgebietes fiel mir eine unfertige Baustelle mit unzähligen Nobelbauten ins Auge. Dort soll einmal die ganze sansibarische Verwaltung Einzug halten. Doch die paar Male, an denen ich dort vorbeigefahren bin, habe ich niemals auch nur einen Menschen dort arbeiten sehen. War das Zufall? Ich habe keine Ahnung.

Sansibar ist eine ausgesprochen grüne Insel. Es ist immerwarm, da der Indische Ozean ständig Feuchtigkeit über das Land trägt, so dass eigentlich zu vermuten wäre, dass man sich durch ein immergrünes, undurchdringliches Dickicht zu kämpfen hätte. Leider leidet auch Sansibar an seinen Umweltsünden, wie zum Beispiel an einer radikalen Abholzung, um Ackerflächen zu schaffen, die man dann doch nicht nutzte. So widerfährt es einem, wenn man zum ersten Mal durch diese Landschaft rollt, dass man schaut und meint, dass mit dem Anblick der vollkommen fremden Landschaft irgendetwas nicht stimme. Aber immerhin gibt es Palmen! Diese riesengroßen Kokospalmen, unzählige, in ganzen Palmenhainen, die gesamte Küste entlang, wie man sie von Kitschpostkarten kennt, und wie man sich landläufig ein Urlaubsidyll in der Karibik, in der Südsee oder eben hier auf Sansibar ausmalt.

Das nächste Stück Wald, ein Nationalpark, der einzige auf Sansibar, lag mitten im Herzen der Insel und war das Rückzugsgebiet für die Red Colobus-Affen, der ganz speziellen sansibarischen Art von Stummelaffen. Dieser Wald ist das letzte Stück ursprünglicher Urwald auf Sansibar und schon deshalb einen Zwischenstopp wert. Doch hinter mir saß eine Familie, die an den Strand wollte. Mein Mr. Islam empfahl mir, hier auf eine persönliche Safari zu gehen und fabrizierte nur Minuten später eine kolossale Vollbremsung, um mir genau so eine Affenfamilie am Straßenrand zu zeigen. Damit war das Thema abgehakt. Wozu sollte ich mich alleine, ohne Ortskenntnis und Wanderkarte in den Tiefen des Jozani Chwaka Bay National Parks verirren, wenn die schützenswerten Subjekte längst außerhalb des Parks am Bordsteig herumlungerten und den Touris für Schnappschüsse posierten? Ich musste schließlich haushalten mit meinen paar Stunden, die ich auf der Insel sein würde.

Die nächste Sehenswürdigkeit in den Augen meines Fremdenführers war in Jozani ein Trupp Japaner, der Einheimische, Chinesen und Inder anleitete, Gräben auszuheben, in die man in absehbarer Zeit Internetkabel versenken würde. Noch ist Sansibar exotisch, doch nur allzu bald per Knopfdruck aus jeder Ecke der Welt zu erreichen. Und umgekehrt. Schade eigentlich, oder?

An der Ostküste von Sansibar kann man Delphine beobachten. Ein Schild weist darauf hin, kurz bevor man Paje nordwärts verlässt. Ich klebte nach wie vor mit der Nase an der Autoscheibe und starrte ins Land hinein.

Nun ging es nur noch an der Ostküste entlang, bis der Fahrer an einer scheinbar unscheinbaren Stelle wieder kräftig auf die Bremse trat. Zwischen zwei äußerst noblen Ferienresorts führte ein schmaler Trampelpfad zum Wasser hinunter. Der beste Strand, verriet er mir verschwörerisch. Seine Familie kletterte aus dem Auto, winkte zum Abschied und ich winkte zurück. Mein Chauffeur erklärte mir auf der Weiterfahrt, wem welches Hotel gehörte, wer also der Bruder welches anderen Hotelbesitzers wäre, nannte die Preise der Hotels und schlug bei jedem noch ein paar Tausender mehr drauf. Da ein Euro etwa 2020 tansanische Schillinge wert ist, erschienen mir die Zahlen natürlich schwindelerregend, aber die Paläste, die dort in bester Lage an den Strand gebaut worden waren, hatten es wirklich in sich. Und vor einem setzte mich Mr. Islam nun ab, und auch hier muss ich sagen: Respekt, Hausers, das habt ihr gut ausgesucht.

Das Karafuu Hotel Beach Resort war eine wirklich gemütliche Anlage. Karafuu ist Swahili und heißt Nelke, womit die Gewürznelke gemeint ist, die auf der Nachbarinsel Pemba in geruchssinnberaubender Menge angebaut wird. Man betritt das Hotel durch eine vollkommen offene Lobby. Da immer jemand an der Rezeption vorzufinden ist, gibt es weder Türen noch Tore. Das Gebäude besteht eigentlich nur aus den Mauern zur rechten und linken Hand und die sind bedeckt von einem überdimensionalen Strohdach, das dem Ensemble den Anschein gibt, als habe hier ein Riese ein aus Stroh geflochtenes Boot einfach mit dem Kiel nach oben auf dem Strand abgelegt. Bei diesem Anblick schlug mir als DDR-Kind das Herz ein ganzes Stück höher. Schließlich habe ich den Großteil meiner Allgemeinbildung der einzigen, aber wahrhaft ernst zu nehmenden Comicserie zu verdanken, die in der DDR veröffentlicht worden ist: dem Mosaik. In einem seiner allerersten Hefte, in der Ausgabe Nr. 9 vom August 1957 Seite 6ff., waren südseeinsularische Hütten abgebildet, die mir auf der Stelle und ganz deutlich in den Sinn kamen, als ich zum ersten Mal das Karafuu erblickte. Ich war im Lieblingscomic meiner Kindheit angekommen! Was gibt es eigentlich noch Schöneres?

Karafuu Hotel Beach Resort

Luxus pur und ein Badewannenozean * Seltsame Begegnung am Pool * Joseph, der Massai * Unendlich langer Müßiggang * Massai-Markt * Fotoshooting in der Zanzi-Bar

Mr. Islam entließ mich also in die Obhut des Hotels, nicht ohne vorher mit mir die Zeit ausgemacht zu haben, zu der er wieder da sein würde, um mich pünktlich zum Flughafen zurückzubringen. Was folgte, war die Flut an Informationen, die jeder Neuankömmling in jedem Hotel jeder Welt über sich ergehen lassen muss, sei es auf der Erde oder auf Kakrafon oder Maximegalon III, damit er halbwegs ohne gedankliche Schlagseite für die nächsten Tage in seinem neuen Zuhause zurechtkommt. Aber so etwas ist unmöglich zu bewerkstelligen. Manche Rezeptionisten machen sich womöglich einen Jux daraus, ihre Infos in einem wahren Höllentempo herunterzurattern. Ich spreche hier natürlich nicht vom Karafuu, sondern eher von Kakrafon und Maximegalon III.

Durchquerte man das umgestülpte Riesenstrohboot, betrat man eine Terrasse, von der man endlich den Indischen Ozean in seiner vollen Pracht erblicken konnte, und sah außerdem davor noch den äußerst einladenden Hotelpool. Denn um nicht das kühlende Wasser verlassen zu müssen, wenn der nächste Nachmittagsdrink an der Reihe war, befand sich in der Mitte des Pools eine gut bestückte Poolbar. Rechts und links der Terrasse lagen die nächsten, genauso beeindruckenden Südseeinsulanerhütten: links der Dining Room, rechts der Diving Club und ebenfalls zu rechter Hand die alles dominierende Zanzi-Bar – unverzichtbare Destinationen für alle jene, die hier vierzehn Tage lang durchzuhalten hatten.
Vor allem ist das Karafuu ein Hüttendorf. Jede Hütte ist eine eigene Hotelsuite, jede Hotelsuite hat eine eigene Terrasse zum Meer, mit eigenen Kokospalmen, Himmelbett, Flachbildfernseher und Marmorfliesen im Bad ... erfreulicher

Luxus, aber wozu, wenn man einfach nur so im weißen Sand herumliegen und zur Ruhe kommen will?

Mein Sansibar-Plan war reichlich simpel. Am 11. März ankommen, am 12. März ausruhen, am 13. März Stone-Town erkunden und am 14. März wieder nach Hause fliegen.

Ich ließ also die Reisetasche und den Rucksack auf die Fliesen meiner Suite fallen, fläzte mich auf die Ottomane meiner Veranda und hatte vor, nun erst einmal gar nichts mehr zu tun. Schließlich war ich im Urlaub. Ich lauschte dem Wind und der Brandung. Schaute den Strand hinunter. Sah die mächtigen Palmen und den feinen, weißen Sand, der anderenorts in Eieruhren eingefüllt wurde. Ich sah das azurblaue Wasser der Lagune und das tiefblaue Wasser des Ozeans hinter dem vorgelagerten Riff. Einheimische spazierten den Strand entlang, entfalteten Tücher vor den Hotelgästen, hier also auch genauso wie in Tunesien oder anderswo.

Der Strand am Karafuu-Hotel

Tagelang war ich permanent in Bewegung gewesen, war immer vorwärts, immer weiter, immer höher gelaufen, und mit einem Mal lag ich nun mutterseelenallein auf einer Terrasse herum, als wäre ich nach einem Megamarathon nur noch durch das Ziel getaumelt und einfach umgefallen. Erst jetzt merkte ich, wie kaputt und ruhebedürftig ich eigentlich war – und hielt es doch keine halbe Stunde in meiner selbst gewählten Untätigkeit aus.

Ab an die Zanzi-Bar

Das Wasser des Indischen Ozeans war so warm wie das Wasser in einer Badewanne. So unglaublich warm, dass man beim Schwimmen schon nach kurzer Zeit schlappmachte und nicht mehr vom Fleck kam. Vor zwei Tagen noch hatte ich dick eingepackt in Wattejacke und Wattehose Schnee in den Händen gehalten und nun musste ich mit Schweißausbrüchen unter Wasser kämpfen. Der erste Eindruck ist meist der bleibende. Und den Indischen Ozean werde ich wohl nun immer mit einer Badewanne vergleichen.

Danach versuchte ich den Pool. Dieses Wasser war eindeutig angenehmer. Da an der Bar noch ein Plätzchen frei war, entschied ich, nun auch noch die dritte tansanische Biersorte, das Serengeti, zu verkosten. Es schmeckt ähnlich gut wie das Safari, und in meiner jetzigen Lage mit dem salzigen Poolwasser bis zum Hals war es einfach eine vortreffliche Wahl. Hier war ich also Mensch, hier durft' ich's sein. Und da es so unverfänglich war, hier auf dem Barhocker zu hocken und meine lieben Mit-Touris anzustarren, tat ich es auch. Schätzungsweise die größere Hälfte der Urlauber waren Italiener, der größere Teil des Restes Deutsche. Der kleinere Rest Engländer: Sonnenhungrige Self-Griller in Sachen Körperbräune, einer so knallrot wie der andere, in deren Hütten in der Nacht mit Sicherheit ein peinvolles Jammern anheben würde. Die armen Kerle! 350 Tage im Jahr dem Londoner Nebel ausgesetzt, und dann hier in der sengenden Sonne einmal auf dem Badehandtuch eingeschlafen. Kurzgebratenes Fleisch. Unglücklicher Hauttyp. Schade für die Kerle.

Neben mir wurde ein ziemlich breitgemehrtes Deutsch gebabbelt. Ich grinste einem wohlbeleibten Herrn ins Gesicht und bemerkte: „Klingt ganz schön sächsisch! Recht ungewohnt hier unterhalb des Äquators!"

„Mär sinn' ja ooch aus Leipzsch", freute sich mein Gegenüber. Aber der echte Leipziger Zungenschlag war das eben doch nicht. Merseburg liegt 30 km von Leipzig entfernt, und ich habe schon so viele Leipziger reden gehört, dass es – nun ja, irgendwie nicht stimmt.

„Ich wohne in Merseburg", outete ich mich zur Hälfte, und hoffte, dass meine pommerschen Wurzeln in den Merseburger Jahren noch nicht gänzlich zum Teufel gegangen sind.

Mein Gegenüber schüttete sich aus vor Lachen. „Na denn sinn'mer ehm aus Lochau", erklärte er. „Dis kennd sonste bloß keener, also saaren mer immer Leipzsch."

Lochau liegt neun Kilometer von Merseburg entfernt, ein Eintausendseelendorf in der Elseraue, und ist über die Dorfgrenzen hinaus vor allem wegen seiner Mülldeponie bekannt. Wie klein die Welt doch ist, gelle? Wir kamen ins „Plaudern". Er erzählte mir, dass sie ihren ganzen Urlaub hier verbracht hätten, und morgen wieder nach Hause fahren würden. Ich erzählte, dass ich noch vor zwei Tagen auf dem Kilimandscharo gestanden hatte, und nun zum Ausspannen hier wäre.

Karafuu Hotel Beach Resort

Joseph

Aber er konnte sich nicht ausmalen, wieso einer auf Berge steigt, und für mich wäre es ein Graus, einen ganzen Urlaub lang nur am Hotelstrand oder im Pool verbringen zu müssen. Unsere Gesprächsthemen waren also recht bald aufgebraucht. Eigentlich fast in Lichtgeschwindigkeit, und mir wurde ziemlich brutal klar, dass ich in dieser Anlage, unter diesen Leuten vollkommen fehl am Platze war. Auf eine Art war ich im Paradies angekommen, doch ich hatte niemanden, mit dem ich es teilen konnte. Innerlich rannte ich noch immer mit ständig hochgereckten Armen durch die Welt, besoffen vor Freude, den Berg meiner Träume bezwungen zu haben, und blieb dabei an jedem Türrahmen hängen. Mr. Lochau vom Strand würde das nie begreifen. Zum Abendbrot war er mir schon wieder ein fremder Mensch, und am nächsten Tag aus meinem Urlauberleben verschwunden.

Aber der gute Mann hatte mir ungewollt mein Dilemma aufgezeigt: Ich würde platzen, wenn ich nicht mit jemandem meine Freude über die Kibo-Besteigung teilen könnte. Ich würde hier unter Palmen niemanden dafür finden. Leute, die sich bis zur Erschöpfung quälen, um einen Höhenmeter nach dem anderen dem Himmel näher zu kommen, und Leute, die ganz still auf ihrem Handtuch liegen, und sich nur mal von links nach rechts drehen, damit ihnen der Himmel möglichst gleichmäßig den Pelz bräunt, sind grundverschiedene Leute. Sie sprechen andere Sprachen, sie denken anders, und sie können das Tun des jeweils anderen überhaupt nicht begreifen. Die einen haben auf dem Berg nichts zu suchen, und ich in diesem Resort nichts. Immerhin ist es gut, zu wissen, wo das eigene Handtuch liegt.

Diese Erkenntnis musste ich erst einmal verdauen. Ich beschloss, am kommenden Tag das Beste daraus zu machen. Das Abendessen tröstete durch eine solche Reichhaltigkeit über die Einsamkeit hinweg, dass ich Stunden damit beschäftigt war, Kostproben und Nachschläge in meinem Magen zu arrangieren. Und den anschließenden Abend verbrachte ich dann zusammen mit Don Quichotte auf meiner Terrasse, behütet von einem Blätterdach aus Kokospalmwedeln, überdacht vom südlichen Sternenhimmel, bei dem mir jeder Stern fremd und vollkommen neu war.

Ein Einheimischer schlich um meine und um die Nachbarhütten herum und tat vollkommen teilnahmslos. Den Tag über war am hoteleigenen Strand ziemlich viel Betrieb gewesen, doch eigentlich sah er nicht aus wie einer von denen, die dort Tücher und Bootstouren verkauft hatten. Überhaupt nicht wie ein sansibarischer Swahili, sondern eher wie ein Steppenhirte vom Festland. In knallrote Wolltücher eingewickelt, stand er manchmal wie eine Statue zwischen den Bäumen, oder er hockte sich unter einen Strauch, trug seinen Hirtenstock wie einen Marschallstab, und war auf Grund der Schwärze seiner Haut mit zunehmender Dunkelheit nur noch zu erahnen. Bevor er vollkommen zum Nachtgeist wurde, winkte ich ihm freundlich zu, damit er wusste, dass ich auf ihn aufmerksam geworden war. Er winkte ebenso freundlich zurück und fühlte sich nun eingeladen, näherzutreten. Er stellte sich mir als Joseph, mein Wächter vor. Das Hotel sei sehr um die Sicherheit seiner Gäste bemüht, aber ich bräuchte mir keine Sorgen zu machen. Alles wäre in Ordnung.

Ich bot ihm einen Platz an und etwas zu trinken, doch er winkte nur freundlich ab. Es sei seine Arbeit, nach dem Rechten zu schauen. Und er müsse nicht nur mich, sondern auch noch andere Gäste bewachen. Immerhin verharrte er an der Terrasse und ließ sich auf einen Plausch ein.

So erfuhr ich, dass das Hotel zwanzig solche Wächter engagiert hatte. Sie waren allesamt Massai und hatten einen guten Ruf als Wächter. Früher seien sie Krieger gewesen, aber so wäre es natürlich viel angenehmer.

Ich staunte. Die Massai hatte ich mir immer als mächtige Zweimetermänner vorgestellt, doch Joseph war eher einen halben Kopf kleiner als ich und wesentlich leichter. Ob er tatsächlich ein Massai sei?

Er lachte. Und versicherte mir, es gebe keine echteren Massai als ihn und seinen kleinen Bruder Rangai, der auch einer der zwanzig Wächter sei. Ich würde ihn morgen bestimmt noch kennenlernen. Er und sein Bruder kämen aus Arusha und sie seien immer ein halbes Jahr hier und ein halbes Jahr daheim bei der Familie.

Nun hatte ich natürlich einen Anknüpfungspunkt. Ich erzählte Joseph, dass ich die letzte Nacht noch in Arusha verbracht hatte, und vorher auf dem Kilimandscharo gewesen war. Ob er auch schon einmal dort oben ...? – Er lachte nur und winkte ab.

Letztlich plauderten wir fast eine Stunde lang über den Berg und die Steppe, über das afrikanische und das europäische Wetter, über alles und nichts. Die Zeit verging wie im Fluge, und ich war bald wieder einigermaßen versöhnt mit der Welt und meinem sansibarischen Dasein.

Am nächsten Morgen war der Indische Ozean fort. Dort, wo er sich noch am Abend befunden hatte, breitete sich ein steinernes Meer aus. Das Wasser hatte sich hinter das vorgelagerte Korallenriff zurückgezogen. Die Ebbe hatte eine Strandzone freigelegt, auf der steinharte Korallenkalksteinplatten mit sandigen Zonen wechselten. Geblieben waren nur noch ein paar Pfützen, Rinnen und ausgewaschene Mulden im Kalkstein, wohin sich allerlei Fische, Schnecken und Krabben zurückgezogen hatten. Von dort konnten sie nicht mehr entkommen und waren gut zu beobachten. Der Strand erinnerte nun an ein riesiges Aquarium, in dem der Große Aquarianer gerade den Wasserwechsel durchführte. Und ich war auch nur so ein Wattwurm, der über den Aquarienkies rutschte und auf das frische Wasser wartete.

Ein Pfad aus Betonplatten führte über die scharfkantigen Korallenreste hinweg bis zur nächsten Sandbank. Zweihundert Meter, auf denen man sicher sein konnte, mit den bloßen Füßen nicht auf Seeigel zu treten. Diese possierlichen

Tierchen waren rechts und links des Pfades zu Hunderten zu Hause, kamen allerdings auch bei Hochwasser nie bis auf den Beton. Während der Ebbe waren sie aus nächster Nähe zu beobachten, wunderschöne pechschwarze Stachelkugeln, doch wer schon einmal auf so einen Igel getreten ist, weiß ein Klagelied über sie zu singen. Die Stacheln bohren sich tief in die Fußsohle ein, brechen dann ab und sind nur sehr schwer wieder herauszubekommen. Ihr Material ist so mürbe, dass sie lieber in der Epidermis zu Seeigelstachelmehl zerfallen, als erneut an die frische Luft zu kommen. Und in der Haut verursachen sie dann schmerzhafte Vereiterungen.

Panorama mit Ozean

Ansonsten war der Anblick der bunten Fische in den Restpfützen ein Vorgeschmack für jene, die vorhatten, sich das Riff von der Seeseite mit einer professionellen Taucherausrüstung anzuschauen. Das Hotel unterhält einen eigenen Tauchclub, und große, gelbe Pressluftflaschen wurden den ganzen Tag lang in und aus dem Wasser getragen. Ich griff mir lieber meine Kamera für eine ganz persönliche Fotosafari und ging auf die Jagd nach Seegras, Seegurken, Seeigeln und allerlei anderem Seegetier. Außerdem kam man bei Ebbe so weit wie sonst nicht von der Küste fort, um eine möglichst breite Panoramaaufnahme des gesamten Hotelhüttendorfes schießen zu können.

Der Rest des Tages war eine Mischung aus Ausspannen, Relaxen, Müßiggang, Nichtstun, Entspannung und Erholung. Joseph winkte ab und zu herüber, sein

Bruder Rangai kam auf einen Plausch vorbei, und irgendwann ließ sich auch das Wasser wieder sehen, so dass man die Entspannung wieder auf den geplanten Badeurlaub ausweiten konnte. Allerdings war ich inzwischen durch die Seeigel so sehr alarmiert, dass ich nur noch mit Badeschlappen ins Wasser ging. Badeschlappen machen sich im Gegensatz zu Badeschuhen allerdings selbstständig im Wasser. Man kommt nicht wirklich gut mit ihnen voran. Dementsprechend muss man improvisieren. Man kann die Schlappen zum Beispiel mit einem Strick an den Füßen festbinden. Aber wo soll man in so einem Hotel einen Strick finden?

Zwischen Sonnenbräunen und Badengehen gibt es an solchen Tagen noch den Pool und den Plausch mit den Massai. Also stellte sich bei mir etwa folgender Rhythmus ein: Bräunen, Baden, Pool mit Kilimandscharo, Bräunen, Plauschen, Pool mit Safari, Baden, Plauschen, Pool mit Serengeti ...

So ein Tag kann unendlich lang werden. Und wenn man Wochen später an ihn zurückdenkt, hat man nichts mehr, woran man ihn festmachen kann. Und es wird von Stunde zu Stunde wärmer, und die Sonne geht so knapp südlich des Äquators tatsächlich nur selten vor 18 Uhr unter.

Die Angestellten am Pool waren ununterbrochen freundlich. Und hatten dabei alle Hände voll zu tun, jene, die sich von ihrem Handtuch erhoben, zuvorkommend zu bedienen. Ein junger Sansibari war ganz besonders stolz darauf, eine vollendete Blume auf mein ausgeschenktes Bier zu zaubern. Er kommentierte das Ergebnis auch jedes Mal, und das Wort Blume formte er mit seinen wulstigen Lippen voller Inbrunst zum Wort BBBlume, als wäre es das schönste der deutschen Wörter, die er gelernt hatte. Denn er sprach tatsächlich Deutsch mit mir und bat mich, dass auch ich ihm so antwortete, um die Sprache zu üben. Er hatte sie in der Schule gelernt, aber eben nur so viel, wie man in der Schule beigebracht bekommt.

Rangai lud mich ein, auf keinen Fall am Abend den Massai-Markt zu verpassen. Einmal in der Woche dürften die Massai des Hotels ihr Kunstgewerbe präsentieren und natürlich auch verkaufen, außerdem führten sie dann ihre Stammestänze auf. Ich versprach es ihm und ging ein letztes Mal in die Badewanne. Das Wasser am Strandabschnitt des Karafuu-Hotels war kristallklar. Wenn man sich die Zeit nahm, konnte man sich weit draußen ins Riff hocken und einfach nur schauen. Wie die Korallen sich in Takt der Wellen wiegten, wie Fische in ihnen spielten, wie weit draußen am Land irgendwelche Italiener eine Polonaise aufführten – und ohne es auch nur zu ahnen, holte ich mir dabei einen respektablen Sonnenbrand. Der wiederum ließ sich nur ungenügend mit dem badewannenwarmen Wasser kühlen. Nur gut, dass gegen achtzehn Uhr die Sonne endgültig unterging.

Die Massai hatten ihre Schätze in der Zanzi-Bar und in der Gasse zum Speiseraum aufgebaut. Großformatige Bilder standen an Hibiskushecken gelehnt, Bilder, so groß, dass sie in keinen Koffer passten. Bilder, die fast ausnahmslos

Massai zeigten, in Gruppen zu zweit, zu dritt, zu sechst oder siebent, langaufgeschossene schwarze Kerls in ihren roten Tüchern und dem unvermeidlichen Hirtenstab, wie sie in der Gegend herumstanden oder tanzten. Der Rest war auf tiefroten Tüchern ausgebreitet, ohne Zweifel die Lieblingsfarbe der Massai. Da waren geschnitzte Ringe und geflochtene Armbänder, Lederschnüre und Anhänger aus Krokodilszähnen und Löwenkrallen. Glasperlenstickereien, geschnitzte Götzen, eine bunt bemalte Keule aus Sandelholz, und Rangai hatte auf seinem Tuch tatsächlich auch ein paar handgefertigte Sandalen nach Massai-Art zu liegen. Sie sahen aus, als hätte sie jemand ziemlich unprofessionell aus einem Autoreifen geschnitten, und so, wie die Leute sich über die Sandalen amüsierten und die Schmuckstücke fotografierten, war sein Stand ständig dicht umringt.

Die Angestellten des Hotels hatten sich an diesem Abend verkleidet. Sie hatten sich rote T-Shirts übergestülpt und sich in rote Stoffe gewickelt und sahen aus wie Sansibaris, die sich als Massai verkleiden wollten, aber dafür einfach zu viele Pfunde auf den Rippen hatten, jedoch keine aufgeschlitzten Ohrläppchen, so wie es bei den Massai üblich war. Sie kamen in einer langen Polonaise durch die Gasse und über die Dinner-Terrasse und steuerten meinen Nachbartisch an, wo jemand Geburtstag zu haben schien. Das Zeremoniell glich dem an jedem anderen Ort der Zivilisation. Eine Kerze auf einer Torte wurde angebrannt, „Happy Birthday To You" wurde gesungen und alle mussten mitklatschen.

Die wirkliche Kultur kam eine Viertelstunde später über die Anwesenden, als die Gäste längst schon beim Essen waren. Da führten die Massai zwanzig Minuten lang ihre Stammestänze auf und sangen dazu.
Das Fernsehballett hätte es sicherlich besser gemacht. Doch die vierzehn Massai, die vor den immer satter werdenden Touristen auftraten, waren hundertprozentig authentisch. Ein Rundtanz wie in der Steppe, monotoner Gesang, monotones Stampfen, einer sprang ins Rund, wurde von den anderen kommentiert, kehrte zurück, der nächste sprang. Der versuchte nun, höher als der erste zu springen und wurde wiederum vom dritten überboten. Sie sangen auf Maa, ihrer eigenen Sprache, und ich kann nur vermuten, dass es dabei um die Steppe ging, um ihr Leben, wie man sich hervortut vor den anderen Männern und vor allem vor den Frauen, wie man sich in der Steppe als Krieger beweist, wie man gemeinsam heimkehrt, mit der Herde, mit dem erlegten Wild.

Die meisten Gäste, für die dies dargeboten wurde, kauten weiter auf ihren Steaks herum, sahen nur das Gestampfe, hörten nur disharmonischen Gesang. Doch einige hielt es nicht auf den Sitzen. So echt und ehrlich werde ich solche Tänze wohl nicht noch einmal geboten bekommen.
Etwa so sagte ich das dann später am Abend Rangai, den ich noch einmal in der Zanzi-Bar traf. Und er zog sich sein Tuch von dem Schultern, wickelte mich darin ein und bestand darauf, dass ich mich so mit ihm fotografieren ließ. Ich vermute also mal, dass ich nun so etwas wie ein Ehrenmassai bin. Das nächste Mal, wenn ich wieder im Karafuu bin, hat Rangai gesagt, solle ich mittanzen. Ich

befürchte also, dass ich mich auf die Gefahr hin, weit und hoch springen zu müssen, dort nicht mehr blicken lassen kann.

Am späten Abend hatte ich dann noch Besuch auf meiner Terrasse. Ein paar Red-Colobus-Affen turnten auf dem Zaun herum, waren zum Greifen nahe, und nahmen erst Reißaus, als sie merkten, dass es ans Fotografieren ging. Doch ich erwischte sie am nächsten Morgen, als sie ein paar Hütten weiter durch die Bäume turnten.

Stone-Town

Sansibar-Stadt * Ein befremdlicher Gruß aus der DDR * In der „Steinernen Stadt" * Fremdenführer * Zu Besuch bei Farrokh Bulsara * Durch das Gewirr der Seitengassen * Türen, Türen, Türen und ein Riesenbaum * Bei „Mercury's" * Im Sultanspalast * Das „Haus der Wunder" * Werde ich das mürrische Gesicht wiedererkennen?

An diesem nächsten Morgen hatte das Faulenzen zum Glück ein Ende. Nach einem mehr als reichhaltigen Frühstück, das mich davor bewahren würde, mir in irgendeiner sansibarischen Garküche den mitteleuropäischen Magen zu verrenken, bestellte ich mir an der Rezeption ein Taxi, tauschte ein paar Euro in tansanische Schillinge um und fühlte mich mit den Tausendern in der Tasche fast schon wie ein gemachter Mann.

Der Taxifahrer war ein eher mürrischer Mann. Mit dem ließ sich kein rechtes Gespräch anfangen. Also schaute ich mir die Insel wieder durch das Autofenster an. Weil wir aber auf der selben Piste fuhren, auf der ich vor zwei Tagen angekommen war, gab es nichts wirklich Neues zu entdecken. Interessant war es allemal, vor allem, wenn wir durch die kleinen Ortschaften kamen. Die Leute haben sich aus den Gegebenheiten und Traditionen heraus ihr Leben ganz anders eingerichtet, als das für einen Mitteleuropäer vorstellbar wäre. Wir sollten mit unserem angehäuften Luxus nicht glauben, besser dran zu sein. Allemal anders. Dieses vollkommene Anderssein ist mir auf der Reise immer wieder deutlich geworden und ich habe Hochachtung davor, mit wie wenigen Mitteln die Leute ihr Leben meisterten und immer – der Taxifahrer ausgenommen – fröhlich dabei waren. Ich habe in den Wohngegenden der Einheimischen einen Lebensstandard zu sehen bekommen, der weit, weit, weit unter unserem liegt. Und habe in einem Hotel übernachtet, das ich mir sonst nicht leisten würde, weil ich im Urlaub eigentlich unterwegs bin und eine Absteige nur zum Schlafen brauche. So viele Unterschiede auf so kleinem Raum.

Die Entfernung vom Hotel bis ins Zentrum von Sansibar Stadt beträgt etwa 65 km. Das waren etwa anderthalb Stunden Fahrt quer über die ganze Insel. Interessant wurde es, als wir die Grenze der Hauptstadt erreichten und eintauchten in das allgemeine Verkehrschaos. Es gibt Verkehrsregeln. Aber man scheint der Meinung zu sein, dass es ausreicht, dass es sie überhaupt gibt. Man gebraucht sie nicht, damit sie nicht so schnell abnutzen. Oder aber es sind nur Fahrempfehlungen für Fahranfänger. Oder aber man hat sich geeinigt aufs Nichtbefolgen, weil ja sowieso jeder seine eigenen Regeln hat, oder aber man befolgt die Regeln gewissenhaft und streng, aber jeder nur seine eigenen. Das gilt für Autofahrer, Fahrradfahrer und Fußgänger gleichermaßen, und also muss jeder aufpassen. Dadurch passieren dementsprechend wenige Unfälle, dass man schärfere Regeln überhaupt nicht einführen muss. So ungefähr funktioniert der Straßenverkehr auf Sansibar. Er ist wesentlich entspannter als der in Athen oder Palermo, man kommt unter Umständen zwar zehn Minuten später ans Ziel, aber der Tag ist ja so schön und so sollte es auch bleiben.

Sansibar Stadt ist ziemlich in die Breite gebaut. Bevor man sich dem Zentrum nähert, muss man durch einen breiten Gürtel aus Hütten und kleinen Häusern, Märkten, Läden und Schraubwerkstätten, das ganze Sammelsurium, das ich schon auf dem Festland gesehen hatte. Das ursprüngliche Zentrum, Stone Town genannt, stammt aus der Regierungszeit von Sultan Barghash ibn Said, Herrscher von 1870 bis 1888. In seiner Zeit wurde ein Großteil der Steinernen Stadt errichtet, eine weiße Stadt, gemauert aus Muschelkalkziegeln.

Sein Vater Said ibn Sultan, der Sultan von Maskat, Oman und Sansibar, der Herrscher über fast die gesamte Küste vom südlichen Roten Meer bis zur Nordspitze von Madagaskar, hatte 1832 seinen Regierungssitz von Maskat nach Sansibar verlegt, so dass die Stadt zum Zentrum des Sklaven- und des Gewürznelkenhandels und unermesslich reich wurde.

Doch noch fuhren wir durch die Außenbezirke der Stadt. Am Horizont erhob sich eine Wand aus düsteren, mehrgeschossigen Häusern über das Hütteneinerlei, zementgraue, bedrohliche Häuserburgen, die mir nur allzu bekannt vorkamen. In den späten Sechzigern und frühen Siebzigern waren dort im Zuge eines städtischen Erneuerungsplanes etliche Plattenbauten hochgezogen worden, mit sozialistischer Hilfe aus der DDR, die sich bestens in diesem Baustil auskannte. Aus der Luft sehen die besagten Straßenzüge ein bisschen wie ein christliches Kreuz aus – und das im vorwiegend muslimischen Sansibar. Nach den Siebzigern ist nie mehr etwas für die Erhaltung der Bauwerke getan worden, so sind die Häuserzeilen nun in einem beklagenswerten Zustand und ein Alptraum für seine Bewohner.

Mein Taxifahrer fragte mich, wo ich hinwollte, und ich antwortete ihm kurz: ins Zentrum. Er lachte und wollte es etwas genauer wissen. Also schlug ich ihm einen Park, den Hafen oder irgendeine andere markante Stelle vor, an der er mich am späten Nachmittag wieder abholen könnte. Alle meine Vorstellungen trafen auf das Beit Al-Ajaib zu, auf das „Haus der Wunder".

Als sich Sultan Barghash diesen Palast 1883 errichten ließ, war es das größte und modernste Haus in ganz Ostafrika, und für seine Untertanen tatsächlich ein Haus voller Wunder: in ihm gab es fließendes Wasser, elektrischen Strom und einen Personenaufzug! Und wenn auch die wenigsten je diese Wunder im Inneren zu sehen bekamen, so konnten sie doch mit offenen Augen und Mündern über sein Äußeres staunen. Das Beit Al-Ajaib ist ein schneeweißes, mehrstöckiges Haus mit einer imposanten Säulenfassade und einem Uhrturm, der das Haus fast noch einmal um seine ganze Größe überragt. Der Hof des Gebäudes ist von einem schmiedeeisernen Gitter eingefasst, im Hof stehen riesige Kanonen, und auf ebendiesen Hof fuhr mein Taxi. Mein Chauffeur wünschte mir einen guten Tag und versprach, mich um 16 Uhr wieder abzuholen.

Forodhani-Gärten

Hier also begann meine Erkundung der Steinernen Stadt, und ich hatte noch nicht einmal den schmiedeeisern umfriedeten Hof verlassen, da hatte ich schon den ersten Sansibari am Hals, der mir unbedingt seinen Dienste anbieten wollte. Er könne mich durch Stone Town führen, denn ohne ihn sei ich hilflos, würde mich verlaufen und nie wieder zurückfinden ...
Ich griff in meine Gesäßtasche, zog einen Stadtplan von Stone Town hervor und machte ihm klar, dass ich überall sonst auch mit solchen Karten klargekommen sei.
    Aber hier sei das anders, behauptete er. Hier sei ich wirklich verloren. Irgendwann wurde ich laut und unhöflich, bis ich ihn endlich loswurde, um

fünfzig Meter weit über die Mizingani-Road in die Forodhani-Gardens zu laufen und den nächsten selbsternannten Stadtführer an der Backe zu haben. Dasselbe Ritual, dieselben Worte und zum Schluss dieselben Unhöflichkeiten. Ich mag es nicht, unhöflich zu sein, doch ich wusste mir einfach nicht anders zu helfen.
Diesmal kam ich bis an die Kaimauer, also noch einmal fünfzig Meter weit. Dort fragte der Nächste gar nicht erst, ob er mein Fremdenführer sein dürfte, sondern legte sofort los. Dass die Changu-Insel, die ich geradeaus sehen würde, eine Gefängnisinsel gewesen wäre und so weiter. Ich bin ein geduldiger Mensch, der nur seine Ruhe haben will. Also habe ich ihn erst einmal ausreden lassen und ein bisschen von diesem und jenem erfahren, bevor ich ihm klargemacht habe, dass ich schon zwei von seiner Sorte abweisen musste, weil ich alleine sein wollte!
Nun ist zu bemerken, dass die Fremdenführerdichte rund um das Haus der Wunder wahrscheinlich am größten ist, da von dort aus die meisten Touristen ihre Tour durch die Altstadt beginnen. Die Offerten wurden weniger, verfolgten mich jedoch durch den ganzen Tag.

Die Forodhani-Gärten sind eine der grünen Oasen in der Steinernen Stadt. Auf diesen Park mag der Sultan geblickt haben, wenn er von seinen Balkon über die Stadt schaute. Das Haus der Wunder wollte ich mir für den Schluss aufheben, und stürzte mich deshalb nun aufs Geratewohl in das tobende Leben der Steinernen Stadt.
Eigentlich sollte Stone Town eine weiße Stadt sein, doch unter den hier vorherrschenden Wetterbedingungen bedeutete das, ständig die Fassaden nachzuweißen. Die überaus hohe Luftfeuchtigkeit und Wärme begünstigt das Schimmelpilzwachstum an allen Ecken der Stadt, so dass die weißen Fassaden schon nach relativ kurzer Zeit eher wieder schwarz aussehen.
Ich hielt mich westwärts, und bog in die Kenyatta Road ein. Weiße, graue und schwarze Fassaden. Doch was am meisten in die Augen stach, war das Gewirr von elektrischen Leitungen, die in Höhe des zweiten Stocks kreuz und quer über die Straße hingen, als wollte eine riesige Spinne aus längst vergessenen Schwarzweißfilmen die ganze Straße einspinnen.

Die Straße war die richtige. Nun musste ich nur noch das Haus finden, vor dem ich unbedingt stehen wollte, wenn ich schon einmal in Sansibar war. Linkerhand, auf halber Höhe zwischen der National Bank of Commerce und dem Shangani Post Office liegt das Geburtshaus von Farrokh Bulsara. Der kleine Farrokh wurde dort 1946 in eine aus Indien stammende Parsenfamilie hineingeboren, besuchte ab 1955 ein englisches Internat in Indien, wo man auf seine musikalische Begabung aufmerksam wurde und wo er sich den Spitznamen Freddie einhandelte. 1964 floh die Familie, die für die britische Regierung gearbeitet hatte, vor der Revolution gegen den Sultan von Sansibar nach London. Und dort wurde aus Farrokh Bulsara Freddie Mercury, der Sänger der Gruppe Queen, den die

Leser der Musikzeitschrift „Classic Rock" zum „Größten Rocksänger aller Zeiten" wählten. Sansibar hat er nach 1964 nicht wiedergesehen, 1991 ist er an AIDS gestorben. Rest in Peace, Freddie!

Ein Stück bin ich noch die Hauptstraße hinuntergegangen und habe mich dann in den Seitenstraßen verloren. Nicht nur die Hauptstraße, auch etliche Seitengassen waren voller Andenkenläden. Man war in Stone Town ganz deutlich auf Fremdenverkehr eingestellt. Authentisch wurde es erst in den Seitengassen der Seitengassen.

Zu den Zeiten, als Stone Town entstand, legte man besonderen Wert auf Türen. Wenn man vorhatte, ein Haus zu bauen, wurde zuerst mit aller Sorgfalt das Design der Eingangstür entworfen. Dann wurde die Tür nicht einfach nur getischlert, sondern möglichst kunstvoll geschnitzt, aufgestellt, und das Haus drumherumgebaut. Alleine am Stil der Tür kann man mit ein bisschen Übung erkennen, ob es sich um ein arabisches, afrikanisches oder indisches Haus handelt.

Die winkligen Gassen waren tatsächlich verwirrend. Aber die Sonne schien, und an ihrem Stand konnte man ab und zu die Himmelsrichtung ausmachen, wenn man sie einmal in den Häuserschluchten zu Gesicht bekam. Und ansonsten war ja auch immer einer da, der mir unbedingt die nächste Sehenswürdigkeit zeigen wollte, und mir so wieder einen festen Punkt bot, von dem aus ich mich erneut im Gewirr der Gassen verirren konnte.

Ich hatte meinen Spaß daran, kreuz und quer durch die Stadt zu streifen, Holzschnitzer zu beobachten und Gewürzhändler, kleine afrikanische Kinder in niedlichen schwarz-roten Schuluniformen, schwarz verschleierte arabische Frauen und knallbunt verpackte afrikanische Frauen, Männer mit Nachthemden oder mit bunten Pillendöschen auf dem Kopf, Wasserträger, Brotverkäufer, Männer die herumsaßen, Männer die herumstanden, Männer die auf Mopeds durch die Gassen knatterten, Männer die überhaupt nichts zu tun hatten ...

Ich kaufte für meine Daheimgebliebenen etwas Schmuck. Dabei muss man handeln, hatte ich in einem Reiseführer gelesen. Das hatte ich in Tunesien zur Genüge gelernt und war mit diesem Tipp auch bestens beraten. Dementsprechend fit war ich nun für einen vorteilhaften Abschluss. Im Nachhinein tat es mir leid. Warum hatte ich das gemacht? Auf die paar tausend tansanischen Schillinge kam es mir nicht an, und für den armen Händler wäre es ein Segen gewesen, dem Touristen die volle Summe abzuknöpfen. Also nahm ich mir vor, so etwas nicht noch einmal zu tun.

Das Labyrinth Stone Town war tatsächlich verwirrend. Manche Orte fand ich nur einmal, wie das House of Spice, ein großes vierstöckiges Gebäude mit wundervollen geschnitzten Balkons auf mehreren Etagen. Ein echter Hingucker, doch als ich es sah, musste ich mal wieder einen selbsternannten Fremdenführer abwimmeln und bog hastig in die nächste und übernächste Seitengasse ein, dann erst war ich den Führer los, aber auch meine Orientierung. Andere Orte fand ich überhaupt nicht, wie das Hamamni, die Persischen Bäder, oder ich bin achtlos an ihnen vorbeigeschlendert. Ich sah Kirchen, Kathedralen, Moscheen und einen Hindutempel, großartige Balkonfassaden in engsten Gässchen, offene Balkone, geschlossene Balkone, Erker mit durchbrochenem Schnitzwerk, so dass die Sonne ins Haus gelangte, nicht aber die neugierigen Blicke der Passanten, und immer wieder Türen, Türen, Türen.

Typische Stone-Town-Straßenansicht

Türen aus klobigen, grob behauenen Bohlen, an denen jeder Einbrecher verzweifeln würde, Türen aus glattgehobeltem, polierten Ebenholz, grobe Bretter mit feingeschnitztem Rahmen, Schnitzereien mit Ornamenten, mit Blattdarstellungen, Blumen, Trauben, Fachwerk mit Holznieten, Eisenbeschlägen, Messingverzierungen, wehrhafte Türen mit aufgesetzten Pfeilspitzen, offene Türen mit einladenden Werbepostern, verschlossene, vergitterte, verrammelte Türen, Türrahmen ohne Türen, Türen behangen mit Schmuck, Kunstgegenständen und geschnitzten Masken, bemalte Türen, neue Türen, alte Türen, verfaulte Türen, restaurierte Türen, und um jede dieser Türen ein anderes Haus herum, die Häuser nicht minder interessant, doch das würde diesen Rahmen sprengen. Ich war Stunden unterwegs, ohne dass es langweilig wurde. Und dann kam ich wieder an den Rand des Labyrinths – und sah einen Baum. DEN Baum von Sansibar! Selbst auf dem Stadtplan ist er als Big Tree verzeichnet. Es handelte sich dabei um eine Pappelfeige, ein Ficus Religiosa, auch Bodhibaum oder Buddhabaum genannt.

Diese Bäume sind den Buddhisten heilig, denn angeblich erlebte Siddhartha Gaudama unter so einem Baum sein Erwachen, sein „Bodhi", und wurde darauf zum Buddha, zum „Erwachten". Dieses Exemplar wurde angeblich am 20. November 1946 zur 200-Jahrfeier der Al-Busaid-Dynastie von Sultan Sayyid Sir Khalîfa ibn Harûb ibn Thuwainî Al-Busaid gepflanzt. Es ist auf jeden Fall der größte Ficus, den ich jemals gesehen habe, so groß, dass eine Schulklasse zwischen seinen Luftwurzeln Verstecken spielen konnte. So groß, dass er alleine einen ganzen Platz überdachte und beschattete. Autos parken unter ihm. Der Platz wird genutzt von Handwerkern und Bootsbauern, und er ist ein guter Platz, um jemanden zu finden, der einen mit seinem Boot zu den vorgelagerten Inseln hinüberbringt. Am Schönsten sieht er aus, wenn man sich über die Straße hinweg zum Hafen hinunter begibt. Er passt sich wunderbar in die Kulisse der Hafenstraße ein, links das Old Dispensary, rechts die vornehmen Häuser bis hin zu den Sultanspalästen.
Bei dem Old Dispensary handelt es sich um ein wohltätiges Krankenhaus, das einer der damals reichsten Bürger der Stadt für die Armen gestiftet hatte. Es ist eines der schönsten Häuser der Stadt, frisch restauriert und inzwischen das Stone-Town-Kulturzentrum.

Wenn man aber schon einmal unten am Hafen steht und zum Big Tree hinüberstaunt, dann sollte man seinen Blick unbedingt auch ganz nach links wenden. Dort steht direkt ans Wasser gebaut, mehr eine Baracke mit überdachter Terrasse als ein wirklich sehenswertes Bauwerk, „Mercury's". Das ist Stone Towns coolste Adresse, wenn man mal mitten unter Moslems ganz gepflegt etwas Anregendes trinken möchte. So schäbig die Hütte auch von außen aussehen mag, innen ist es ein Tempel zur Verherrlichung von Freddie Mercury, und es werden reichlich Getränke ausgeschenkt, um auf sein ganz spezielles Wohl anzustoßen. Also habe ich beschlossen, dass es viel zu warm sei und mich ein übler Durst plagen würde.

Der Laden ist so bunt wie ganz Afrika. Grüne, rote, blaue Tücher als Deckenbespannung, buntes Holz an den Wänden, blaue Barhocker, bunte Tischdecken, und Freddie-Memorabilien im ganzen Haus. Wirklich im ganzen Haus. Sogar auf den Toiletten! Mehrmals in der Woche Live-Musik, und zu Freddies Geburtstag gibt es hier immer eine große Party.
Das Publikum war so bunt wie die Einrichtung. Zwei Rucksacktouristen, ungewaschen, unrasiert und schon etwas dreckfleckig, den Rucksack mit allen Habseligkeiten immer in Reichweite, stärkten sich an der Theke und diskutierten über die weitere Route. Unverdächtig aussehende Touristen saßen an den Tischen zum Hafen hin und genossen den herrlichen Ausblick auf den die Yachten, Dhaus und Dampfer, auf die Gefängnisinsel und die Uferpromenade. Ein ziemlich beschäftigter Geschäftsmann agierte mit mehreren Handys, zwei Laptops und etlichen Tassen Kaffee, wurde mal laut und mal hektisch, kam aber die ganze Zeit über, die ich dort saß, zu keinem Abschluss oder Ergebnis. Nicht

weit von dem arg schuftenden Businessman ließ sich ein älterer, wohlsituierter Herr mit dicker Brieftasche und ergrautem Pferdeschwanz sichtlich willkommen von einer Dame anbaggern, und ich hockte mittendrin und schlürfte mein – Kilimandscharo.

Beit al-Sahel – das Palastmuseum

Stolpert man dann irgendwann aus dem „Mercury's" heraus, hat man zwei Möglichkeiten: entweder man wendet sich zur Linken und steuert die Markthallen von Stone Town an, wozu man allerdings Nasen und Mägen aus Eisen braucht, oder man begibt sich rechter Hand zu den Sultanspalästen. Ich entschied mich für zweiteres und tauchte ein in die wechselvolle Geschichte des sansibarischen Sultanats.

Beit al-Sahel liegt knappe 250 m vom „Mercury's" entfernt. Der Palast ist am Ende des 19. Jahrhunderts auf den Trümmern des ursprünglichen Sultanspalastes erbaut worden, der die Bombardierung im kürzesten Krieg der Weltgeschichte nicht überlebt hatte. Jener Krieg hatte nur 38 Minuten gedauert. Das Deutsche Reich hatte seine Interessensphäre Sansibar einige Jahre zuvor bei den Briten gegen Helgoland eingetauscht, und die Engländer betrachteten Sansibar seither als ihr Protektorat. Am 27. August 1896 war der damalige Sultan gestorben, oder mit Gift gestorben worden, sein Cousin hatte das Sultanat beansprucht, und der war den Engländern überhaupt nicht wohlgesonnen gewesen. Die Engländer hatten also ihre Kanonen sprechen lassen. Genau solange, bis der selbsternannte

Sultan die Flucht ergriffen hatte, und danach war der damalige Sultanspalast nur noch ein Haufen Trümmer gewesen. Der jetzige Palast hatte der Herrscherfamilie bis 1964 als Wohnsitz gedient, bis zur Revolution nach der Unabhängigkeit von Großbritannien. Nachdem das Bauwerk als Palast des Volkes vorübergehend die Inselregierung beherbergt hatte, ist es nunmehr ein Museum, das seinen Besuchern die Geschichte der Sultansdynastie in Erinnerung rufen will.

Friedhof der Sultane

Doch das Museum hat mit den selben Problemen wie jedes andere Gebäude in Sansibar zu kämpfen: Wärme, Feuchtigkeit und Schimmel. Als ich es mir anschaute, war an etlichen Ecken ganz einfach der Lack ab. Die Ausstellung war interessant, wenn man sich auf die Geschichte einließ, und es war beeindruckend, zu sehen, dass die eigentlich steinreichen Sultane etwa den Lebensstandard gehabt hatten wie eine großbürgerliche Familie zu Kaiser Wilhelms Zeiten. Muffige Polstersessel, eingestaubte Kronleuchter und blinde Spiegel können natürlich nur zum Teil die alte Zeit heraufbeschwören, und man muss seine ganze Phantasie in Anspruch nehmen, um in den Gedanken die Zeit wieder zurückzudrehen und den Palast mit Leben zu erfüllen. Schafft man es, ist man mit Sicherheit in einem Märchenland. Da ich an diesem Nachmittag vollkommen alleine im Museum gewesen war, hatte ich alle Muße gehabt, genau dies zu tun, und es war phantastisch gewesen.

Ein Raum des Palastes ist zum Gedenken von Prinzessin Salme eingerichtet worden. Die Prinzessin hatte sich selber das Lesen und Schreiben beigebracht, was nicht üblich war, denn Kenntnisse, die über ein paar Seiten des Korans hinausgingen, waren auch bei höhergestellten Frauen der Gesellschaft nicht geschätzt. Durch ihre besonderen Fähigkeiten wurde sie in die Thronrivalitäten ihrer Brüder verwickelt, danach verbannt und gemieden, bis sie 1866, schwanger im vierten Monat, mit dem deutschen Kaufmann Rudolph Heinrich Ruete durchbrannte, um der Steinigung zu entgehen. Sie heiratete den Kaufmann und führte fortan in Deutschland unter dem Namen Emily Ruete ein bürgerliches Leben. Nach dem Tode ihres Mannes verdiente sie ihren Unterhalt als Lehrerin für Arabisch und schrieb zwei Bücher: ihre „Memoiren einer arabischen Prinzessin" und „Briefe nach der Heimat", seinerzeit Bestseller. Sie starb 1924 in Jena.

Beit Al-Ajaib – Haus der Wunder

Auch dies ist ein herbes Märchen, dem man nachspüren kann in den historischen Mauern. Beeindruckend sind vor allem die Ausblicke aus den Fenstern und von den Balkonen des Palastes. Man hat den Hafen, die gesamte Uferpromenade im Blick und Sicht auf das weite Meer mit den nächsten Inseln des Archipels am Horizont. Direkt an den Palast schmiegt sich eine Art Garten, umzäunt von hohen weißgetünchten Ziegelmauern: der Friedhof der Herrscherfamilie. Dort liegen die Sultane von Oman und Sansibar in verfallenen, meist namenlosen Gräbern, von denen oft nur noch die Grabeinfassung erhalten ist. So, wie sie über viele Jahre hinweg die Menschen des Kontinents nicht wie Menschen, sondern wie Tiere behandelt und sie als Sklaven verkauft hatten, ist es zu erwarten, dass sie längst in der Dschahannam, der islamischen Hölle, schmorten.

Beit Al-Ajaib – Der Innenhof

Ab an die Zanzi-Bar

Sie hatten die Dschanna, das Paradies, bereits auf Erden gehabt. Nun legt niemand mehr Blumen auf ihre Gräber, die Pracht um sie herum verschimmelt, irgendwann werden sie aus dem Gedächtnis der Menschen und aus den Geschichtsbüchern fallen, derweil sie weiter in der Feuergrube von ihren Sünden gereinigt werden.

Nach vorn heraus lag also der Garten der Toten. Hinter dem Palast, verborgen vor den Blicken des einfachen Volkes, breitete sich der Garten für die Lebenden aus, ein grünes Refugium in der steinernen, einst weißen Stadt. Ein Rückzugsort unter Palmen und Sträuchern und tatsächlich auch mit einem geräumigen Gartenpavillon. Von hier aus hatte man quer durch das herrliche Grün einen wunderbaren Blick auf das einhundertundfünfzig Meter entfernte Haus der Wunder, der letzten Station meines Stadtbummels.

Das Haus der Wunder war von Anfang an als Zeremonialpalast gebaut worden, und als Sammelort für die unterschiedlichsten Artefakte. So ist es kein Wunder, dass es nach einer wechselvollen Geschichte nun ebenfalls als Museum genutzt wird, mit Ausstellungsstücken die von der Schifffahrt und dem Fischfang über sansibarische Mode und Malerei bis zur Geschichte hinreichen – ein typisches Heimatmuseum also. Den Innenraum dominiert ein Mtepe, ein traditionelles Schiff der Swahili. Seine Planken werden zusammengehalten durch Holzpflöcke und Kokosfasern. In einem Nebenraum im Erdgeschoss steht das Auto des ersten sansibarischen Präsidenten. Die Ausstellung ist auf jeden Fall interessant, das Haus selber läuft ihr allerdings konkurrenzlos den Rang ab. Die Architektur wird einem britischen Marineingenieur zugerechnet, und die langen gusseisernen Säulen, die das gesamte Gebäude innen und außen stützen, erinnern tatsächlich an Maritimes. An Schiffsmasten vielleicht, vor allem aber an das Schaufelraddampferdesign des ausgehenden 19. Jahrhunderts. Die Säulen ermöglichten einerseits eine Bauweise mit sehr hohen Decken, andererseits war es so auch möglich, die komplette äußere und innere Fassade des Gebäudes mit durchgängigen Balkonen auszustatten. Der gesamte Palast ist eine Komposition aus Korallenkalk und Schalbeton, Mangrovenbalken und Stahlträgern, Schmiede-, Guss- und Schnitzwerk, Marmorfußböden und Silberschmuck. Die Eingangstür ist so groß, dass man auf einen Elefanten ins Haus reiten könnte.

Doch das Beste an diesem Palast ist der Blick, den man vom obersten Wandelgang über die gesamte Altstadt genießen kann. Man blickt zuallererst aufs Meer hinaus. Hält man sich dann links, sieht man Forodhani Gardens, als nächstes kann man ins Innere der Alten Festung blicken, mit der sich die Araber vor dreihundert Jahren gegen die Portugiesen verteidigten. Heutzutage ist sie ein Kulturzentrum für Theater- und Musikaufführungen. Es gibt im Innenhof etliche Läden und Restaurants. Trommeln, Hennamalerei und sansibarische Kochkunst werden gelehrt und vieles andere mehr. Dahinter erhebt sich das schlanke, weiße Minarett einer Moschee, links davon die St. Joseph Catholic Cathedral. Beim

Schwenk über die Dächer der Stadt sieht man ungemein viel alte, bröckelige Bausubstanz, daneben immer wieder ein neu rekonstruiertes Haus. Der Kontrast macht den Verfall nur noch augenscheinlicher, und wenn man sich vor Augen hält, dass die UNESCO die Steinerne Stadt im Jahr 2000 auf die Liste der Weltkulturerbestätten setzte, so hat sie es wohl auch als Ansporn getan, dem unvermeidlichen Verfall entgegenzutreten und ihn aufzuhalten.
Der Schwenk geht weiter über Beit al-Sahel, den Sultanspalast, der leider von hier aus das „Mercury's" verdeckt, zum Hafen und wieder zum Ausblick auf die See und die Inseln. Von hier oben erschien mir die Stadt gar nicht mehr nur weiß und steinern. Überall erblickt man Grün. In den Parks, in den Innenhöfen, auf den Fensterbrettern. Beeindruckend sind vor allem die wohlgeformten Bäume des Forodhani Parks.

Gegen 15 Uhr hatte ich dann alles gesehen, was ich mir vorgenommen hatte, mein Taxi würde erst in einer Stunde kommen, blieb also noch eine volle Stunde, die auszufüllen war. Wo aber geht das besser als bei „Mercury's"?
Es war wunderbar, einfach nur so dazusitzen, siebentausend Kilometer von zu Hause entfernt. Es war warm, ich konnte die Seele baumeln lassen und im Gegensatz zum gestrigen faulen Tag genoss ich es heute auch. Ich dachte ein bisschen an meine Mitwanderer vom Kilimandscharo und staunte, wie weit die Erlebnisse auf dem Berg nach all den neuen Eindrücken schon wieder entfernt waren. Ob sie gut zu Hause angekommen waren? Reinhard und Moritz würden ja noch Antilopen und Löwen jagen, mit der Kamera natürlich, aber der Rest der Gruppe hockte längst wieder im kalten Europa, das mir überhaupt noch nicht fehlte, auch wenn mir das Gespenst der kommenden Rückreise schon im Nacken saß. Um Mitternacht würde es zurückgehen, unwiderruflich. Jetzt wollte ich noch nicht daran denken. Jetzt wollte ich nur den Moment genießen, aufs Meer blicken, die Leute im Lokal beobachten und mir schon mal die ersten Worte für den kommenden Reisebericht zurechtlegen. Das wäre ein angenehmes Leben, in die Fremde zu fahren, darüber zu schreiben und davon zu leben!

Kurz vor 16 Uhr, ich war bereits wieder auf dem Rückweg zu meinem Taxitreffpunkt, beschlich mich das ungute Gefühl, dass ich meinen Fahrer vielleicht nicht wiedererkennen würde. Ein mürrisches Gesicht war es gewesen, aber an mehr konnte ich mich eigentlich nicht erinnern. Was, wenn es dem Fahrer genauso ergehen würde, und er behauptete, für ihn sehen diese Europäer doch alle irgendwie gleich aus. Was, wenn wir nebeneinander stünden und ich aus einer Verkettung blöder Umstände doch nicht wieder ins Hotel zurückgebracht würde?

Ich war nur noch ganze fünf Meter vom schmiedeeisernen Tor des Beit Al-Ajaib entfernt, da bremste neben mir das Taxi, die Beifahrertür flog auf und das mürrische Gesicht lächelte mir freundlich entgegen. Vielleicht war er ja nur kein Frühaufsteher?

Eine sansibarische Inselschönheit saß auf den hinteren Plätzen. Ob ich etwas dagegen hätte, dass seine Freundin mit auf die andere Seite der Insel käme? Ich musste lachen, denn das kannte ich irgendwoher.

Bei der Fahrt vorbei am Jozani-Nationalpark sahen wir noch einmal ein paar Affenfamilien, die sich direkt am Straßenrand lausten, und Gefahr liefen, dabei ihre allerletzte Laus zu verschlucken. Eine halbe Stunde vor dem Sonnenuntergang langte ich im Hotel an, rechtzeitig, um noch ein letztes Bad im Ozean zu nehmen. Dann folgte das allerletzte Essen, der allerallerletzte Besuch der Zanzi-Bar. Ich packte meine Sachen, verabschiedete mich von Joseph und Rangai und zog die Tür meiner Hütte hinter mir zu. Das war's dann. Ich schleppte nun wieder meine ganze Bergausrüstung mit mir herum, erreichte eine halbe Stunde vor Mitternacht die Rezeption. Das war eine halbe Stunde zu früh, doch ich hatte Sorge, nach dem aktiven Tag so ganz allein in meiner Hütte wegzudämmern und den Abflug zu verpassen. Dann hätte Sansibar auch unangenehm werden können. So wartete ich nun also in der großen Empfangshalle unter dem riesigen Kronleuchter auf meinen Fahrer, der mich zum Flughafen bringen würde.

Zu zweit wäre das Hotel bestimmt schön gewesen, entschied ich, doch so alleine hatte ich mich im Getümmel von Stone Town deutlich wohler gefühlt als in dem piekfeinen Hotel.

Nach Hause

Eine winkende Krabbe zum Abschied * Tristesse eines Flughafens bei Nacht * Noch einmal umsteigen in Addis Abeba * Acht Stunden lang Starren und Staunen * Und zum Schluss ein ganz besonderer Empfang

Eine Krabbe kam, hundert Meter vom Ufer entfernt, durch die Halle gekrabbelt, und winkte mir wie zum Abschied mit ihrer Schere zu. Das Thermometer zeigte kurz vor Mitternacht noch immer 30°C und ich begann, den heimatlichen Gegebenheiten Vorzüge zuzugestehen.

Mit einer beinahe schon unheimlichen Pünktlichkeit fuhr Mr. Salim Ali Islam vor, fröhlich wie vor Tagen, lud mein Gepäck ein, erkundigte sich nach meinem Befinden, und plauderte mit mir die ganze Fahrt lang über Stone Town, über Sansibar, über das Wetter, über den Jozani-Nationalpark. Ich wurde zunehmend müder und einsilbiger, und sicher auch immer deprimierter, weil meine abenteuerliche Zeit nun ein Ende haben würde.

Vor einem eher kleinen Gebäude hielt der Chauffeur. Er lud mein Gepäck aus. Dass wir längst vor dem Flughafengebäude standen, dämmerte mir erst nach und nach. Er brachte mich bis zum Check-in. Dort ließ er mich nach einem wortreichen Good bye und der Hoffnung, dass ich nächstes Jahr wiederkommen könnte, im Internationalen Flughafen von Sansibar alleine. Schalterhalle zu diesem Raum zu sagen, wäre eine maßlose Übertreibung. Das Ding sah eher aus wie die Nachtbereitschaft eines provinziellen Fundbüros. Ein müder Beamter studierte umständlich meine Papiere und nahm dann ein Pappkärtchen, das er mit der Hand beschriftete und mit einem Bindfaden an meiner Reisetasche befestigte. Anderswo schießen sie Leute auf den Mond, doch hier hat man die Ruhe noch so sehr weg, als würde das Fliegen sowieso erst am nächsten Morgen erfunden werden. Erst, wenn die Tagschicht käme. Nicht jetzt!

Immerhin hing im Warteraum ein Flachbildfernseher an der Wand, über den ununterbrochen ein und derselbe Film flimmerte, bei dem ich nicht herausbekommen konnte, ob er einfach nur ein Film über tanzende Afrikaner war, oder ein Werbefilm für eine nicht näher genannte Organisation. Vielleicht war ich aber auch nur zu müde für klare Gedanken.

Der Rest des Abenteuers war die kräftezehrende Arbeit eines Reisenden, den Transport über sich ergehen zu lassen. Ich wartete im gefühlt winzigsten Flughafengebäude der Welt auf mein Flugzeug. Das Häuschen war mit leistungsstarken Klimaanlagen auf die Temperatur heruntergefroren worden, bei der sich Grippeviren und Schnupfenbazillen wohlfühlten. Ich wartete bis halb vier in der Früh, bestieg das Flugzeug, wartete darauf, dass wir 04:05 Uhr losflugen, und dann, dass wir 07:20 Uhr in Addis Abeba wieder landeten.

Nun kam das härteste Stück Warterei. Die Maschine nach Frankfurt sollte um 10:40 Uhr abheben, wobei der internationale Terminal von Addis Abeba das Drehkreuz für den gesamten afrikanischen Kontinent zu sein scheint. Und Afrika ist riesig. Ich weiß es inzwischen. Das Gewühl war einfach nur zum Weglaufen, aber wohin hätte ich schon gekonnt? Im Terminal waren Massen von Leuten unterwegs. Dementsprechend überfüllt waren die Restaurants und Läden und verstopft die Toiletten. Erlösung brachte erst das Boarding nach Frankfurt.

Die erwartete Ankunftszeit in Frankfurt betrug 16:30 Uhr. Mit zwei Stunden Zeitverschiebung hatte ich also noch einmal acht Stunden Flug vor mir. Die schwere Arbeit des Reisenden hätte also unvermindert weitergehen müssen. Doch es war Tag, es war keine Wolke am Himmel, und ich hatte einen Fensterplatz. Ich habe tatsächlich volle acht Stunden lang aus dem Fenster gestarrt und mir beim herrlichsten Sonnenschein ganz gepflegt die Augen verblitzt.

Was zu sehen sein würde, hatte ich auf dem nächtlichen Hinflug ja völlig verschlafen. Das äthiopische Hochland war nun bei Tag noch beeindruckender als vor anderthalb Wochen im Morgengrauen. Schon ein paar Minuten nach dem Start war ein großartiger Canyon zu sehen, den der Muger River ins abessinische Hochland gefressen hatte, bevor er sich in den Blauen Nil ergoss. Es folgte der flachere Sudan mit winzig zerstückelten, handtuchgroßen Feldern. Jedenfalls mutete es aus elfeinhalb Kilometern Höhe so an. Da war es schwer auszumachen, wo man sich gerade befand. Zudem verloren sich die kleinen Felder recht bald in einer immer karger werdenden Landschaft, die schließlich in die Sahara überging.

Ab an die Zanzi-Bar

Es ist fesselnd, sich die Sahara aus dem Flugzeug anzuschauen. Sie ist zum größten Teil eine Stein- und Felswüste mit bis zu dreitausend Meter hohen Gebirgen. Das allgemein überlieferte Bild von den endlosen Sanddünen stimmt nur zu einem kleinen Teil. Lediglich zwanzig Prozent der Wüste sehen tatsächlich so aus. Am reizvollsten sind die Übergänge. Felsmassive, von Hitze, Frost und Wind zerklüftet, die sich schartig aus einer gleichmäßigen Dünung erheben. Unendliche Weiten.

Die nächste verlässliche Landmarke war der Nassersee, der viert- oder achtgrößte Stausee der Welt, je nachdem, ob man es nach dem Volumen oder der Fläche berechnet. Ein fünfhundert Kilometer langes Stauseeungetüm, das sich quer durch die südliche Sahara schlängelt, ab 1964 entstanden, als man bei Assuan begonnen hatte, den Nil aufzustauen.

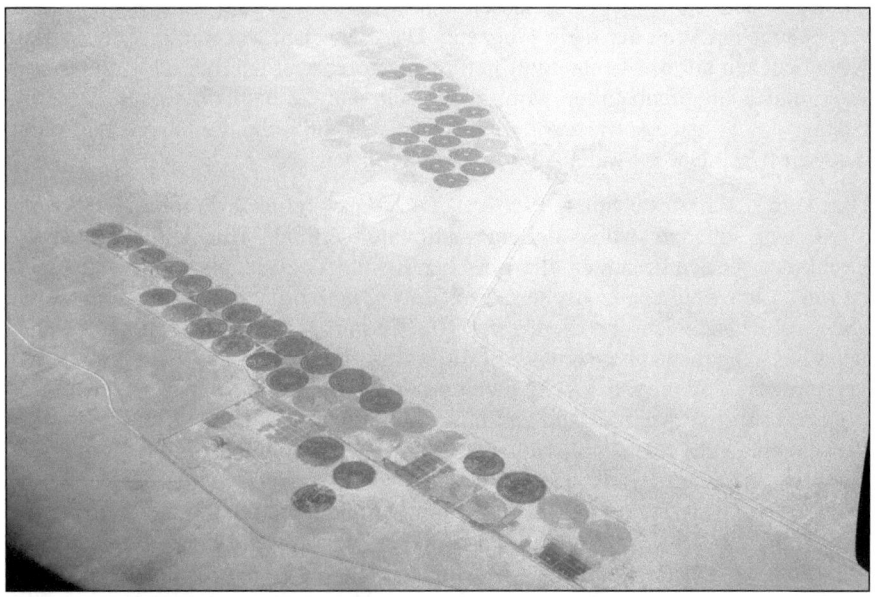

Kreisrunde Felder in der Sahara

Nordwestlich des Nassersees, schon deutlich auf ägyptischem Staatsgebiet, gab es dann etwas ganz Besonderes zu sehen. Große kreisrunde Felder waren, wahrscheinlich dank künstlicher Bewässerung, in mehreren Doppelreihen in der Wüste angelegt worden, und boten aus der Höhe ein vollkommen unnatürliches Bild. Etliche Felder sahen kultiviert aus, manche lagen brach, aber waren trotzdem deutlich zu erkennen. Ich machte etliche Fotos in der Hoffnung, so zu Hause näheres über die seltsamen Gebilde erfahren zu können, und wurde dank des Internets auch relativ schnell fündig.

Das Ganze ist unter Stichwörtern wie Toshka Projekt oder New Valley Projekt zu finden. Es ist ein ägyptisches Prestigeprojekt, das seit Jahren mit unterschiedlichen Anstrengungen verfolgt wird, um der Wüste Anbauflächen und Siedlungsgebiet abzutrotzen. Anfangs durch Brunnenbohrungen, später durch das Umpumpen des Nasserseewassers in das benachbarte Toshkatal, bei dem mehrere Toshkaseen entstanden. Auf den Feldern, von denen die meisten wegen der Technologie des Bewässerungssystems rund sind, gedeihen Baumwolle, Gurken, Tomaten, Kartoffeln, Wassermelonen, Bananen, Weintrauben und Weizen. Der Aufwand, das Wasser in die Wüste zu bekommen, ist allerdings gewaltig. Die Toshkaseen haben nur einen künstlichen Zulauf, aber keinen natürlichen Ablauf. Wegen der enormen Verdunstung müssen sie ständig aufgefüllt werden. Das Wasser löst immer neue Mineralien aus dem Boden. Die somit schleichende Versalzung der Seen wird daher nicht nur das Ende der reichen Fischbestände bedeuten.

Wir überflogen die Wüste von diesem Punkt aus weitere siebzig Minuten, bis wir ein ganzes Stück westlich von Kairo, Alexandria und dem Nildelta die Mittelmeerküste erreichten. Siebzig Minuten spannende Bilder in einer nur auf den ersten Blick vollkommen öden Landschaft. Die Natur hatte hier die verrücktesten Gebilde aus Felsen, Sand und Stein geformt, die einen zusammengepresst und gehoben, die anderen erodiert und gesenkt. Aus der Höhe, aus der ich es betrachten konnte, hatte das Naturschauspiel seinen ganz besonderen Reiz. Irgendwann erschienen wie aus dem Nichts Wolken am Himmel, Schäfchenwolken, die die Nähe zur Küste anzeigten. Der lebensfeindliche, trockene Saharasand verwandelte sich in einen feinen, weißen Strandsand. Und dann waren wir auch schon mit der Geschwindigkeit eines Transkontinentalfliegers über den Rand von Afrika hinweg. Unter uns das Mittelmeer, Europa war fast schon in Reichweite, die Heimat winkte, Wehmut machte sich breit. Die Erfahrung Afrika war herrlich gewesen. Dünne Luft macht sicherlich süchtig. Afrika aber auch.

Eine Stunde später hatten wir das Mittelmeer überquert, flogen über den Isthmus von Korinth hinweg, der die griechische Halbinsel Peloponnes mit dem europäischen Festland verbindet. Es folgte der Golf von Korinth mit dem Parnassosgebirge, anschließend das griechische Festland mit dem Agrafagebirge und dem Pindosgebirge. Das Mittelmeer erreichten wir wieder über dem albanischen Durrës, und dann ging es fast eine Stunde lang die adriatische Küste entlang: Albanien, Montenegro, im Hintergrund Bosnien-Herzegowina, davor Kroatien mit seiner herrlich zerklüfteten Landschaft aus Inseln und Inselchen, etliche so langgestreckt, dass selbst aus der Höhe des Flugzeugs oft nicht zu sehen war, was nun Küstenlinie und was Inselküste war. An Slowenien vorbei erreichten wir die italienische Küste und hielten auf die Alpen zu. Bis auf die paar Schönwetterwolken über der nördlichen Sahara hatte keine einzige Wolke seit Addis Abeba die Aussicht gestört. Selbst die Alpen, die wir nun überflogen, waren vollkommen wolkenfrei. Ein Wahnsinnspanorama! Mächtig waren sie anzusehen: Die Dolomiten gerade noch weißbemützt, der Alpenhauptkamm unter einer dicken Schneedecke. Erinnerungen an die Gletscher auf dem Kibo stiegen auf. Doch eigentlich war keine Zeit, ihnen nachzuhängen. Viel zu schnell waren wir über die Alpen hinweg. Zu Fuß müht man sich oft einen ganzen Nachmittag an einem einzigen Gipfel ab, doch mit dem Flugzeug überquert man das gesamte Gebirge in nicht einmal einer Viertelstunde. München kam in Sichtweite, Schloss und Park Nymphenburg waren gut zu sehen, ebenso der Olympiapark und die Theresienwiesn. Das Oktoberfest ließ grüßen, und dabei hatten wir doch erst den 14. März.

Über Ingolstadt war der Himmel noch immer wolkenfrei, doch Minuten später erreichten wir die für den März typische Wolkendecke, die sich ab Eichstätt nordwärts immer dichter ausbreitete und meinem stundenlangen Naturtheater am Flugzeugfenster ein abruptes Ende bereitete. Es war Zeit, das Handgepäck zusammenzuräumen, die Fotoausrüstung zu verpacken, die Schuhe anzuziehen. Als wir in Frankfurt landeten, haben wir alle geklatscht.

Der Rest ist nicht weiter erwähnenswert, außer dass man über den Frankfurter Flughafen geradezu Bauklötze staunen muss. Man kann einfach nicht anders, wenn man noch nicht einmal einen ganzen Tag zuvor den International Airport Sansibar erlebt hat. Und um auch dem zwergenkleinen Bruder des Frankfurter Flughafen etwas Gutes zu sagen: das Gepäck ist auch mit den handgeschriebenen Anhängern gut in Addis Abeba umgestiegen, und wohlbehalten auf dem Frankfurter Kofferkarussell wieder aufgetaucht.

Der Rest war Bahnfahren. Am 14. März 2012 habe ich kurz vor Mitternacht nach 275 Stunden, die ich in der Fremde verbrachte, mein Wohnhaus wieder betreten und bin zu später Stunde noch ein bisschen von meiner Familie gefeiert worden. Mein Vermieter empfing mich mit einem ganz besonderen Hausarrangement.

An der Eingangstür hatte er ein laminiertes Plakat angebracht:

Wohnhaus des Bergsteigers

Nils Wiesner.

Er erreichte am 9.März 2012 Uhuru Peak
(5895 m), den Gipfel des Kilimandscharos.
Damit bezwang er das höchste Bergmassiv
des afrikanischen Kontinents.

Den Aufstieg auf den Kilimandscharo hatte er auf der Haustreppe nachgebildet. Jeder Treppenabsatz hatte sein eigenes Schild bekommen: Marangu Gate (mit sechs Wasserflaschen zur Versorgung), Mandara-Hütte, Horombo-Hütte (mit einer Flasche Rotwein vom Vesuv, dem höchsten Wein, den er auf die Schnelle bekommen konnte, einem Weinglas, einem Korkenzieher und einem Sitzpolster zur Akklimatisation), School-Hütte (mit einem Sessel zum Ausruhen), noch ein

paar Stufen bis zum Gillman's Point, und direkt vor meiner Wohnungstür, am Uhuru-Peak, stand zu guter Letzt eine Flasche „Zielwasser" (45 Vol%).
Das ist nun schon wieder so lange her.

Nachwort

Liebe Kinder! Als kleiner Junge sollte ich wegen meiner Plattfüße Einlegesohlen tragen. Meine Eltern hatten mir gesagt, der Fußdoktor hätte behauptet, täte ich dies nicht, würde ich mit dreißig Jahren überhaupt nicht mehr laufen können. Na und? Die lästigen Sohlen haben schweinemäßig gedrückt und sind in hohem Bogen in die Ecke geflogen. Mit dreißig konnte ich immer noch laufen und mit 49 habe ich den Kibo bezwungen. Kinder! Glaubt nicht alles, was euch eure Eltern erzählen!

Manuskripte gesucht!

Wir suchen laufend interessante Manukripte zu Sachthemen, aber auch belletristischen Werke, insbesondere ausgefallene Autobiographien
info@interconnections.de

Wohnen gegen Hilfe

Preisgünstiges Wohnen gegen Mithilfe im Haushalt, rund um Haus und Garten oder im Betrieb

www.mitwohnen.org

Bücher – Gesamtprogramm –interconnections-verlag.de

AUPAIR

- **Abenteuer Au-Pair** – Europa, USA, Kanada, Australien, Neuseeland, Südafrika, Lateinamerika
- **Aus aller Welt – Aupairs berichten,** Tolle Erfahrungen, Chaos, Überstunden, rollige Gastväter
- **Aupair USA,** Kinder, Kultur, Abenteuer
- **Aupair-Ratgeber für Gastfamilien** – Tipps, Erfahrungsberichte
- **Das Au-Pair Handbuch: Europa und Übersee** – Aupairs, Gastfamilien, Agenturen

FREIWILLIGENDIENSTE

- **Freiwilligenarbeit in Afrika - Vorbereitung, Selbstorganisation, Abenteuer,** Unter Wildtieren in Südafrika, Namibia und Simbabwe
- **Freiwilligendienst in Gambia** – Engagement in einer fremden Welt
- **Freiwilligendienst in Peking** – Ein Soziales Jahr in China
- **Internationale Freiwilligendienste** – Lernen und Helfen im Ausland, FSJ und FÖJ, Weltwärts, Kulturweit …
- **Sri Lanka - Freiwilligendienst in Südasien,** Engagement für Elefantenwaisen und Meeresschildkröten
- **Weltwärts nach Tansania,** Ein Jahr als Freiwillige in Afrika

REISE

- **Abenteuer Afrika** – Europa bis Kapstadt – Drei Overlander, zwei Autos, ein Kontinent und viel Verrücktes. Eine Afrikadurchquerung
- **Australien – Buschgeschichten,** Mythen, Land und Menschen. Eindrücke, Stimmungen und Hintergründe – Impressionen aus Australien.
- **Auswandern nach Peru** – ein Kaffeehaus, alltägliches Chaos und viel Liebenswertes
- **Briefe aus Südamerika,** Indianerherzen, Wandelnde Bäume und rotlackierte Möpse
- **Brodelndes Asien,** Zwischen Ahnenkult und Apple-Unser
- **Elternzeit in Thailand,** Elefanten, Schnuller, Tempel und Warum-Fragen
- **Fit für Spanien,** Alltagsfrust und Lebenslust
- **Griechenland neu entdeckt,** Landschaften, Menschen, Begegnungen

- **Kilimandscharo - Aufs weiße Dach Afrikas,** Gespensterbäume, Zuckerbüsche in Tansania, ein Halt auf Sansibar
- **Lust auf Frankreich** – Leben, Urlaub, Arbeit, Freizeit, Der große Frankreichratgeber
- **Mit Dutt und Highheels** - Abenteuer Stewardess
- **Nachrichten aus Griechenland,** Bakschisch, böser Blick, berockte Mönche, Hotel Mama und ein feudelschwingender Taucher
- **Papua Neuguinea – Leben im Regenwald,** Todeszauber, Busencheck, beheizte Klaviere und eine christliche Ohrfeige
- **Preiswert durch Europa** – Der Interrailreiseführer
- **Spanien – Reisen mit Kindern,** Ratgeber für Familien – Erholung, Spaß, Tipps und 1000 Adressen
- **Südsee-Traum Samoa,** Reise zwischen Tradition und Moderne
- **Unbekanntes Vietnam.** Hondas, Hühner, Heiligtümer, Wasserpuppen und Nudelsuppen, ca. 120. Beobachtungen und Schilderungen von einer typischen Pauschalreise
- **China tickt anders** – Jahre einer intensiven Begegnung
- **Schweden Hautnah,** Eine Familie wandert aus
- **Spanien, wie wir es lieben** -Kastilien und Estremadura – Städte und Landschaften
- **USA – Auswanderung auf Zeit** – Skurriles, Amüsantes und Liebenswertes aus unserer Zeit mit den Eingeborenen

JOBS, PRAKTIKA, STUDIUM

- **Abi und dann weg** – Freiwilligendienst, Working Holiday, Praktikum, Reisen
- **Als Animateur ins Ausland** – Gästebetreuung Weltweit, Bewerbung, Ausbildung, Tipps und Adressen
- **Animation – Traumjob oder Vagabundentum?** – Morgenmeeting, Nachtproben und glühende Kurven
- **Das Auslandsbuch** – Arbeit, Austausch, Studium, Lernen, Reisen, Job- & Bildungsprogramme
- **Deutsche Firmen in Australien,** Unternehmensverzeichnis zu Jobmöglichkeiten & Geschäftsanbahnung
- **Farm Helpers in New Zealand** – Farmjobs in Neuseeland
- **Ferienjobs und Praktika – Großbritannien,** Mit Homestay, Sprachkursen, Colleges, Aupair
- **Ferienjobs, Praktika, Austausch – Europa und Übersee** – Abenteuer Ausland, Tausende von Job- und Bildungsmöglichkeiten

Wissenswert

- **Ferienjobs, Praktika, Austausch – Frankreich,** Leben, arbeiten, reisen, Französisch lernen, Aupair, Gastschuljahr
- **Highschool USA & Kanada** mit alternativen Austauschprogrammen, Ratgeber für Eltern und Schüler zu einem gelungenen Schuljahr in Nordamerika
- **Jobben für Natur und Umwelt – Europa und Übersee**
- **Jobben Weltweit** – Arbeiten, Helfen, Lernen, Auslandserfahrung, Austausch, Begegnung, Sprachenlernen
- **Jobhopping Down Under** – Jobs, Praktika, Working Holiday – Australien
- **Jobs und Praktika, Studium und Sprachschulen – Italien**
- **Leben & Arbeiten in Spanien** – Jobs, Praktika, Austausch, Spanischlernen, Alltag und Menschen
- **Praktika Australien,** Bewerben, Unternehmen, Adressen
- **Praktika – EU-Einrichtungen und internationale Institutionen,** Voraussetzungen, Bewerbung, Adressen, Chancen
- **Studieren ohne Geld** – ein Wegweiser durch den Förderprogramm- und Stipendiendschungel
- **The Australian Wwoof Book** – Jobs auf Ökofarmen
- **Traumland Australien** – Auswandern leicht gemacht
- **Working Holiday Kanada** – Jobs, Praktika, Austausch, Land, Menschen, Sprachen lernen
- **Working Holiday Neuseeland** – Jobs, Praktika, Austausch, Lernen, Land & Menschen

BELLETRISTIK

- **Amerikanischer Traum und Realität,** Holzfäller, Hausierer und Reporter 1887
- **Das Herz Saigons,** Vietnams mystische Gans, ein Hippie, Sex und Gier
- **Sex, Mord und Halluzinationen** – Traum und Alptraum eines Aussteigers in Venezuela

Alle Titel unter

interconnections-verlag.de, > Katalog

Brodelndes Asien
Zwischen Ahnenkult und Apple-Unser
Asien zugänglich zu machen ist nicht leicht. Der Autor lebt seit Jahren in Vietnam und schildert das Land in vielen Geschichten und bunten Bildern.
Brochierte Ausgabe

Ca. 202 S
15,90 €

Phantastisches Südamerika
Reise in eine fremde Welt
Ein außergewöhnliches Buch von schon literarischer Qualität. Erlebnisse und Beobachtungen von der Reise, Kuriosa, Indianerherzen und wandelnde Bäume ... und viel Herzblut.
Brochierte Ausgabe

190 S.
15,90 €

Unbekanntes Vietnam
Hondas, Hühner, Heiligtümer, Wasserpuppen, Nudelsuppen
Beobachtungen auf einer Reise durchs Land. Staunen, Wundern und auch so mancher Schrecken. Eine vorsichtige Begegnung mit Asien. Mit einer guten Hintergrundsammlung zur Gesellschaft.
Brochierte Ausgabe und schöne Farbfotos

120 S.
16,90 €

interconnections.de

interconnections-verlag.de, > Katalog oder im Buchhandel

Abenteuer ferne Länder
Papua Neuguinea – Leben im Regenwald

"Mein Großvater pflegte noch Menschenfleisch zu essen, und mein Sohn fliegt jetzt eine F 28, so ist das Leben" – Zitat eines Einheimischen.

Ausgefallene Lebensgeschichte aus einem fernen Land von ganz unterschiedlicher Kultur.

Die Autorin begleitete ihren Mann mehrere Jahre bei seinem Einsatz auf einer Missionsstation im Urwald in den Siebziger Jahren. Sie ist jung, neugierig, hat bis dahin noch wenig erlebt und taucht nun in eine ganz neue Welt ein.

216 S, € 15,90
interconnections-verlag.de, > Katalog oder im Buchhandel

Alle Titel unter

interconnections-verlag.de, > Katalog bzw. im Buchhandel

Weitere Titel zu Jobs, Praktika, Freiwilligendiensten, Aupair ...